VOCÊ SABE O QUE REALMENTE DESEJA?

Charlotte Fox Weber

VOCÊ SABE O QUE REALMENTE DESEJA?

Uma jornada por nossas verdades mais profundas

Tradução de Isabella Pacheco

Título original
WHAT WE WANT
A Journey Through Twelve of Our Deepest Desires

Copyright © 2022 *by* Charlotte Fox Weber

O direito de Charlotte Fox Weber de ser identificada como autora dessa obra foi assegurado por ela em conformidade com o Copyright, Designs and Patents Act 1988.

Todos os direitos reservados.
Nenhuma parte desta obra pode ser reproduzida ou transmitida por meio eletrônico, mecânico, fotocópia ou sob qualquer outra forma sem a prévia autorização do editor.

A autora e editor original informam que todos os esforços foram feitos para atender aos requisitos relacionados à reprodução de material protegido por direitos autorais. E que terão prazer em corrigir quaisquer omissões na primeira oportunidade.

Epígrafe de D.W. Winnicott, *The Maturational Processes and the Facilitating Environment: Studies in the Theory of Emotional Development*, (Routledge, 1990).

Copyright da edição brasileira © 2023 *by* Editora Rocco Ltda.

Direitos para a língua portuguesa reservados
com exclusividade para o Brasil à
EDITORA ROCCO LTDA.
Rua Evaristo da Veiga, 65 – 11º andar
Passeio Corporate – Torre 1
20031-040 – Rio de Janeiro - RJ
Tel.: (21) 3525-2000– Fax: (21) 3525-2001
rocco@rocco.com.br | www.rocco.com.br

Printed in Brazil/Impresso no Brasil

Preparação de originais: MANU VELOSO

**CIP-BRASIL. CATALOGAÇÃO NA PUBLICAÇÃO
SINDICATO NACIONAL DOS EDITORES DE LIVROS, RJ**

W382v

Weber, Charlotte Fox
    Você sabe o que realmente deseja? : uma jornada por nossas verdades mais profundas / Charlotte Fox Weber ; tradução Isabella Pacheco. - 1. ed. - Rio de Janeiro : Rocco, 2023.

    Tradução de: What we want : a journey through twelve of our deepest desires
    ISBN 978-65-5532-372-6
    ISBN 978-65-5595-214-8 (recurso eletrônico)

    1. Psicoterapia. 2. Necessidade (Psicologia). 3. Desejo. I. Pacheco, Isabella. II. Título.

23-84787   CDD: 153.8
                 CDU: 159.947.5

Gabriela Faray Ferreira Lopes - Bibliotecária - CRB-7/6643

O texto deste livro obedece às normas do
Acordo Ortográfico da Língua Portuguesa

Para minha família

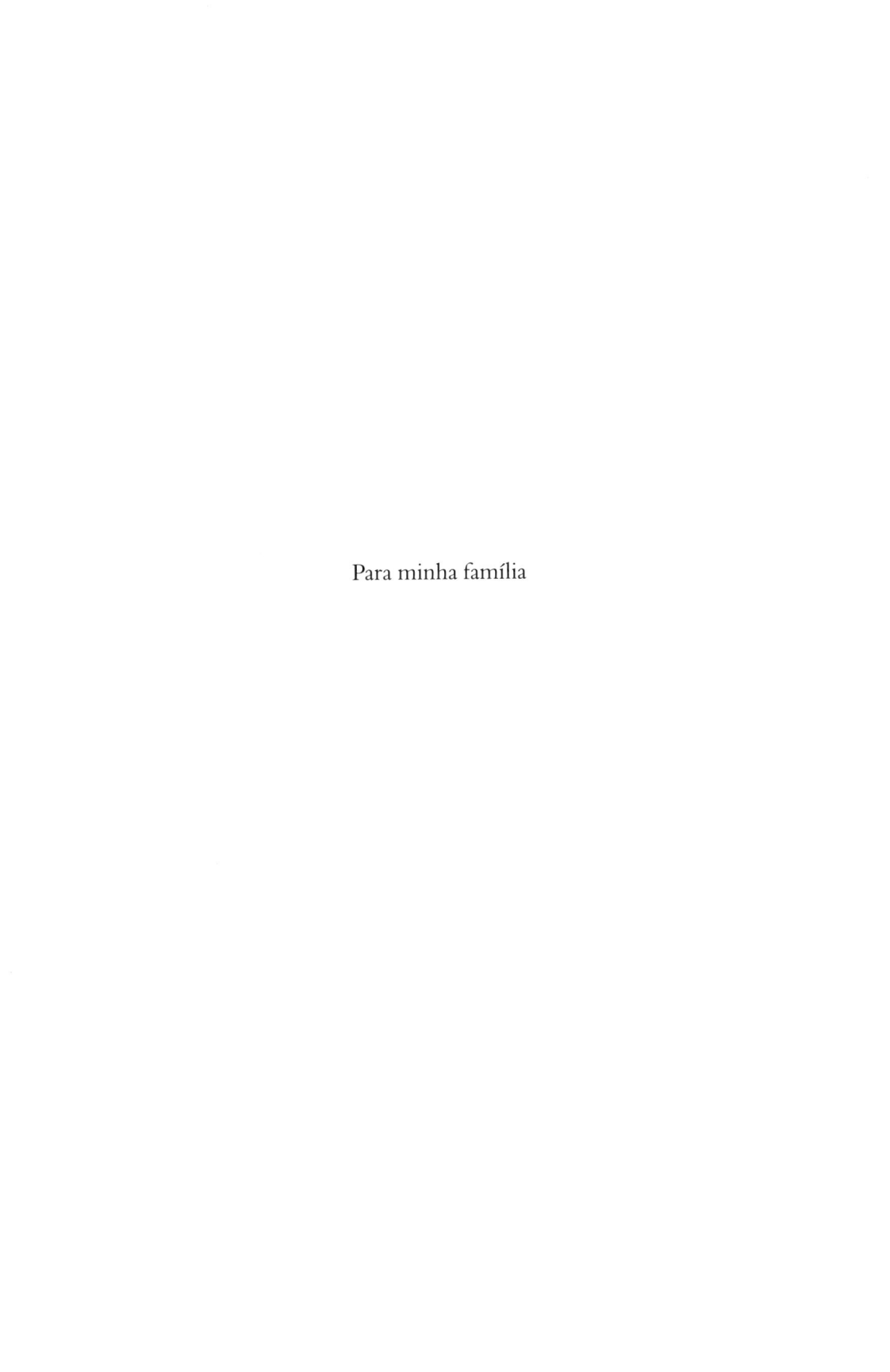

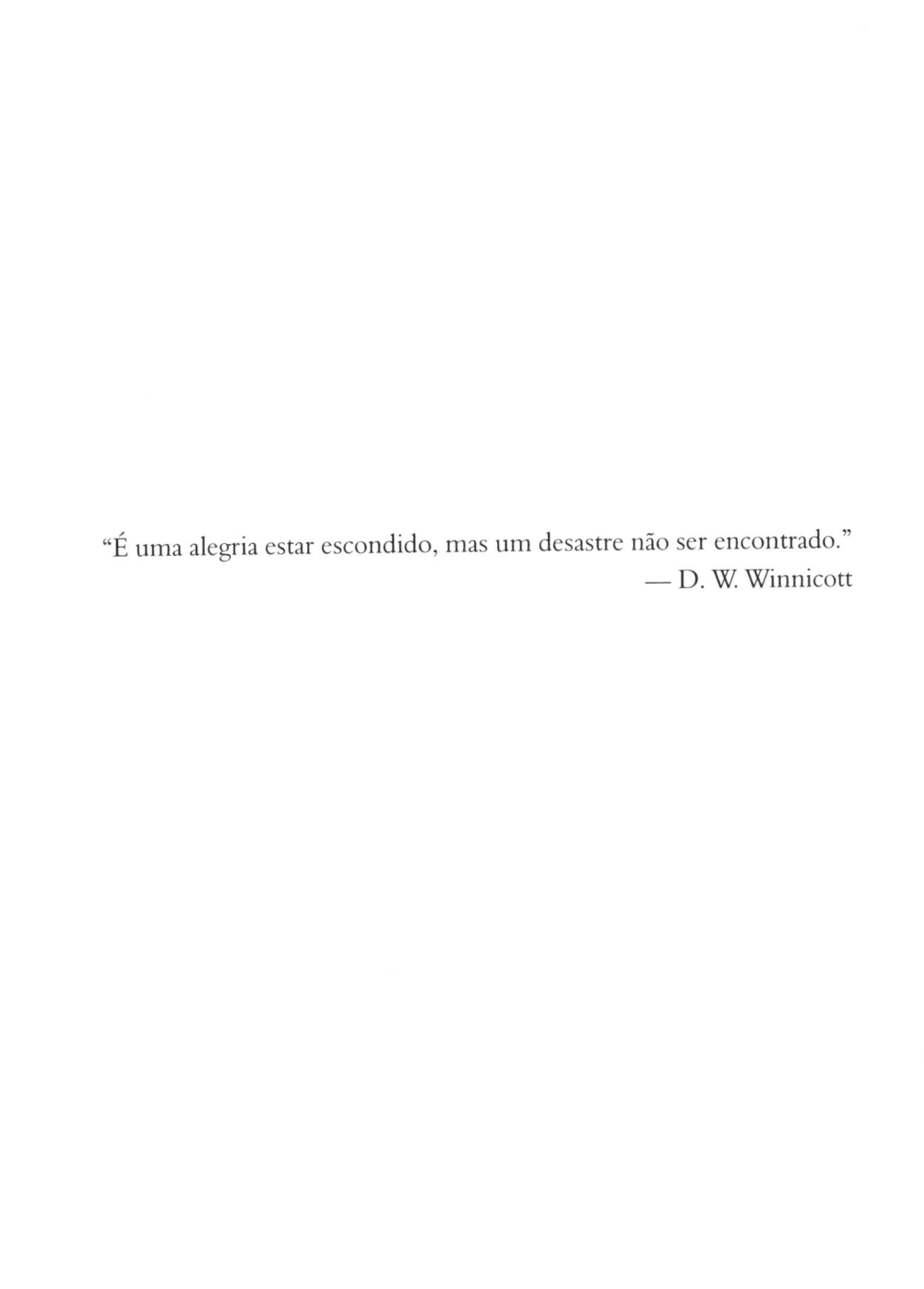

"É uma alegria estar escondido, mas um desastre não ser encontrado."
— D. W. Winnicott

Nota da autora

As histórias retratadas neste livro são baseadas no meu trabalho com pessoas reais. Modifiquei todos os detalhes que pudessem identificá-las a fim de manter sua confidencialidade. Aprendi e continuo aprendendo com meus clientes. As pessoas com quem trabalhei me permitiram descobrir muito sobre a vida e a experiência humana.

Minha linguagem é idiossincrática em alguns momentos, e espero que sensível. Faço o meu melhor para usar termos que não sejam totalmente acadêmicos, e acabei inventando alguns. Essas expressões vão aparecer em **negrito** ao longo do livro, e o glossário ao final vai explicar o significado em maiores detalhes.

Sumário

Nota da autora	9
Introdução	13
1. Amar e ser amado	17
2. Desejo	37
3. Entendimento	53
4. Poder	79
5. Atenção	101
6. Liberdade	119
7. Criatividade	135
8. Pertencimento	161
9. Vitória?	177
10. Conexão	193
11. O que não deveríamos querer (*E o que deveríamos*)	217
12. Controle	245
Posfácio	273
Glossário	277
Notas	297
Agradecimentos	301

Introdução

Passei anos na terapia esperando que os terapeutas me perguntassem sobre as minhas maiores vontades[1]. Ninguém jamais me fez essa pergunta. Eu me distraía com pequenos **desejos** e grandes obstáculos, me dedicando a alguns que importavam mais para mim enquanto acabava me cerceando de inúmeras maneiras. Várias e várias vezes eu fui o obstáculo no meu próprio caminho. Apegava-me mais a fardos do que a possibilidades.

Pergunte o que eu realmente quero! O que me faz querer estar viva?

Eu buscava permissão. E a vergonha e o orgulho me rondavam. Por mais expansiva que desejasse ser, um estreitamento me impedia de participar completamente da minha vida.

Por fim, cansada de esperar e sentindo-me estagnada, comecei a fazer essas perguntas quando me tornei psicoterapeuta. Trabalhando com milhares de pessoas com todos os tipos de histórias de vida, fui atingida pela eletricidade de explorar vontades profundas. Não importa o quão sombrias sejam, ou quais sejam as circunstâncias, desvendar o que queremos nos propulsiona e nos dá um senso de possibilidade. Entender nossos desejos nos transporta de volta para nós mesmos e é um trampolim para o crescimento.

---

[1] Para simplificar, uso as palavras "desejos", "vontades", "anseios" e "ânsias" de forma intercambiável.

VOCÊ SABE O QUE REALMENTE DESEJA?

Todos nós temos desejos, e todos vivemos conflitos. Demonstramos algumas dessas vontades, porém escondemos outras, até da nossa própria consciência. Nossos desejos mais profundos nos assustam e nos estimulam. Temos medo de fracassar e ficamos ansiosos para sermos bem-sucedidos em alcançá-los. Reconhecer e compreender o que queremos nos ajuda a encarar a nós mesmos sem hesitar e nos suscita a viver uma vida mais repleta e alegre.

Somos socializados para performar papéis e mascarar nossos desejos. Fingimos que queremos as coisas adequadas, da forma correta. Ignoramos os desejos que não deveríamos ter. Guardamos nossas vontades secretas em uma espécie de armazém psicológico — nossas **vidas não vividas**.

Escondemos segredos não só dos outros, mas de nós mesmos. É uma libertação quando conseguimos desenterrar anseios renegados e falamos sobre eles. Confrontar nossos desejos secretos é uma parte importante da psicoterapia. É como lidamos com nossos arrependimentos dolorosos e sonhos não realizados. Encaramos o que quer que esteja pendente do nosso passado e que ainda nos atrapalhe. Às vezes, os segredos que revelamos são questões que já sabemos que estamos escondendo — casos amorosos, vícios, obsessões. Mas, em outras, nossos segredos são histórias não ditas, que não contamos sequer para nós mesmos.

Nossos desejos secretos bagunçam toda a ideia do que deveríamos — do que deveríamos querer ou deveríamos estar fazendo em prol disso. Ficamos estagnados porque temos medo de fracassar, e estamos em conflito com nossas vontades. A obsessão em agradar aos outros e o perfeccionismo podem nos impedir de arriscar viver novas experiências; damos meia-volta para evitar esse confronto. Nos anestesiamos com drogas e álcool. Encenamos um papel falso, ocultando partes de nós mesmos. Desejamos o que achamos que não deveríamos querer, e não queremos as coisas que achamos que deveríamos buscar. Estamos sempre em conflito sobre nossos sentimentos verdadeiros, e excessivamente determinados em conduzir nossa vida seguindo um roteiro. *O que queremos* encoraja você a conhecer e aceitar seus desejos. O livro propõe uma alternativa à sensação de vergonha que nos reprime e silencia nossos anseios secretos. A melhor maneira de não se sentir estagnado é compreender seus desejos, reconhecer o que eles significam e deixar as prioridades bem nítidas.

INTRODUÇÃO

★ ★ ★

Em nossas fantasias, imaginamos como nossas vidas poderiam ser. **Um dia**, faremos o que realmente queremos fazer. **Se** algo tivesse sido diferente ou se tivéssemos tomado outra decisão, a vida seria como gostaríamos. Mas *um dia* e *se* nos travam, nos atormentam com ideias do passado e vislumbres de um futuro imaginado, e ao mesmo tempo atrapalham nossa capacidade de extrair o melhor de todas as possibilidades na nossa vida presente. As histórias deste livro são sobre pessoas de diferentes idades e estágios de vida, lutando com seus anseios escondidos. Ao acessar seus desejos e suas verdades, elas começaram a seguir na direção das resoluções.

Você sabe o que realmente deseja? vai ajudá-lo a entrar em contato com seu âmago, a aceitar o que está escondendo dos outros e de si mesmo e, por meio do reconhecimento dessas partes de si, aproximar-se do caminho que você realmente deseja, enquanto percorre sua vida única e preciosa.

CAPÍTULO UM

Amar e ser amado

Queremos amar e ser amados. Pode ser simples e fácil. Ou enlouquecedor e infinitamente complicado. Nós buscamos o amor, lutando com nossas fantasias, achamos impossível encontrá-lo, exigimos amor, o temermos, destruímos, rejeitamos e ansiamos por ele. Destroçamos corações, incluindo o nosso. A vida pode ser dolorosa. Mas o amor a torna bonita.

Todos temos histórias de amor. São elas que nos fazem acreditar nele. Você pode até não as ter verbalizado, mas elas são nossos roteiros internos sobre o amor, muitas vezes inacabados, que moldam o amor que desejamos, que imaginamos, que oferecemos ao outro. Aprendemos sobre o amor com as experiências, com a cultura, por meio de pessoas que nos amaram e das que nos decepcionaram, nos rejeitaram, nos educaram, cuidaram de nós. Estamos sempre aprendendo. Enquanto estivermos vivos, continuamos aprendendo. Aprendemos sobre o amor com estranhos, em adversidades, nos livros e filmes, nas histórias de outras pessoas, na natureza. Às vezes, é um inferno amar outra pessoa, e outras vezes o amor parece uma salvação. É possível amar e odiar a mesma pessoa e a si mesmo.

É de grande ajuda estarmos sempre atualizando nossas histórias de amor. Há o acaso, natureza, mistério. O mundo muda e nós também, e uma ideia expansiva sobre o amor nos proporciona flexibilidade para as particularidades que surgem. Um dos maiores obstáculos para encontrar um amor real pode ser se prender a uma história rígida sobre como ele deveria ser.

As histórias que contamos a nós mesmos sobre o amor nos tocam profundamente. Elas moldam nossas crenças nos seres humanos, em outras pessoas, em nós mesmos, na vida em si. Nossas histórias normalmente são tanto dolorosas quanto prazerosas. Aquilo em que acreditamos quando se trata de amor pode fazer com que vivamos de forma mais plena, mas também pode tirar nosso ânimo. A terapia ajuda a verbalizar as histórias, a revisitá-las e a entender quais foram significativas. Pense nas suas experiências de amor. Você se lembra também de não se sentir amado? Como você conheceu o amor e passou a senti-lo?

Há incontáveis maneiras de se amar e ser amado. O amor pode ser promissor e decepcionante, podemos confiar nele ou duvidar dele. Podemos nos comportar muito mal com as pessoas que amamos, e aqueles que nos amam podem nos magoar. O amor pode trazer um sentimento de segurança ou pode ser aterrorizante. Podemos terminar com tudo ou manter o amor a distância, temendo o compromisso. Podemos sabotar o amor de milhares de maneiras. A negação é uma delas. A falta de pertencimento é outra.

Normalmente, temos medo de amarmos a nós mesmos genuinamente. Achamos que isso nos tornará egoicos, ou que iremos descobrir que estávamos errados sobre nós e nos sentiremos bobos. Achamos que precisamos que os outros certifiquem e aprovem o quão amável somos, para só então amar a nós mesmos completamente. Uma das melhores coisas que posso fazer como psicoterapeuta é abrir espaço para todas as maneiras que encontramos de não amarmos a nós mesmos. É um problema pensar que precisamos ser amáveis o tempo todo. Precisamos nos dar conta de que amamos pessoas que nos desapontaram, nos traíram, nos magoaram.

As pessoas falam comigo sobre amor o tempo todo. Elas vêm para a terapia em busca de ajuda com o amor. Sentem-se frustradas com as formas com que são amadas ou não são amadas, incompreendidas, decepcionadas, afastadas. Mas muitas vezes o desejo de ser amado é menos direto. Questões sobre o amor vêm à tona na terapia, não importa o que esteja sendo tratado. Nossas ansiedades, medos, perdas, entusiasmos — esses sentimentos fundamentais são sobre o amor em todas as suas variações. O amor é o enredo e o propósito da maioria das histórias. Meu trabalho é lidar com as complexidades das relações — das que temos com outras pessoas, com nós mesmos e com o mundo.

O amor-próprio é um daqueles conceitos que gostamos na teoria, mas que na prática é bastante desafiador. Pode ser facilmente alcançável para algumas pessoas, mas para a maioria de nós pode ser nossa maior dificuldade interna.

Na terapia, alguns clientes são relutantes em expressar o desejo por amor, pois não acham que ele seja possível. Parte do que aprendem na terapia é como precisam desaprender o que pensam sobre o amor. Normalmente, nós temos pavor de cometer erros, e a tirania do perfeccionismo nos aprisiona em um estado de ansiedade inerte que funciona como obstáculo para qualquer tentativa de relacionamento ou experiência. Queremos e tememos o amor ao mesmo tempo. A **cortina da rejeição** — nosso medo de sermos rejeitados — nos trava. Quando reconhecemos nossos desejos básicos, podemos separar os mitos dos fatos, e o amor se torna real e possível. Isso pode significar lidar com nossas próprias incertezas, ou nos dar conta do que já temos.

Nas palavras de George Bernard Shaw (a quem considero mais inspirador do que muitos livros de psicoterapia): "As pessoas muitas vezes ficam mais apegadas aos seus fardos do que os fardos a elas." Geralmente encontramos maneiras de nos convencermos a não pensar com clareza sobre nossos verdadeiros desejos e necessidades. Nos deixamos ficar emaranhados em obstáculos. Nisso o amor não é exceção. Descrevemos as razões que nos impedem de fazer algo, os problemas que nos travam. Pode ser mais fácil dizer o que não queremos do que o que queremos. Ao nos permitirmos desejar o amor, expomos nossas vulnerabilidades e ficamos à mercê dos riscos da rejeição e da humilhação, que ou já vivemos, ou imaginamos. É preciso muita coragem para expressar o desejo por amor.

Querer amar e ser amado é algo simples e fundamental. Mas também pode ser infernal e difícil. Despedindo-se da vida, Tessa encarou o amor. Ela me contou suas histórias de amor e de vida.

O que Tessa sabia

Meu primeiro trabalho como psicoterapeuta foi em um hospital movimentado de Londres. Eu fazia parte de uma equipe que realizava sessões com tempo limitado com pacientes extremamente doentes e seus parentes. Não havia privacidade de verdade, e as instalações eram sempre provisórias; nós fazíamos as sessões nos leitos, em almoxarifados, em corredores. Eu sentia uma espécie de otimismo inabalável de que a terapia poderia oferecer algo, independentemente das condições e circunstâncias. Ainda acredito nisso. Há muitas maneiras de melhorar nossas vidas.

O primeiro encaminhamento foi entregue à nossa equipe por uma das enfermeiras da respectiva ala. Em uma letra cursiva tradicional que eu lutei para decifrar, um homem havia escrito que sua mulher, com 60 e poucos anos e nos últimos estágios de um câncer de pâncreas, gostaria de conversar com alguém. Algo que deveria ser providenciado o mais rápido possível.

Cheguei à ala indicada me sentindo muito adulta, usando meu novo crachá de identificação pendurado em um cordão no pescoço, demonstrando que eu era uma profissional. Sentia tanto orgulho do meu crachá — era a primeira vez que eu me via identificada como psicoterapeuta — que muitas vezes o mantinha no pescoço antes e depois do trabalho. A enfermeira me conduziu a uma sala repleta de pacientes, à beira da cama de uma mulher claramente elegante. Apesar de estar doente, Tessa exibia uma vitalidade suave e feminilidade. Seu cabelo estava perfeitamente arrumado, ela usava batom e estava sentada, apoiada em muitas almofadas. Tinha um *Financial Times* em cima da cama e uma pilha de livros e cartões na mesa de cabeceira. A ala era cheia de doença e caos, mas ainda assim o ambiente ao redor dela era uma área de ordem cuidadosa. Um homem distinto estava sentado ao lado de sua cama, e quando me viu, imediatamente levantou-se e se apresentou como David, seu marido. Ele educadamente pediu licença sem nenhum constrangimento e disse que voltaria em uma hora.

Tessa me encarou.

— Venha mais perto — pediu ela.

Sentei na poltrona ao lado dela; ainda estava aquecida por seu marido. Alguma coisa se acelerou dentro de mim. Fechei a cortina atrás de nós para criar alguma sensação de privacidade, pelo menos um ambiente simbolicamente terapêutico. Falei que nós teríamos cinquenta minutos. Estava tentando transmitir algum tipo de autoridade e profissionalismo. De perto, as mãos de

Tessa estavam roxas e machucadas, e era possível ver a fragilidade que ela se esforçava tanto para esconder.

— Não tenho tempo a perder. Posso falar sinceramente com você? — disse ela com certa dicção e clareza que fizeram com que eu me sentasse mais ereta.

Eu respondi que sim, claro, era para isso que estava ali.

— Quero dizer conversar de verdade. Honestamente. Ninguém me deixa fazer isso. Imagino que você seja preparada. As enfermeiras e médicos, minha família, todos tentam me distrair e me deixar confortável. Eles ficam nervosos e mudam de assunto se eu ouso falar sobre o que está acontecendo. Não quero mudar de assunto. Quero encarar isso.

— Diga para mim o que você quer encarar — pedi.

— A minha morte. A minha vida, eu quero enxergá-la. Evitei algumas coisas a vida inteira, e essa é minha última chance de olhar direito para elas.

Prestei atenção a cada palavra que ela dizia e em como dizia. A forma como as pessoas descrevem as coisas no primeiro encontro com o terapeuta pode ser esclarecedora durante anos. Escrevi algumas das suas afirmações com uma intensidade fervorosa, registrando partes daquilo, mas estava determinada a mantermos contato visual o máximo possível, para que vivenciássemos a sessão juntas. Ir ao seu encontro era o que eu podia lhe oferecer, portanto me atentei a simplesmente estar ali, presente com ela.

— Eu me sinto como se estivesse desvanecendo a cada dia. Quero deixar tudo em ordem. E para fazer isso, há duas coisas que simplesmente preciso discutir. Ser concisa sempre foi um dos meus talentos. Nunca fiz terapia antes. É essencialmente uma conversa em que eu posso falar abertamente, encontrar algum tipo de verdade e, quem sabe, significado, e ver o que é possível. Estou certa?

— Sim, sim — respondi, concordando. Ela realmente sabia ser concisa!

— Mas, por favor, vamos fazer um acordo primeiro. Vou confiar na minha primeira impressão sua. Não tenho muito em que me basear, mas sinto que posso conversar com você. Então, vamos fazer isso. Não quero que seja uma única sessão. Não sou uma garota de uma noite só. Vamos combinar que você vai voltar e vai continuar me visitando até que eu não consiga mais falar.

— Podemos acordar em fazer mais sessões — falei.

— Para esclarecer: você vai voltar até que eu não consiga mais. Se é para eu falar tudo o que se passa na minha cabeça, preciso ter certeza de que posso contar com isso, com você, no meio de tudo isso que está acontecendo, durante o máximo de tempo que eu tiver por aqui. Certo?

— Sim, tudo bem.

O hospital tinha um limite máximo de doze sessões, e eu não fazia ideia de quanto tempo Tessa ainda tinha, mas como eu poderia não concordar? Ela tinha tomado as rédeas, o que, devido à sua situação, parecia algo aceitável. Nós estabelecemos uma aliança terapêutica, baseada em segurança, conexão e confiança.

— Pois bem. — Ela olhou nos meus olhos e debruçou-se levemente para a frente, como se tivesse finalmente encontrado um espaço próprio. — Eu vou me contradizer. Não me impeça. Tendo dito que a concisão é um dos meus pontos fortes, agora gostaria de dizer tudo o que quiser, uma vez que ainda temos um pouco de tempo. — A voz dela tinha muita autoridade. E também certa malícia.

— Vá em frente.

Se ela quisesse um incentivo da minha parte, eu poderia ter feito perguntas e guiado a conversa da maneira convencional de uma primeira sessão, mas não era isso o que Tessa queria, e não era do que precisava.

— Minha primeira "questão", como as pessoas em terapia costumam dizer (na minha época, questões eram coisa de provas, não de emoções), é sobre arrependimento. Quero contar a você sobre meu arrependimento, mas, por favor, Charlotte, não tente me convencer do contrário. Eu preciso falar até o fim.

Concordei.

— Queria ter passado mais tempo abraçando meus meninos. Tenho dois filhos, já crescidos. Presa nessa cama, é o que quero mais do que qualquer coisa. Não sinto falta da minha vida, os jantares, viagens, roupas e sapatos, joias. Isso tudo pode ficar para trás. Gosto de usar batom e ter coisas bonitas, mas nada disso me parece importante agora. Mas dói quando penso no quanto poderia tê-los abraçado muito mais. Mandei os dois para o colégio interno. Pequenos. Antes de estarem prontos. Principalmente meu filho mais velho. Ele realmente não queria ir. Implorou para eu não obrigá-lo. Naquele momento, enviar os dois para aquela escola parecia a coisa certa a fazer, por milhares de motivos. David e eu mudávamos de país toda hora. Não vou entediar você com as justificativas. A questão é que, se eu o tivesse ouvido, poderíamos pelo menos ter nos abraçado mais e ficado mais próximos. Aconchegar, acalentar, não consigo pensar em muito mais... Só quero abraçar os meninos e voltar para nossa antiga casa juntos, quentinhos e agarrados. Você parece jovem, nova demais para ter filhos. Você tem?

— Não, ainda não — respondi imediatamente, apesar de saber que meu supervisor teria reprovado minha revelação descuidada.

— Você provavelmente terá, e quando tiver, abrace-os bastante. Faça as outras coisas também, mas abraçar é muito importante. É isso o que está me surpreendendo... Passei minha vida toda sem perceber a importância disso. "Abraço", até a palavra soa boba. Mas significa muito. Significa tudo. Só estou aprendendo isso agora.

Encontrei seus olhos instrutivos e senti a necessidade de demonstrar que eu estava absorvendo suas lições de vida. Ela falava de forma eloquente e começou a rememorar momentos bonitos que havia vivido. Continuei ouvindo com a maior atenção do mundo, realmente absorvendo sua voz, suas mensagens, sua história.

Seu marido, David, era diplomata de carreira, com posto na Ásia e na África, e eles tinham morado em seis países diferentes.

— Como você pode imaginar, éramos convidados para tudo. Residências elegantes. Os eventos e festas mais glamourosos. Conhecemos pessoas fabulosas. Algumas personalidades fascinantes. E algumas realmente idiotas também. — Ela descreveu as festas que dava, os vestidos chiques que usava, seus jantares para pessoas íntimas, que eram: — Nada de excepcionais, mas sempre confiáveis, e sempre com excesso de pimenta. *Pimenta demais, Tessa!* Todo mundo dizia isso, mas eu adoro pimenta e me considero uma pessoa apimentada, então me recusava a parar. Não sinto remorso algum disso. E, meu Deus, sinto saudade da minha família me provocando com tanto afeto. Ninguém zomba mais de mim agora que estou doente.

Ela me contou do quanto gostava de acender velas.

— O David ria de mim e das velas. Ele dizia que eu não devia me importar tanto com aquilo. Mas dizia de forma gentil. *Não invente tanta moda, Tessa.*

Ninguém nem repara. Mas era uma boa moda e, veja bem, *eu* reparava. Algumas tarefas valem a pena simplesmente porque queremos nos mimar. Sim, é isso mesmo, agora que disse em voz alta, me dei conta: eu me mimava com essas pequenas coisas. Amava fazer isso. Charlotte, mime-se você também. Faz parte do amor-próprio. E do amor à vida.

Ela teria gostado de ser editora.

— Adoro encontrar pequenos erros e pensar em como melhorá-los. Teria sido muito boa. E sempre capto a intenção, não importa o quão confusa a expressão seja. Com exceção, talvez, da minha própria.

Mas lidava bem com o fato de não ter tido um emprego. Ela se mudava muito e trabalhava à beça de outras maneiras, gostava desse acordo. Ela me pediu que a imaginasse em outros momentos da sua vida.

— Você está me conhecendo agora, nesse estado, mas me imagine de cabelos longos. Sempre amei cabelo comprido, independentemente da moda. Como nos anos 1960, a moda que Jackie Kennedy lançou.

Ela sentia saudade do seu corpo, das suas escolhas e das formas de se expressar quando era saudável.

Ao falar da socialização, das inúmeras horas que passava com os amigos, tentou lembrar como passavam o tempo, o que faziam em cada momento juntos. Supôs que bebessem, falassem sobre livros, pessoas, teatro, filmes, viagens, arte, política, tudo isso, mas não conseguia se lembrar direito dos detalhes. Na verdade, ela não se importava com esse aspecto nebuloso na sua vida pois sabia que tinha vivido "bons momentos". Ela havia se importado desnecessariamente com o que as pessoas pensavam dela.

— Parando para pensar, os amigos que gostavam de mim, eu sabia o quanto gostavam, e eu gostava muito deles também. E essas conexões engrandecem a nossa vida. Mas eu me afligia com pessoas de quem nem sequer gostava. Um desperdício — concluiu ela. — Um pouco de tempo perdido é inevitável, eu acho, mas era isso.

Tessa precisou dizer mais uma vez o quanto gostaria de ter passado mais tempo abraçada aos filhos. Presa àquela cama, os pensamentos e sensações a encontraram, e não havia como fugir deles. Finalmente tinha que aceitar que esse era um profundo arrependimento.

— Os meninos insistem que eles estão perfeitamente bem com o rumo que a vida tomou. Nunca reclamaram, de fato. Estão agora a caminho de Londres. Vou vê-los amanhã.

— Ah, isso é muito legal — falei.

Essa expressão prosaica foi praticamente tudo o que eu disse, bem como alguns murmúrios encorajadores e sons para demonstrar que eu estava atenta a cada palavra. Estava profundamente envolvida, e não havia muita necessidade de falar. Eu estava ali para ela. E ela queria que eu a ouvisse.

— É só que eu não sou muito próxima dos meninos. Amo os dois, muito, e é provável que eles me amem, afinal, sou mãe deles, mas queria ter me permitido sentir esse amor, mostrar o amor, *mais*. Sabe, os dois estão casados e têm trinta e poucos anos. Ninguém tem filhos ainda. Quem sabe um dia. É engraçado que eu ainda os chame de "os meninos". — Ela deixou escapar uma risadinha cativante. — Não sinto que conheço os dois muito bem. Há uma distância, que talvez não existisse se eu não os tivesse enviado para o colégio interno. E se tivesse passado mais tempo abraçando os dois e dizendo a eles o quanto eu os amava. — A risada morreu, e seu rosto virou puro pesar. A transformação foi rápida. Seus olhos, bem abertos, de repente pareciam os de uma criança assustada.

— Você acha que consegue dizer alguma dessas coisas amanhã, quando encontrá-los? — perguntei.

Não consegui me conter. Minha pergunta a trouxe de volta para a conversa. Percebi naquele instante que, por mais que achasse ser honesta e disposta a encarar tudo, eu me esquivava de certa forma, não era capaz de simplesmente ficar sentada diante da tristeza sem tentar intervir de forma otimista. É difícil testemunhar a dor e não fazer nada.

— Talvez, mas duvido. Quem sabe. Vamos ver. Mas isso me leva à segunda coisa que preciso falar.

— Vá em frente.

— Sei que meu marido tem um filho no Brasil, com uma mulher com quem teve um caso anos atrás. Uma filha, na verdade. Ela deve ter uns vinte anos. David acha que eu não sei, mas eu sei. Ele se sentiu muito culpado e envergonhado durante todos esses anos, sei disso. Fez diversas transferências bancárias para a mulher, de uma conta que acha que eu não tenho conhecimento, e foi assim que descobri. Por ser diplomata, David provavelmente está em pânico com o escândalo que isso seria, e ele é um homem bastante ativo e discreto, mas eu também sou inteligente.

Perguntei a ela como se sentia com isso.

— Você pode custar a acreditar, mas a verdade é que eu não sei. Nunca me perguntei como me sinto em relação a isso.

Acreditei nela.

— Sabe, é possível que ele tenha me tratado melhor por causa disso. E talvez eu não o tenha confrontado porque isso me convinha… Ele foi maravilhoso comigo durante todos esses anos…

Ela contou que David ficaria profundamente triste em saber que a tinha magoado, e aos meninos também.

— Seria um fardo pesado demais.

Percebi que os detalhes do segredo, a logística da preocupação dela com a dinâmica da família, seu desejo de impedir que todo mundo se magoasse, tudo isso era uma forma de se manter tanto ocupada quanto atarefada demais para se permitir ter contato com seus próprios sentimentos sobre essa filha secreta. Perguntei como estava se sentindo ao contar para mim.

— Eu precisava contar para alguém. De certa forma, é algo muito importante. Sinceramente, precisava dividir ao menos com uma pessoa. Não podia partir sem dizer isso em voz alta. Então agora você sabe, e contar para você aliviou algo dentro de mim. Isso tudo seria ainda melhor se estivéssemos ao ar livre. Eu não gosto de estar aqui, nesse lugar. Sinto falta da sensação da lama, da grama molhada. Vamos imaginar que é onde estamos agora, em um campo com lama e grama, com nossos bumbuns molhados, respirando ar fresco e gelado. Essa é minha fuga, a única coisa que invento. O resto vou encarar com sinceridade.

Sua vontade de fugir e se imaginar na natureza me pareceu honesta também.

Quando fui embora daquela ala naquele dia, passei pelo seu marido no posto de enfermagem. Estava tentando conseguir um quarto privativo para Tessa. Eu podia ouvi-lo tentando convencer educadamente a enfermeira chefe, e interrompeu a conversa para falar comigo. Parecia nervoso.

— Antes de você sair…eu não vou me intrometer, quero respeitar a privacidade do seu trabalho, mas, me conte, a Tessa conversou com você? Ela precisava falar. Estou feliz que tenha conseguido.

— Sim — respondi, sentindo-me sufocada por todos os limites nebulosos. Eu não queria ofendê-lo, mas também não queria iniciar uma conversa com ele. Senti a grandeza do segredo que ela havia me confidenciado para carregar, e até meu "sim" pareceu compartilhar demais.

Na semana seguinte, eu cheguei à nossa hora marcada. Procurei por ela como se estivesse em um restaurante encontrando alguém formidável. Ela fazia com que eu quisesse ser meu melhor, seja lá o que isso significasse. Uma das enfermeiras da ala me informou que Tessa havia sido transferida para um quarto privativo no andar de cima. Ebaaa!! Muito bom para a terapia, além de muitas outras vantagens. Então eu subi, e David estava lá, mas nos deixou à vontade e saiu do quarto prontamente. Tessa tinha um carregamento de revistas empilhadas na mesa de cabeceira, além de cosméticos, e eu avistei sua pantufa de veludo com as iniciais bordadas; tudo ao seu redor parecia uma escolha pessoal e elegante de pequenos confortos.

— Eu ainda me arrependo tanto, Charlotte — disse ela, com os olhos pousando em mim. Desde o dia em que havíamos nos conhecido, ela havia ficado bastante ictérica, e seus olhos fundos tinham uma espécie de azulado que se destacava intensamente.

— Fale-me sobre o arrependimento — sugeri.

— É o que já lhe falei antes. Abraçar meus meninos. Um amor mais próximo. É tudo o que eu quero.

Achei muito difícil ouvir o arrependimento dela, o desejo não realizado, que era tão verdadeiro e comovente. Eu não sabia o que fazer. Sentia um certo desespero em consertar as coisas, em acalmá-la, principalmente por saber que ela era uma paciente terminal. Embora ela tivesse me instruído a não tentar amenizar seu arrependimento, fui contra o seu pedido. Ela havia perdoado às outras pessoas por seus erros. Será que não podia perdoar a si mesma? Perguntei outra vez se ela não conseguia expressar o que estava sentindo para os seus filhos. Pensando bem, hoje consigo ver o excesso de confiança no meu pensamento, de que eu poderia conseguir o que ela tanto desejava.

— Acho que sim. Mas você precisa entender uma coisa. Eu não me arrependo do arrependimento. Isso me dá esperança de uma vida mais completa. Talvez não seja a minha vida, mas consigo ver que é possível. Eu tive muito amor. Ainda tenho. Não é falta de amor, realmente não é isso. Todo mundo achava que eu era uma pessoa fria. Meus filhos. Até meus amigos. Amigável e sociável, porém fria. Mas eu não sou. Eu fingia ser fria para esconder meu lado afetuoso. Uma torta de sorvete, o David me chamou uma vez. Viu, ele me amava e me entendia perfeitamente. Ele conhecia meu afeto secreto. Eu simplesmente não era capaz de lidar com a profundidade das minhas emoções.

As palavras dela ficaram impregnadas em mim, embora eu tenha tido dificuldade em captar o significado completo delas. Talvez ela tenha me dado mais do que eu a ela. Pelo restante da sessão, ela ficou indo e vindo na tentativa de criar algum sentido para si mesma, às vezes com momentos breves de presença total, mas em outros ela trocava para frases truncadas, fragmentos de pensamentos, uma confusão de palavras.

Nós nos encontrávamos no mesmo horário toda semana, e havia uma sensação de progresso em nossa relação e na clareza de alguns assuntos. Uma característica importante da nossa conexão era o fato de que eu reconhecia a dificuldade da situação dela, e ela achou que isso a ajudava e, em suas palavras, era "realista de um jeito tranquilizante".

Conforme nossa relação terapêutica se desenvolvia, seu estado físico se deteriorava, e para minha surpresa e decepção, eu cheguei à nossa quinta sessão e descobri que ela estava com falência múltipla de órgãos. Ela mal conseguia falar, mas balbuciou:

— Mais tempo.

Essas palavras potentes me assombram até hoje.

Na semana seguinte, cheguei ao quarto dela e havia um cheiro terrível. Tessa estava agitada, pressionando sem parar o botão para chamar as enfermeiras. Ela havia perdido o controle do intestino, e eu vi o que havia acontecido, e ela sabia que eu estava vendo. Ser comportada e comedida eram características marcantes da sua personalidade, e esse rompimento dos limites do seu corpo foi como uma traição à sua privacidade, ao seu controle, à sua dignidade. Ela estava simplesmente deitada em suas próprias fezes, e me parecia insuportável e ridículo ficar ali e não fazer nada. Ofereci ir buscar alguém para ajudar, e logo voltei com uma enfermeira. Tessa foi levemente arrogante com ela.

— Isso é completamente inaceitável — afirmou ela. O que era verdade de tantas maneiras.

Nada daquilo correspondia ao meu treinamento. Não era assim que eu imaginava a psicoterapia, "a cura através da conversa". Não havia cura para isso.

Eu pedi licença para sair por alguns minutos, e quando retornei ao quarto, Tessa estava limpa e deitada em uma cama com lençóis trocados, novamente com vontade de falar. Falar mesmo. Ela estava tendo uma tarde lúcida. Contou que havia abraçado seus filhos e que não tinha sido confortável porque realmente não era.

— Não foi estranho só porque eu estou fisicamente fraca — disse ela. — Foi estranho porque isso não é natural para nós, e sabemos disso. "Natural"... palavra esquisita. Coisas que são supostamente naturais nunca foram fáceis para mim... amamentar... abraçar... o natural não é natural para mim.

Perguntei sobre suas experiências afetivas na infância. Seus pais eram distantes, não eram do tipo carinhoso. Ela se lembrou da mãe lhe dando palmadas em algumas ocasiões, mas de fato não tinha memória alguma de carinho. Seu pai era "sério e formal com todo mundo, até consigo mesmo. Nasceu de terno e gravata". De vez em quando, eles se davam abraços duros e superficiais. Seus pais eram grandes pensadores, mas tinham dificuldade com os sentimentos. Havia amor, ela imaginava, mas eles não demonstravam com facilidade.

— Meus pais, e David também, todos nós somos um pouco alheios à palavrinha de quatro letras. Às vezes falamos "muitos beijos" no final das ligações. E principalmente em cartas. E até "com todo meu amor". David assina suas cartas assim. Que bobagem. Quando isso é verdade, que você está escrevendo com "todo" seu amor? Mas tampouco é verdade que não há amor se você não disser a palavra... De certa maneira, é mais fácil com os cachorros. Eles nos dão permissão para expressar o afeto livremente e não exigem palavras.

Ela disse que podia aceitar sua vida, a filha secreta do marido, podia aceitar tudo.

— A pressão da minha doença simplificou e esclareceu muito as coisas. Partes enormes da minha vida já foram embora, e eu não ligo. Estou deixando irem. Tenho esses pequenos pedacinhos finais para ajustar... Pensei na pergunta que você me fez recentemente sobre como eu me sinto com relação à filha do David. É estranho, mas não me incomoda. Como eu disse sobre meus pais, a intimidade é muito difícil para alguns de nós. Mesmo com aqueles que amamos e conhecemos bem. Na verdade, com esses é ainda mais. Sei que ele me ama. Talvez tenha até amado essa outra mulher, mas ele me ama muito. Sempre amou. Não duvido disso. Eu realmente gostaria que ele tivesse encontrado uma maneira de me contar a confusão em que se meteu, porque isso deve ter custado um preço emocional muito alto para ele. E para mim. Eu poderia tê-lo ajudado. Ele não conseguiu encarar a mágoa, mas, se tivesse conseguido, talvez nós tivéssemos ficado mais próximos. E ele me privou da chance de agir de forma honrada nessa situação toda. E me sinto mal pela menina. Eu lhe disse, Charlotte, que teria sido uma boa editora. Se eu pudesse editar essa história, resolveria esse episódio e a confusão tosca e enrolada do David, recebendo sua filha, ficando furiosa com David, perdoando-lhe, transformando a coisa toda em uma história elegante. Ele não me permitiu ter essa glória!

— Há glória na sua história agora — falei.

Ela ignorou meu comentário. Talvez isso a tenha constrangido, ou quem sabe não tenha sido convincente. Além de ser o meu desejo por glória. Ela voltou ao arrependimento.

— Contar a você sobre meu arrependimento me ajudou e mudou a forma como eu me sinto em relação a tudo. Ainda lamento não ter abraçado mais meus meninos. Não ter demonstrado amor mais abertamente a eles. Mas agora entendo melhor. Foi a minha criação, o mundo de onde vim, mas, além disso, eu não tinha o ímpeto de tocá-los e abraçá-los, e isso não parecia importante. Dizer a eles que os amava diretamente... eu sentia sem precisar dizer, mas talvez o que está subentendido seja ainda melhor dito. Ao longo da minha vida, fiquei pensando que um dia a vida seria do jeito que eu queria. David e eu tínhamos grandes planos para a aposentadoria dele, quando nós finalmente gastaríamos um pouco do dinheiro que havíamos guardado. Eu estava certa de que tudo seria espetacular um dia. No fim, esse dia aconteceu todos os dias durante todos esses anos em que eu estive viva.

Achei a perspicácia e o entendimento dela impressionantes. E completamente opostos ao caos e à desintegração do seu corpo.

— Aceito que essa foi minha vida. Não tenho mais nenhuma opção a não ser aceitar. Mas ainda estou apegada ao arrependimento. O que significa que eu espero que você aproveite os abraços. Eles permitem que você ame e se conecte por inteiro com o outro. Entregue-se. Você ainda pensará no que vem depois, sejam os seus planos para aquele dia ou o que quer que tenha em mente. É inevitável. Não conseguimos ficar satisfeitos por muito tempo. Mas eu lhe imploro para se lembrar disso: não acredite que o significado das coisas virá um dia, mais adiante na vida. Ele estará no futuro também, mas já está acontecendo. Ele ocorre basicamente todos os dias de sua vida, se prestar atenção.

Ela deixou escapar um pequeno gemido, e eu a vi se remexer de dor. Ela raramente falava sobre seu desconforto físico. Meu coração entrou em disparada enquanto eu estava sentada ali, vendo-a sofrer. Ela estava um caco.

— Entregue-se — disse ela outra vez. — Eu tinha mais amor para dar, mas não me permiti senti-lo pela maior parte da minha vida. Digo, *realmente* senti--lo. É tão claro e óbvio agora, mesmo que todo esse meu esforço de entender seja inútil. É o que realmente importa, e todas as formas que eu refreei isso. Meu amor nunca foi completo. Sempre tive reservas. Não estou em negação, estou me permitindo admitir meu arrependimento. Estou finalmente sendo sincera ao confessar isso para você.

— Sua sinceridade é admirável — falei. — Embora eu ache que o amor nunca é completo. Sempre há complicações.

— Complicações, talvez, mas também pode ser simples. Talvez eu diga aos meus filhos que gostaria de tê-los abraçado mais. Mas, antes de você sequer pensar nisso, acredite quando digo que isso não vai nos aproximar de repente. Quem sabe dê a eles uma noção do amor que eu não consegui demonstrar. Não sei. Descubra como viver plenamente agora. Não espere. Se esperar para encontrar a riqueza da vida, você vai acabar com nada.

Tudo o que ela dizia fazia sentido para mim. Eu ainda tinha esperanças de que ela dissesse aos filhos como se sentia. Nosso tempo havia acabado.

— Charlotte — ela me chamou de volta, e eu voltei. — Quero que saiba que eu perdoo o David pela filha fora do casamento. E tomara que meus meninos possam me perdoar pelos meus erros também. Todos queremos amar e ser amados. Isso é basicamente tudo, e é tão, tão difícil.

Na semana seguinte, cheguei ao quarto dela e a enfermeira avisou que ela havia sido transferida para a ala de fígado. Fui até o designado andar, onde havia um cheiro terrível entranhado. Não consegui encontrá-la, e uma das enfermeiras apontou para uma cama. Olhei ao redor e não consegui vê-la. Fiquei impaciente com a enfermeira; ela parecia não me entender. Eu pronunciei o nome de Tessa de uma forma condescendente, soletrando seu sobrenome em voz alta.

— Sim, senhorita, ela está logo ali — respondeu ela, gesticulando novamente para a cama por onde eu tinha acabado de passar. Voltei à cama. Aquela não era Tessa. Era uma outra pessoa. Onde estava Tessa? Não consegui avistar seu marido também. Voltei à enfermeira outra vez.

— Aquela não é a minha paciente — falei, apontando para a cama. Usei a palavra "paciente" de um jeito soberbo.

— Sim, Tessa está bem ali — retrucou ela.

Voltei à cama e olhei para os detalhes no prontuário aos pés da cama. Aquela era Tessa. Completamente diferente e inchada, transformada em algo impossível de reconhecer. Eu não conseguia aceitar que aquela era a mesma mulher que eu atendera na semana anterior. Era uma mudança muito confusa e chocante, e não fazia sentido. Ela olhou para mim, seu rosto protuberante e deformado, os lábios separados, e vi seus olhos azuis, agora vidrados e distantes. Nada era familiar. Torci para que ela não tivesse percebido que eu não a reconhecera.

— Olá.

Puxei uma cadeira, fechei a cortina ao nosso redor e me preparei para passar cinquenta minutos com ela. Era muito diferente dos nossos encontros anteriores. Ela falava em um sussurro baixo e vago, e tinha muita dificuldade para se expressar. Sua respiração era árdua e vinha em suspiros curtos e superficiais.

— Obrigada, querida — disse ela em determinado momento, após muitos minutos em silêncio. — Te amo.

Sem "eu", e não faço ideia se ela realmente quis dizer aquilo, se era um delírio ou para quem exatamente ela acreditava que estivesse dizendo aquilo. Não falei de volta. Não teria sido correto dizer "eu te amo" para ela. Ou mesmo "te amo". Em todos esses anos desde aquele momento, eu nunca disse essas palavras para alguém em terapia comigo. Já senti muito amor. Já falei sobre amor, abrindo espaço para sua expressão na terapia, mas nunca disse as palavras "eu te amo" em terapia. Soa muito exposto e íntimo. Talvez até impositivo.

As enfermeiras nos interromperam para fazer algo com um tubo, remover e substituir algo. Fiquei chateada por terem invadido nosso espaço de intimidade. Eu estava tentando fazê-la se sentir conectada, pertencente, e não sozinha. Não conseguia entender quem ela era, como isso havia acontecido, e sentia a necessidade de me ater ao nosso plano de fazer sessões até o fim. Havíamos firmado um compromisso! Ainda estávamos desenvolvendo sua história. Era minha fantasia de glória que eu pudesse ajudar a deixar o final da sua vida bonito. Tessa tinha momentos de lucidez e de ausência, e eu não sei o que ela achou da minha presença ali, mas fiquei durante os cinquenta minutos, tentando encontrá-la onde quer que estivesse. Quando me levantei para ir embora, olhei no fundo dos seus olhos e disse a ela o quanto valorizava nossas conversas e que jamais esqueceria de tudo o que ela havia me contado. Ela deu um sorriso discreto, e eu não sei se compreendeu o que eu dizia. Falei que estava ansiosa pela nossa próxima sessão.

— Até a semana que vem. — Foram minhas últimas palavras para ela.

— Adeus — disse ela claramente.

Quando discuti o caso da Tessa, aos prantos, na supervisão, meu supervisor achou que eu deveria ter dito que aquela era nossa despedida, que eu havia evitado a realidade ao fingir que Tessa e eu nos encontraríamos de novo. Mas, mesmo que ela estivesse obviamente à beira da morte, como eu poderia dizer isso em voz alta para ela?

— Nós discutimos verdades difíceis.

Meu supervisor manteve-se firme. Se eu tivesse deixado claro para Tessa que ela estava prestes a morrer, poderia ter me despedido (afinal de contas, ela se despediu de mim) e nós poderíamos ter chegado ao fim juntas. Eu havia me tornado como as outras pessoas em sua vida, fingindo, distanciando-me do que estava acontecendo.

Talvez ela ainda esteja lá na semana que vem, e então eu irei me despedir dela, pensei. Tessa morreu antes da nossa sessão seguinte. Quando descobri, fui para o lado de fora, olhei para as nuvens e me permiti chorar. Liguei para minha mãe e disse a ela que a amava. Eu me permiti sentir aquilo tudo, por mais irracional que fosse de algumas formas — eu não conhecia Tessa tão bem assim, nem por tanto tempo, então por que estava tão triste? Uma colega do departamento me viu chorando.

— Sinto muito pela sua perda — disse ela.

Era uma perda. Mas eu achava que não tinha direito de reivindicá-la. Será que eu havia ultrapassado um limite, deixando que ela importasse tanto para mim?

O fim da vida da Tessa marcou o início do meu trabalho como psicoterapeuta. Eu era tão nova e profissionalmente inexperiente, e a brevidade e as circunstâncias da nossa conexão protegeram o brilho romântico da situação. Eu não a desafiei nem disse coisas que talvez tivesse dito se ela ainda tivesse a vida adiante. Não havia muito o que pudéssemos fazer no curto tempo que tínhamos, mas ainda assim fizemos algo. Eu valorizo demais esse senso de possibilidade.

Ela me deu mais do que eu fui capaz de dar a ela. Desde então, fui impactada pela alegria que vem junto à generosidade. É quase ridiculamente óbvio, mas facilmente esquecível, o quão mais rica a vida se torna quando nos doamos aos outros. Não é sobre nos esgotarmos e darmos mais do que temos para dar — é que dar faz parte do ter. A autora Natasha Lunn uma vez falou comigo sobre a alegria de dar amor, não apenas de recebê-lo.

— Nós recebemos muito ao amarmos e nos enxergarmos. Dar amor é gratificante — afirmou ela.

Tessa foi uma receptora graciosa. Ela me permitiu me doar a ela. E sabia como se despedir, mesmo que eu não soubesse. Ela me ensinou sobre a coragem de encarar a verdade, a importância de dizer e fazer sentido de nossas histórias, guardar segredos, desapegar, reconhecer arrependimentos e o privilégio de testemunhar tudo isso. E o quão difíceis essas coisas podem ser para nós.

Lembro-me do conceito do psicoterapeuta e poeta Irvin Yalom de efeito *rippling*, ou ondulações, em que pequenos encontros podem resultar em influências eternas de formas surpreendentes, como as ondulações que uma pedra cria em uma lagoa. *Todos queremos amar e ser amados, e isso é tão, tão difícil* vem à minha mente inúmeras vezes quando estou ouvindo sobre relacionamentos angustiantes, dinâmicas familiares desgastadas, desafios de trabalho, conflitos internos. E, é claro, penso no desejo da Tessa de ter abraçado mais seus filhos.

Nós valorizamos o que temos quando nos damos conta de que está prestes a acabar. Ao encarar a beira da existência, Tessa sabia o que queria e o que era possível, e encontrou o sentido de certas coisas antes que fosse tarde demais.

Fins podem parecer repentinos e confusos, mesmo quando sabemos que estão por vir. Cometemos erros com as pessoas que amamos. Os ensinamentos continuam. Não espere pela riqueza da vida.

O fato de Tessa ter feito terapia pela primeira vez em seu leito de morte demostrou sua capacidade de aprender e ter novas experiências ao longo de toda a sua vida. Ela dava valor ao frescor das experiências vividas. Eu me senti fortalecida pela rapidez e vivacidade com que ela se abriu em seus momentos finais. O ato de contar uma história pode mudar as coisas até nosso último suspiro.

O que o amor significa

Nós amamos e perdemos. Pode ser que evitemos amar demais ou muito intensamente por medo da ameaça dolorosa da perda e da rejeição. Pode ser que nos apeguemos ao amor, agarrando-o onde for possível. De uma forma ou de outra, cometemos erros e acertos nos assuntos do coração. E nas palavras do dramaturgo Arthur Miller: "Talvez tudo o que uma pessoa possa desejar seja acabar com os arrependimentos certos."

O que fazer com os arrependimentos? Costumamos pensar que o que está feito já era. Mas o arrependimento faz parte da condição humana, apesar de ser desconfortável. O maior problema do arrependimento é que não fomos ensinados a lidar com ele. Ele é remanejado para culpa, vergonha, posturas defensivas, moralismo, raiva, culpabilização e, principalmente, fantasias. Um arrependimento mal resolvido alimenta fantasias sobre as vidas que poderíamos ter vivido, o amor que poderíamos ter tido, as versões de nós mesmos de que nos privamos. Arrependimentos não processados podem ser catastróficos. Reconhecer os arrependimentos é algo corajoso e amoroso de fazer. É um ato de amor consigo mesmo reconhecer que se poderia ter feito algo diferente.

Expressões para amar e ser amado podem vir através de desejo, cuidado, responsabilidade, respeito, intimidade, diferenciação, ideias, generosidade. Podem ser abstratas e podem ser concretas. Pode ser o ato de abraçar. De dizer "eu te amo". De não dizer as palavras, mas saber que são sentidas. De estar presente. De confortar. De ajudar as pessoas. De deixar que as pessoas o ajudem. De aceitar. O amor é a coisa mais universal, mas talvez a mais íntima para cada um de nós, e vale tanto para as coisas grandes (o amor que valorizamos, que parece substancial) e as especificidades (os pequenos e encantadores detalhes, como o acender de velas de Tessa) que parecem importar. Permita-se um pouco de encantamento e ternura. O que é pequeno e não essencial também importa.

Todos queremos amar, mas, mesmo quando temos relações amorosas, podemos perder a proximidade na rotina. Ficamos tão familiarizados que esquecemos de prestar atenção. Os olhos não conseguem ver os próprios cílios. O amor pode ser visto melhor de longe. Às vezes, a distância é aquele lampejo de percepção quando estamos nos despedindo — só um lembrete momentâneo da separação, uma ideia de **desfamiliarização** —, e isso nos reúne com a nossa apreciação.

CAPÍTULO DOIS

Desejo

O conflito do desejo aparece nos relacionamentos, aproximando ou distanciando as pessoas. No capítulo 11, vou falar especificamente sobre o quanto queremos o que não deveríamos. Também queremos o que deveríamos querer. Estamos constantemente negociando as regras do desejo. Seguimos as regras, as contornamos. Para cada desejo que nos parece aceitável, normalmente há outro nos rodeando que pode nos levar em uma direção diferente. Passamos por uma gama de desejos ao longo das nossas vidas, e mesmo de forma inconsciente, geralmente selecionamos e escolhemos alguns para priorizarmos em determinados momentos. O desejo é mais do que um instinto básico e é repleto de polaridades. É motivador e dispersivo, encorajador e paralisante, novo e familiar, social e natural, prazeroso e doloroso, engrandecedor e desmerecedor, saudável e prejudicial. É extraordinário como o desejo e o medo estão intimamente relacionados. Veja os pecados de Adão e Eva, banidos do Éden porque cederam à tentação. O desejo tanto nos define quanto nos coloca em apuros. É a história da nossa sobrevivência — o impulso de procriação e a vontade de deixar nossa marca. Mas também é a história de todas as formas que cometemos erros. Quatro dos pecados capitais têm a ver com desejo (inveja, gula, avareza e luxúria). Podemos ficar divididos entre a tentação e o medo quando se trata de agressão e sexualidade. A vergonha e o orgulho fazem vigília para calar o que quer que soe como tabu.

Somos socializados para consumir e possuir. Mas a posse não é suficiente (normalmente lutamos para querer o que temos, e queremos mais daquilo que não necessariamente valorizamos, portanto a satisfação é passageira). A negação não é suficiente (somos assombrados pelos desejos fortes que deixamos de lado, e ou agimos ou nos desligamos). Fazemos uma **masturbação mental** sobre como a vida deveria ser, esperando que as relações sigam roteiros rígidos. Isso nunca funciona, e essas demandas nos deixam profundamente exasperados e muitas vezes nos afastam dos outros. Nós só começamos a captar o que "suficiente" significa quando entendemos nossos desejos.

Quando desdenhamos de nossos desejos, ou somos muitos rígidos com eles, podemos percorrer algumas áreas da nossa vida como sonâmbulos. O que nos animava não mais nos desperta. Não desejamos quase nada. Paramos de querer fazer sexo. O consumo excessivo pode nos dominar e nos ocupar, e nos deixar incompletos e vazios. Isso pode se apresentar na forma de um tédio severo, que pode parecer passivo e mortal. Nas palavras do autor Liev Tolstoy: "Tédio: o desejo por desejos." Mesmo que lutemos contra o desejo, ainda o queremos, pois ele nos impulsiona. Olhar para o que queremos pode despertar e reviver nossa curiosidade e sede de vida. Durante uma sessão de terapia recente, um homem disse para mim: "Eu quero querer alguma coisa. Quero sentir desejo. Para saber que estou vivo."

Nossos anseios eróticos normalmente são complexos, cheios de camadas e sombrios. Nossa libido pode estar em conflito com nossos valores. O que assimilamos na infância sobre desejo e sexualidade pode desempenhar papéis surpreendentes ao longo da vida, e nossos desejos mais profundos normalmente nos amedrontam. O que desejamos de forma muito passional tememos não conseguir, achamos que não deveríamos realizar ou temos medo de perder se conseguirmos. Nas palavras do dramaturgo Tennessee Williams: "Eu quero o que temo e temo o que quero, e por isso dentro de mim sou como uma tempestade que não consegue desaguar!" Quando nossos desejos parecem inaceitáveis até para nós mesmos, pode ser que achemos necessário reprimi-los, afastá-los, e acabamos por agir de acordo com esses sentimentos confusos. Mesmo em relacionamentos saudáveis, podemos sentir amor e ódio pela mesma pessoa, e relacionamentos abusivos e traumáticos podem nos deixar com ambivalências mal resolvidas e anseios conflituosos. Medo e desejo podem ser difíceis de se distinguir. Podemos ficar obcecados, repudiar, repetir, defender algo, tudo para nos protegermos de reconhecer um desejo implícito. Uma sensação de privação e decepção é um sinal de desejo profundo latente.

Um dos motivos pelos quais temos dificuldade em admitir alguns dos nossos desejos é porque querer demais alguma coisa é terrivelmente incômodo. Qualquer mulher tentando engravidar que tenha sido aconselhada a parar de pensar sobre o assunto compreende o quão desconfortável o desejo pode ser. O desespero é insuportável, e ouvimos repetidas vezes que não soa bem e não vai nos ajudar em nada; da mesma forma, somos ensinados de que agir de maneira entusiasmada demais é constrangedor. Nesse sentido, o desejo sexual pode ser tão assustador quanto excitante. Nos expormos exige uma enorme vulnerabilidade e nos coloca à mercê da rejeição e do sentimento de vergonha. E talvez até nos sintamos supersticiosos sobre realmente querer algo, como se admitir nosso desejo, mesmo que apenas internamente, pudesse nos impedir de alcançar o que queremos.

Quando ficamos frustrados, normalmente compensamos esse sentimento com gastos, consumo, satisfazendo desejos mais acessíveis em vez de admitir nossos anseios mais sombrios. Por mais sofisticados que sejamos como espécie, ainda temos dificuldade em compreender plenamente o desejo sexual. Fantasias sexuais são normais e comuns. A extensa pesquisa de Justin Lehmiller sobre elas demonstra isso (97% das pessoas entrevistadas fantasiam regularmente), mas ainda assim ficamos facilmente constrangidos e envergonhados dos nossos desejos. Se obedecermos aos nossos impulsos, podemos criar problemas, e ainda assim não ficarmos satisfeitos. E se os ignorarmos, estamos negando alguma parte interna de nós mesmos. Podemos manter nossos desejos em segredo ou, em vez disso, odiar alguma coisa.

Como terapeuta, estou sempre ouvindo atentamente reclamações e fantasias, que com muita frequência contêm desejos reprimidos. Minha primeira pista para uma vontade ignorada costuma vir de uma história de repúdio ou protesto de algum tipo. E os obstáculos. Obstáculos tornam nossos desejos seguros para nós, no caso de aquilo que desejamos ser inatingível.

É fácil ser crítico quanto ao que está disponível. É também uma forma de externalizar nossos conflitos internos, redirecionando o assunto. Isso é verdade, no geral, mas principalmente em nossas vidas sexuais. Podemos ficar entediados com o que é intensa e confortavelmente familiar, e o doloroso clichê é verdadeiro: familiaridade gera desdém. Quando desejamos algo novo em um parceiro sexual, também externalizamos nosso conflito interno, o desejo por algo em nosso senso de individualidade. Talvez estejamos cansados de dormir com nossos velhos e desgastados eus.

O papel e o intuito do desejo pode ser nebuloso e sorrateiro. Sentimos desejo por algo ou alguém, mas esse objeto de desejo parece estar no lugar de outra coisa que falta em nossas vidas. Todos esses anseios podem vir da sensação de falta. Podemos criar desejos para compensar a privação, a perda, dores emocionais. Eles podem vir disfarçados. Uma missão central da terapia é descobrir anseios escondidos, aqueles sentimentos clandestinos, as histórias de desejo que imaginamos para nossas vidas não vividas.

Essa missão foi central no meu trabalho com Jack, um homem de quase sessenta anos que veio para terapia em busca de descobrir se deveria permanecer em seu casamento de quase quatro décadas.

As escolhas de Jack

— Eu vejo o bigode louro da Helen reluzir na luz do sol e sinto nojo — disse Jack para mim, abrindo e fechando as mãos.

Ele tem um comportamento agradável, um olhar perceptivo, e pronuncia as palavras com precisão e firmeza.

— Isso soa difícil para você — falei.

— Bem, isso ajuda muito.

Não consigo saber se Jack está brincando. Como se pudesse ler minha insegurança naquele momento, ele continua:

— Não, é sério, isso ajuda mesmo. Pelo menos você me aceita. E me entende.

— Você fala do seu nojo, e eu imagino sobre o que ele realmente é — digo, sentindo uma vaga obrigação de levá-lo um pouco mais ao limite.

— Só não consigo acreditar que é isso, que casamento é isso. Eu quero mais — continua ele.

— Mais de quê? O que é que você quer mais? — pergunto.

— Quero que Helen seja sexy. Quero que ela me deseje como quando nos conhecemos e fazíamos sexo três vezes por dia. Estou puto por ela não me querer mais. Nós costumávamos trepar de pé. Na escada, porque não conseguiríamos esperar chegar no quarto. Do lado de fora. Em banheiros de boates. Agora, não tem mais nada. Que merda! Quantas vezes posso xingar? Estou puto pra caralho.

— Estou vendo. — E estou mesmo. Ele espreme os olhos e franze o nariz, como se detectasse um cheiro ruim. — Onde você está agora?

Sinto que ele divagou para uma nuvem de descontentamento, mas não quero tirar conclusões precipitadas. É esclarecedor e estabilizador quando ele se localiza.

— Ela me enganou — conclui.

Ele diz que foi enganado por uma história mentirosa de amor e casamento. Sua insatisfação tornou-se intolerável pouco depois de o filho deles, filho único, ir para a universidade. Ele não esperava ter a tal síndrome do ninho vazio, mas seu filho era seu melhor amigo de várias formas, e a perda e separação parecem uma tortura. Ele se sente distante da esposa e profundamente rejeitado.

Ele quer desejá-la.

Quer que ela o deseje.

Quer sentir desejo novamente.

Nós rimos de quantas vezes usamos essa palavra. Olhamos um para o outro brevemente. A energia não é exatamente erótica com Jack. Há conexão, projeção, fantasia, mas não é sexual para mim. Sou mais uma espécie de mãe idealizada para ele, apesar de ser décadas mais velho que eu. Nós fazemos as sessões de forma remota, e no reino virtual estamos conectados, sem estarmos no mesmo espaço físico, portanto qualquer ameaça de transgressão parece diferente. Ele mora na Califórnia e trabalha no ramo alimentício, e eu moro em Londres, então estamos alcançando essa conexão profunda a distância, o que funciona para alguém que quer intimidade tanto quanto resiste a ela.

Jack idealiza a própria mãe, apesar de ter sido negligenciado por ela. Ele a revelou e a protegeu ao mesmo tempo ao descrevê-la. Mas sua pobre esposa nunca teve chance. Enquanto isso, as reações de Jack a mim parecem uma repetição do seu amor maternal, de certa forma. Mesmo quando eu tento, não consigo fazer nada muito errado aos seus olhos. Sinto a crença dele em mim, a confiança de que eu o entendo, que eu o compreendo. Até quando entendo errado ou não entendo algo sobre ele, Jack finge não ver minhas falhas. Sua reticência emocional em relação à esposa é um contraste drástico à sua generosidade comigo. Lentes de aumento para todos os defeitos de sua esposa bigoduda, enquanto sou colocada num pedestal. As limitações claramente definidas da nossa dinâmica protegem a idealização.

— Nossas conversas me ajudam, mas não é suficiente — diz ele, gesticulando o dedo. — Preciso de sexo. Não é algo negociável. É por isso que durmo com sereias, sabe. — Ele insiste em chamar acompanhantes de "sereias".

— Eu sei, você já me disse isso muitas vezes.

— Mas que porra ela quer? Não posso passar o resto da minha vida sem foder. As mulheres também gostam. Não é só por causa do dinheiro.

Duvido um pouco disso, mas escolho deixar passar. Acho extremamente improvável que prostitutas gostem do sexo com ele da forma que ele alega. Muitas vezes, ele olha para mim em busca de pistas, e como se pudesse ler as dúvidas piscando no meu rosto, ele elabora melhor.

— Essa última menina, ela teve um orgasmo tão intenso. Juro.

Será? Por que ele precisa acreditar nisso? Fico impressionada com a necessidade dele de se sentir desejado.

— Jack, vamos voltar ao que isso faz por você. Há muito contido nesses encontros físicos, eles significam muito para você, são seu combustível, você diz. Você também insiste que eles protegem seu casamento. Acha que há algo sobre quebrar as regras que lhe dá uma sensação de liberdade e autoridade, a ideia de que sua esposa não o controla completamente?

— Essa é uma pergunta tendenciosa — diz ele com um sorriso malicioso. — Talvez você ache isso, mas não é o fato de ser ilícito que torna significativo. Estar aqui é significativo para mim, e não estou quebrando regras. E minha esposa sabe que eu faço sessões com você.

Concordo com a cabeça. Sinto que momentos de silêncio com Jack nos aproximam, mesmo no mundo virtual. Como Miles Davis disse uma vez: "Não é a nota que você toca, é a que você não toca" que importa. Nesse momento de silêncio, penso que, mesmo que eu me sinta desconfortável com a comparação entre terapeutas e prostitutas, há algo válido na sua ideia de que, quando paga por uma conexão, seja com uma profissional do sexo ou com sua terapeuta, pode haver algo significativo e pessoal nessas relações transacionais.

— Sinto que você gosta de me atender, na maior parte das vezes — afirma ele.

— Eu gosto.

— Pago pelo tempo que passo com você.

— Sim, você paga.

— Se você está pensando sobre as sereias e o que você tem a ver com o assunto, você entendeu aonde quero chegar.

— Sim, mas com as sereias você realiza certas fantasias, já a terapia é um espaço para refletir sobre o que elas significam de verdade. — Eu me ouço dizer "Sim, mas..." com bastante frequência para ele.

— Bom argumento.

Após alguns meses sendo terapeuta do Jack, eu me vejo entrando nesse tipo de discussão circular com ele inúmeras vezes. Nós progredimos e obtemos grandes percepções, fazemos ligações, conexões e compreensões, e ainda assim seu comportamento não muda. Chamo a isso de **percepção como defesa**. É algo que já fiz na minha vida pessoal e gostaria que alguns dos meus terapeutas tivessem me confrontado a respeito disso. Nós atingimos percepções profundas e precisas sobre nós mesmos, fazendo todo tipo de ligação e conexão, parecemos chegar a um total entendimento, e nada fora da terapia muda de verdade. No caso de Jack, ele alega que seu comportamento não é problemático. A única intervenção que posso oferecer para fazer com que ele se aprofunde um pouco mais na questão é perguntar o que ele quer — o que *realmente* quer.

— Quero ser desejado — confessa ele, finalmente, na sessão seguinte, quando voltamos mais uma vez à questão.

Helen, mesmo com seu bigode e tudo mais, realmente o ama. Não é sexual, mas carinhoso e genuíno. E ela o faz rir. E ele a faz rir. Não há muita risada nem diversão com as prostitutas. Mas a perda do desejo sexual na relação com Helen é dolorosa. E talvez seja mais do que isso: ser amado por Helen pode não parecer suficiente para ele, não importa quanto amor ela tenha para dar, porque é sua esposa.

VOCÊ SABE O QUE REALMENTE DESEJA?

E quanto a mim? Sim, ele me paga por hora. Mas, como meu supervisor aponta, ele paga por tudo, exceto pelo meu carinho. E eu me preocupo, sim, com ele, e tenho sentimentos afetuosos por ele, tanto quanto é adequado em relação a um cliente. Aceitar o afeto na nossa relação terapêutica o incita a perceber algumas coisas sobre si mesmo.

Freud escreveu sobre alguns de seus pacientes: "Quando amam, não desejam, e quando desejam, não podem amar." Imagino se esse não seria o caso de Jack e Helen. E talvez eu seja a mãe reparadora que ele pode idealizar sem ter intimidade sexual, e as prostitutas servem para o sexo, mas não para uma intimidade emocional verdadeira.

— Mas, na verdade, eu só quero ser desejado — diz ele. — Quero me sentir atraente.

O amor que ele sente por Helen não o faz se sentir desejável. Ele insiste que dormir com prostitutas o faz sentir-se atraente e desejado. Mesmo quando já ultrapassamos a vergonha, e o orgulho, e a explicação, e a percepção de que o que ele precisa é sentir-se desejado, profundamente desejado.

Na sessão seguinte, eu pergunto sobre esse anseio. É claramente um grande artefato da privação da sua infância, e nós traçamos seus sentimentos de rejeição. Ele fica emocionado com isso e começa a chorar. Depois que as primeiras lágrimas caem, seu rosto parece se abrir para um dilúvio. Ele retira os óculos e as deixa escorrerem. Isso aconteceu algumas poucas vezes durante nosso percurso juntos, e todas elas pareceram ser uma revelação. Suas lágrimas parecem autênticas e verdadeiras, como se estivesse se entregando completamente ao processo, e eu me sinto próxima da sua dor e sofrimento. As lágrimas são pelo garotinho que foi abusado e negligenciado pela mãe, mesmo que agora ele a coloque num pedestal em sua mente. E pelo menino cujo pai abandonou a ele e a mãe sem explicação, substituindo-os por uma nova família. As lágrimas são pelo adolescente cheio de espinhas que perdeu o controle da bexiga na escola e se sentiu humilhado. E pela saudade do filho que já não é mais criança. E pela saudade da sua própria juventude, e da sua avó que havia morrido trinta anos antes. Jack chora agradecido por poder explorar em segurança essas histórias dolorosas que carrega consigo. Ele me agradece por me importar tanto com sua história de vida.

— Eu me importo muito — confirmo. À medida que as palavras saem da minha boca, percebo o quanto eu reafirmo meu entusiasmo por ele. Eu me ouço confortando-o repetidas vezes e dizendo a ele de diferentes maneiras que quero ser a terapeuta dele.

— Gosto do fato de que você se importa comigo. Sei que se importa. E você é ocupada e poderia escolher não me atender, mas encontra tempo para mim — conclui ele. Ele se sente priorizado. Jamais se sentiu assim com sua mãe. — Eu fui um acidente. Minha mãe era jovem, meu pai bebia demais. Nada sobre mim foi escolhido. E quando eu cheguei ao mundo, ela não olhou, de fato, para mim. — Ele fixa o olhar no vazio. Quer ser o objeto de desejo, e não o sujeito que deseja.

Ele se lembra do início da sua relação com sua mulher.

— Ela tinha um olhar desejoso, algo que dizia "me pegue se for capaz", que me fez desejá-la mais. Mas a melhor parte era o jeito que ela olhava para mim. O afeto. Sinto vontade de chorar só de me lembrar.

Jack sente falta da **limerência**, o entusiasmo expansivo da paixão. É algo que simplesmente não dura em uma relação a longo prazo. De certa forma, estou surpresa que ele tenha chegado aos cinquenta anos e insista em certas expectativas. Será que ele é propositalmente ingênuo e não percebe que está se apegando a uma fantasia?

— Durante o primeiro ano, mais ou menos, nós estávamos constantemente descobrindo o que a vida tinha para oferecer e vivemos incontáveis aventuras naqueles dias. Juntos, conquistamos e exploramos. Podíamos ser exatamente quem éramos, e isso era... revelador, de certa maneira. A melhor parte ainda estava por vir, envelhecermos juntos... mas a Helen não olha mais para mim daquele jeito.

— Você ainda olha para ela daquele jeito? — pergunto.

— Não exatamente. Não vejo mais a Helen de forma sexual, e não a acho atraente. Ela ficou masculina, de um jeito que me incomoda. Mas eu a amo — diz ele. — E ela realmente me ama. Ela é uma mala sem alça, mas me faz rir, e nós nos divertimos comendo frango assado e bebendo vinho tinto. — Ele chora mais um pouco pela Helen que o fazia se sentir desejado aos vinte anos. — Acho que fiquei com raiva por ela ter ficado comigo esse tempo todo. O que há de errado com ela para me escolher?

Queremos nos sentir desejados, mas rejeitamos as pessoas que estão completamente disponíveis e realmente nos desejam.

Ele era como Groucho Marx, incapaz de aproveitar o fato de ser sócio de um clube disposto a aceitá-lo. Mapeamos níveis variáveis de autorrepulsa ao longo dos anos. O valor da sua esposa é reduzido porque ela é uma fracassada por ter se casado com ele. Mas em outros momentos ele acha que poderia ter almejado mais, e ela não está à sua altura. Ah, se ele pudesse ser jovem de novo, e fazer tudo de novo, e melhor. Ele gostaria de ter se gostado mais e de não ter sofrido tanto, por tanto tempo. Gostaria de viver muitas coisas de sua vida de um jeito diferente. É claro que nada disso é possível para nenhum de nós. O trabalho terapêutico mais eficaz para Jack a partir de agora será reconhecer esse arrependimento doloroso sobre a impossibilidade de retornar à sua juventude, enquanto trabalhamos no que é possível, com o que temos — tanto as particularidades das circunstâncias dele quanto os dilemas universais de ser humano. Jack só pode viver a vida adiante, a partir do momento presente. O que ele pode mudar? O que não pode? O que pode aceitar? O que pode comemorar?

Na sessão seguinte, Jack diz algo notável.

— Eu gosto de ser casado com a Helen, mas na minha próxima vida gostaria de me casar mais tarde e com alguém totalmente diferente. Também gostaria de ser artista e ter muito mais filhos. Mas não nessa vida, acho.

Ele está meio que brincando ao dizer isso. Não acredita na vida após a morte. É um ateu convicto, com uma abordagem pragmática à morte e à finitude. E ainda assim, sob muitos dos seus comportamentos e crenças, há uma fantasia mentirosa e sutilmente confusa de que ele possa viver várias vidas. Nós discorremos sobre essa crença e ele fica impressionado com a descoberta.

— Achei que soubesse que é isso e pronto. Real e verdadeiramente. Mas não acho que tenha de fato aceitado até esse instante. Por mais maluco que possa soar, tenho certeza de que pensei que teria inúmeras chances de viver muitas vidas, e essa é só uma de várias. Eu não aceitei realmente esse caminho. Essa minha vida feroz e preciosa. A Helen é esse choque de realidade para mim, que eu tenho que encarar todos os dias, um lembrete doloroso do que significa viver somente uma vida. Faz sentido? — ele me pergunta.

Para mim, faz todo sentido. Eu valorizo esses momentos *eureca* na terapia, quando conseguimos compreender a realidade e olhar para o que é possível e o que é impossível. Clareza é bondade.

Eu percebo que evitei perguntar detalhes sobre seu desejo sexual por prostitutas. O que ele deseja nelas e como se sente quando está com elas? Como fica seu senso de individualidade nesses encontros? Por fim, eu pergunto, e descubro o quanto presumi e evitei sem compreender inteiramente.

— Bem... — Ele se mexe na cadeira. — Eu me visto de mulher quando estou com elas — diz.

Não previ essa reviravolta. Ele jamais falou sobre se vestir de mulher ou fantasiar sobre brincar com os gêneros. Mas ele se excita com o pensamento ou a imagem de si mesmo como mulher. O desejo, ele explica, é por ele mesmo desse jeito, e não parece possível mostrar esse seu lado para ninguém além das prostitutas. Eu pergunto por que ele não mencionou isso até agora.

— Você nunca perguntou — responde ele.

— E a Helen? Ela sabe dessa fantasia?

— De jeito nenhum. Veja como foi difícil contar isso para você. Esperei até você me perguntar. Talvez eu esteja fazendo o mesmo com a Helen, e ela ainda não perguntou. Duvido que vá perguntar um dia. Somos liberais, mas também moralistas, de certa forma. Essa parte de mim... é constrangedora.

Pergunto a ele em quem ele se transforma em sua fantasia.

— Quando me visto de mulher, não me sinto sendo eu — responde ele. — Não é que eu deseje me tornar uma mulher. Não tenho nenhum interesse nessa transição. O que quero é me admirar como uma mulher bonita de vez em quando.

Ele explora esse lado secreto desde que se vestia com as roupas da mãe quando menino. Ele sempre amou se fantasiar.

— O Halloween — ele continuou. — É o melhor dia. Todo ano dava um jeito de me vestir como mulher; a maioria das mulheres se veste de prostituta. Talvez não literalmente, mas em algum nível, pelo menos era assim que eu via muitas das fantasias, através dos meus olhos adolescentes. É esse dia assustador de mentira, onde comemos um monte de bala e usamos roupas objetificantes. Será que nós *todos* não almejamos desejar a nós mesmos de alguma maneira? Essa é a *minha*.

Falamos sobre o que o desejo significa para ele.

— Eu me sinto vivo — explica ele. — Acho que estou em luto pela vivacidade que Helen e eu tínhamos juntos e que desapareceu.

Consideramos brevemente por que Helen parou de sentir desejo sexual, mas ele não sabe, e tento não especular. Eles conversaram sobre a menopausa dela e tiveram discussões cuidadosas e específicas sobre seus hormônios, mas não na questão da falta de sexo na relação.

— Há um termo para isso? — pergunta. — Para a perda de desejo sexual?

— **Afânise** — respondo. — Não sei se ajuda, mas é o termo psicanalítico, e significa, na verdade, o desaparecimento de uma estrela na astronomia.

— Gostei. É um bom termo. Vou anotar aqui. Porque é exatamente como parece para mim. Parece uma estrela que desvaneceu. A luz simplesmente se apagou. E agora eu finjo. Há tanto fingimento. Dá pra ver na sua cara quando falo sobre o orgasmo das sereias. É provável que elas finjam o orgasmo, e eu finjo que sou mulher. E você finge não duvidar quando conto sobre o orgasmo das sereias. Funciona. Mesmo que não seja totalmente verdadeiro.

Ele tem certa razão. Tenho minhas questões. Sei das estatísticas sobre prostitutas, e sinto muito pela esposa dele, e quero que ele viva a intimidade real. Mas esse parece ser mais meu desejo do que dele.

— Pensando bem, vejo que fiz uma ótima escolha ao decidir me casar com Helen e ao decidir continuar casado com ela — assume Jack.

No fim, é disso que ele precisa: aceitar suas próprias escolhas. E eu preciso aceitar as escolhas dele também.

Penso em Jack se vestindo de mulher de vez em quando, e o que essa fantasia deve significar para ele.

— Você já imaginou sua vida se tivesse nascido menina, se isso afetaria sua relação com seu pai? — pergunto.

— Ele teve meninas na outra família — responde Jack, olhando distante para um canto fora da minha vista. — Quando penso nisso, é sobre os dois. Minha mãe costumava dizer que ter um filho homem foi especialmente difícil para o meu pai, e ela imaginava que se tivesse tido uma menina, talvez ele tivesse ficado com ela. Ele queria uma menina. Foi isso o que ela me contou inúmeras vezes.

A fantasia faz sentido. É uma maneira de parcialmente se identificar com o pai, que tinha múltiplas famílias e relacionamentos. Ele pode brincar de ser a filha querida imaginária. A linda mulher que todos desejam. Ele não quer conscientemente repetir o padrão de abandono e rejeição do pai. Sente orgulho de ter se comprometido com sua família, principalmente com o filho. Jamais abandonaria seu filho da maneira que foi abandonado. Mas vestir-se de mulher e dormir com prostitutas dá a ele uma espécie de espaço para fantasiar outras versões de sua vida, mesmo que somente por uma ou duas horas.

— Eu sempre volto para casa — conclui.

Sua fantasia é também sua vontade de se sentir desejado pela própria mãe. Se ele fosse uma menina, talvez ela o tivesse amado mais e o tratado melhor. E talvez seu pai não tivesse ido embora. A vida poderia ter sido muito melhor. Ele se dá conta, ao dizer isso em voz alta, que tanto a forma como sua mãe o tratava quanto a explicação para o abandono inexplicável do pai diziam respeito à dor da história dela, e não dele. Mas ele ainda tem dificuldade de acreditar que é suficiente, exatamente como é, em sua própria e única vida. Sente a dor do abandono do pai e percebe que protegeu sua mãe em sua mente. Admitir a rejeição dela e a culpa dele parecia doloroso demais. Mas a dor o havia encontrado. E, talvez, o filho sair de casa tenha reavivado seu trauma de abandono, de ser deixado para trás, apesar de estar feliz pelo filho estar crescendo e se tornando independente.

— Todos temos tantos lados diferentes e tantos papéis diferentes para exercer. Não vou embora como meu pai fez, mas realmente gosto de me vestir de mulher. Preciso dessa fantasia para aceitar minha realidade.

Jack e eu continuamos a buscar em nossas sessões qual o significado de desejo para ele.

— Nas palavras de Mark Twain — ele me disse certo dia —, o desejo irresistível de ser irresistivelmente desejado. — Ele gosta de como soa inteligente. Suspira. Nunca se sentiu irresistivelmente desejado por ninguém, a começar pelos próprios pais.

O que posso fazer é deixá-lo ciente de suas escolhas, do impacto, do contexto, da relevância. Sua hostilidade em relação à Helen parece ser a válvula de escape, em grande parte, de seu desejo de se sentir querido pelos seus pais. Não literalmente. Não sexualmente. Mas, em algum nível, o que ele queria era se sentir desejado pela mãe e pelo pai, e nunca viveu inteiramente essa experiência. Ele precisa viver o luto dessa privação. Não é culpa de Helen, nem dele. Para Jack, questões de desejo têm a ver com reafirmação. A reafirmação que não recebeu dos pais deu ao filho, mas recusa-se a dar à sua mulher. Da parte dos dois há ecos de rejeição e privação no casamento, mas Jack e Helen ainda estão juntos, e ainda existe amor.

Durante uma das nossas sessões, a bateria do computador de Jack ia acabar e o carregador estava em outro cômodo. Ele me levou junto enquanto caminhava pela casa e cruzou com a Helen. Ele a cumprimentou e a apresentou para mim. Ela olhou para cima e sorriu. Eu sorri de volta e fiquei impressionada por sua aparência simpática e agradável. Nenhum sinal de bigode, pelo menos daquele ângulo, seu rosto tão acolhedor, tão humano. Eu me dou conta de que absorvi a figura projetada e distorcida dela. Ele a envolveu com uma luz tão indesejável, em sua raiva por ela não o desejar da forma que ele gostaria.

Jack não planeja se vestir de mulher na frente dela, nem contar a ela sobre sua fantasia, mas consegue perdoar-lhe por não querer fazer sexo com ele. Continua querendo que ela o desejasse sexualmente, da forma como era antes, mas equilibrou suas expectativas e lhe perdoou por falhar em compensá-lo por toda a rejeição que sentiu durante toda a vida.

Jack parou de odiá-la, e quem sabe ele talvez pare de odiar a si mesmo também, quando perceber todas as maneiras que quis se sentir desejado.

O desejo e você

Todos nós temos dificuldade de respeitar, aceitar e nos apropriar de nossas escolhas às vezes. O desejo normalmente vai em direção à fantasia, enquanto a escolha busca a realidade.

Há um ditado que diz que emoção mais razão é igual a sabedoria. Podemos aplicá-lo à forma como tomamos decisões: escolhas incentivadas inteiramente pelo desejo, ou escolhas desprovidas de desejo, normalmente nos levam a um lugar de decepção. Se possível, pense nos desejos implícitos ao fazer uma escolha, e qual parte talvez seja fantasia e o que é realista. O desejo exagera e minimiza as coisas. Repare nas maneiras como você floreia algo que quer, ou distorce sua percepção ao se sentir indesejado. Ao olhar para as escolhas que já fez, considere esses fatores.

Se não tivesse escolhido se casar com seu parceiro atual, você poderia agir de acordo com seu desejo agora por aquela outra pessoa que surgiu. Se não tivesse se comprometido em fazer faculdade de direito, poderia ter vivido a vida nômade de um romancista de espírito livre. Se tivesse escolhido fazer aquela viagem, as coisas poderiam ter sido diferentes. Se não tivesse optado por morar em uma parte tranquila da cidade e ter filhos, poderia ter vivido uma vida radical e aventureira trabalhando em prol da humanidade. Seja qual for a fantasia, é comum que nos deparemos com questões de desejo porque nos sentimos limitados pelas nossas escolhas. E o que realmente desejamos pode ser algo que simplesmente não podemos escolher. Jack não escolheu os seus pais.

No fim, nossas escolhas não costumam ser tão pavorosas assim, mas o que é imperdoável e impossível de aceitar é que essa é a nossa única vida. Muita coisa não sai como gostaríamos. O desejo nos impulsiona a expandir e celebrar a existência, mas também pode nos escravizar quando não entendemos sobre o que ele é. Quando você se sentir paralisado ou impedido de obter o que acha que deseja, leve em consideração o que parece que está essencialmente lhe faltando.

Ignorar os nossos desejos tem um preço. Nós tendemos a protestar, ressentir, deslocar ou punir os outros ou a nós mesmos. Nas palavras de Sócrates: "Dos desejos mais profundos muitas vezes surge o ódio mais mortal." Em vez de repudiar, identifique o desejo e permita-se a chance de vê-lo pelo que ele é, mesmo que você não busque realizá-lo. Também vale considerar se há algum desejo escondido em algo que se odeia.

Amor e desejo nem sempre estão alinhados. Você já sentiu atração sexual por alguém e confundiu com amor? Você já amou alguém profundamente sem sentir atração sexual? O desejo pode aparecer em diferentes momentos ao longo do curso de uma relação amorosa. Às vezes está em sincronia com o amor que sentimos, mas também pode ser discordante. Podemos sentir um desejo ardente por pessoas que não necessariamente amamos, e podemos amar profundamente pessoas que não necessariamente desejamos.

Nosso senso de identidade influencia o desejo. Quando nos sentimos atraentes ou bem-sucedidos, podemos sentir mais desejo — e não necessariamente por aqueles que amamos. "Estou na melhor forma em que já estive em minha vida", um homem me disse recentemente. "E, de repente, vejo mulheres bonitas em todo canto. Talvez elas sempre tenham existido, mas eu nem sequer me permitia olhar para elas pois não me sentia atraente. Agora eu as vejo, e as quero." Quando nos sentimos para baixo e desanimados, algumas pessoas sentem um ímpeto de desejo, como uma espécie de energia vital, enquanto outras perdem o desejo e passam a não achar mais tão agradáveis atividades que antes eram prazerosas. "Não é que eu não ache o meu namorado atraente", uma mulher de vinte e poucos anos me disse, "mas não estou feliz com meu corpo agora, e isso acabou com meu tesão." Como vemos, o senso de si influencia nosso desejo em momentos diversos da vida.

Uma vez perguntei à neurocientista Amy Arnsten, pesquisadora de Yale, por que os humanos querem tanto sentir desejo?

— Acho que esse é um mecanismo muito primitivo que permite que um organismo prospere: prazer ao comer, beber, fazer sexo, estar na temperatura ideal, tudo isso garante que estaremos nas condições fisiológicas corretas — respondeu ela — para dar continuidade à nossa espécie.

Sem desejo, por que alguém faria alguma coisa? O que significaria ser humano?

Desejo é possibilidade. Energia. Motivação. Os desejos são o pano de fundo para a ação. Com a exceção de ocasionais momentos felizes e de contentamento em que não queremos nada mais, nós nos sentimos desmotivados e sem perspectiva se não temos desejo. Os desejos iluminam caminhos para nós, moldam nossas experiências e nos impulsionam a seguir adiante.

CAPÍTULO TRÊS

Entendimento

Quando vemos uma fotografia de quinze anos atrás, ficamos chocados com a falta de familiaridade. Mas então olhamos para uma foto de nós mesmos bebês e pensamos: "*Aqui estou eu. Esse sou eu.*" Continuamos sendo atraídos para amizades tóxicas. Quando falamos sobre essa nova relação num primeiro momento, explicamos todas as maneiras em que nossa conexão é circunstancial e diferente das outras. Mas conforme descrevemos como constantemente pagamos (Por que insistimos nisso? Por que ela nem sequer tentou insistir em, pelo menos, dividir uma das contas? Sim, nós criamos uma expectativa), os comentários ríspidos e nosso crescente ressentimento, conseguimos entender. Quando entendemos algo emocionalmente, há uma continuidade linear que une as experiências de um jeito organizado. Nós respiramos um tipo diferente de ar quando temos esse senso de ordem e clareza.

A terapia busca o entendimento. É um processo colaborativo que pode incluir revisitar alguns mal-entendidos. Quando processamos e encontramos sentido nas nossas experiências, conseguimos construir uma narrativa coerente das nossas vidas. Podemos entender como nos privamos de certas coisas, como assumimos responsabilidades por outras pessoas, mas evitamos enxergar o quanto somos responsáveis pelas nossas próprias vidas. Descobrimos possibilidades.

Estamos constantemente tentando ver sentido na forma como o mundo nos vê e no que nós vemos. Existimos no contexto de relacionamentos, e nossos mundos internos são ocupados por memórias, mensagens sociais e crenças arraigadas de relações passadas. Cultivar um senso de individualidade saudável requer frequentes ajustes e atualizações. Algumas pessoas possuem um lado que trabalha excessivamente para agradar às pessoas — possivelmente uma única pessoa (e não alguém de quem conscientemente buscamos aprovação). Quando esse "agradador" dá demais e gasta energia além da conta (que é o que geralmente acontece), nossa dívida de mágoa cresce. O agradador pode ser extremamente complacente e sacrificante, e acabamos nos sentindo pressionados e esmagados.

Ele cria alguns problemas quanto à maneira de viver. Interessado apenas em servir e fazer com que as pessoas gostem dele, o agradador nem sequer tem consciência de ter desejos. E nos engana dizendo que é altruísta. Nós gostamos da ideia de sermos bons, pelo menos de alguma forma. Portanto, achamos que os atos devotos de altruísmo do agradador nos transformam em pessoas melhores, amigos melhores, funcionários melhores. Em oposição ao agradador há o egoísta, ressentido e determinado a resolver essa questão. O conflito entre as polaridades de altruísmo e egoísmo surge toda hora na terapia.

Quando as opiniões dos outros sobre nós se chocam com a forma como queremos ser reconhecidos, nós nos sentimos alienados, isolados, à mercê da injustiça. Somos atirados da aprovação para a rejeição, especulamos e sofremos com o que as pessoas pensam.

Nas palavras de Carl Jung: "Pensar é difícil, é por isso que as pessoas preferem julgar." Pode ser uma revelação revisitar uma experiência e descobrir que nós não compreendemos de verdade algo que achamos que tivéssemos compreendido, mas julgamos, presumimos.

Continuemos tentando entender. Esclarecer, revisitar e atualizar nosso entendimento é como aprendemos. O entendimento é um trabalho contínuo.

Nossa busca por sermos entendidos pode ser compulsiva e frustrante. Não necessariamente nos comunicamos de forma efetiva, e, algumas vezes, isso é ainda mais difícil com pessoas próximas. Às vezes, torcemos para que sejamos magicamente entendidos sem precisarmos explicar em detalhes. Às vezes, queremos que as pessoas leiam nossas mentes e entendam nossos mundos internos, mesmo quando não nos expressamos. É libertador reconhecer e trabalhar as decepções que temos com nós mesmos.

ENTENDIMENTO

Precisamos de ajuda para nos entendermos. Além do entendimento literal, nos sentirmos emocionalmente compreendidos, ao menos por uma única pessoa — um professor, um amigo, o terapeuta, o parceiro, um irmão, às vezes um desconhecido (pode ser mais fácil e ter menos consequências confidenciar nossa intimidade a pessoas de fora das nossas rotinas) —, é valioso e nos dá uma sensação de alívio e até de alegria. *Finalmente, alguém me entende!* Nós nos sentimos menos sozinhos, menos estranhos e inaceitáveis.

Entender verdadeiramente quem somos, mesmo que não gostemos de tudo (e como poderíamos?), torna a experiência de estarmos na nossa própria pele mais confortável. Quando entendemos nossas motivações reais e podemos organizar nossos sentimentos confusos, conseguimos aceitar e reconhecer contradições e inconsistências, tanto em nós mesmos quanto nos outros. Podemos fazer escolhas que nos parecem certas.

Precisamos de espaço para flexibilidade e mudança. Mudar coloca uma pressão enorme nas relações de todo tipo, seja em viciados em recuperação, casais juntos há muito tempo, amigos, dinâmicas de trabalho ou nossa relação com nós mesmos. Mudar ameaça nosso senso de entendimento e nos deixa com sentimentos contraditórios e confusos. Buscamos crescimento e desejamos novidade e surpresa, e então revertemos para familiaridade. Nos sentimos confortáveis com o que já conhecemos. Aprender algo novo requer esforço e desafia nossa noção de domínio.

Como você conversa consigo mesmo? Você pode estar se subestimando de várias maneiras, às vezes há muitos anos. Pode não ser uma história precisa, mas é familiar, e o que é familiar parece verdadeiro.

Compreender a nós mesmos é desafiador. Pode ser um labirinto de espelhos imaginar como os outros nos veem, ver-nos através desses outros olhos, muitas vezes fazendo todo um caminho de volta até nossa infância. Podemos às vezes invocar retratos lisonjeiros, mas também podemos ser assombrados por alguns profundamente desagradáveis.

Todos nós, inevitavelmente, passamos por momentos estressantes na vida, em que podemos nos sentir alienados, perdidos, alheios a como os outros nos veem e a como nós mesmos nos experimentamos. Contradições e paradoxos ocorrem a todo tempo, de um jeito bastante comum para a maioria de nós, mas problemas de identidade podem ser como uma guerra civil psicológica, onde diferentes facções começam a disputar entre si. Podemos começar a nos desintegrar (literalmente des-integrar), ruir, estilhaçar. Compreendermos a nós mesmos, inclusive nossas próprias inconsistências, pode ser uma salvação. A terapia explora o externo e interno, escava profundamente partes enterradas do nosso eu.

Às vezes, vamos para a terapia achando que queremos ser compreendidos, quando, na verdade, queremos empatia e estímulo. Podemos até chamar de apoio, mas o que queremos mesmo é autoafirmação. Queremos ouvir que estamos certos. Que não temos culpa! Essa foi minha experiência com Sying, uma mulher que veio me ver com uma **crise de identidade**.

O que há em um nome: As músicas de Sying

Sying é obcecada pelo seu trabalho. Ou será que é por seu chefe? No início, ela não acredita que a relação deles seja nociva. As pessoas raramente acreditam, é algo que vai acontecendo lentamente. E no caso dela, após quinze anos trabalhando na Victor Hill Arquitetura, ela me conta que a relação dos dois tem um tremendo significado e representa muito para ela. Está aqui pela pressão ridícula que sente como mãe, a culpa materna que a sociedade ainda impõe às mulheres que trabalham. Ela se sente julgada por outras mães, pelos sogros. E ela e o marido começaram a discordar de atitudes com relação a trabalho e família.

Reconheço o nome dele antes mesmo de conseguir pronunciar o dela. Quando não tenho certeza, sempre pergunto.

— Ah, pronuncia-se "sing", como o verbo *cantar* em inglês — explica. — Mas você pode falar do jeito que quiser, mesmo. Eu não me importo.

Mas eu me importo. Como ela pode não ter uma preferência?

— Estou acostumada com as pessoas pronunciando errado — ela continua. — É chinês, mas como cresci no Reino Unido ninguém nunca sabe como pronunciar do jeito certo. Talvez seja por isso que meu marido e eu demos o nome de Katie à nossa filha. É fácil de entender e de pronunciar. Enfim, quero falar um pouco mais sobre mim. Amo meu trabalho, mas parece que não deveria me importar tanto com ele, agora que sou mãe. Isso não é ridículo? Sinto que ninguém na minha vida entende isso.

Ela parece determinada a me trazer para o seu lado. Mas estar ao seu lado pode significar desafiá-la, e não simplesmente concordar e assentir de forma automática.

Quando pergunto sobre suas amizades, ela parece constrangida e frustrada. Até tem contato com alguns amigos antigos, mas muitas vezes se sente impaciente e decepcionada ao encontrá-los.

— Talvez eu esteja julgando-os e sendo crítica, mas, na verdade, são eles que me julgam.

Ela gostaria de ter mais amigos, mas não tem certeza de como fazer isso. Ela se pergunta se não tem transtorno do espectro autista.

— Mas o trabalho vai bem — continua, e refere-se novamente a Victor Hill. O trabalho é onde ela se sente viva. — Não é pelo dinheiro, não ganho tão bem assim, embora goste do meu salário. Mas é mais do que isso, é quem eu sou.

Ela admira profundamente o leão, poderoso e forte, que é seu chefe, e é grata pelas oportunidades que ele lhe deu. Com certo orgulho, ela se considera uma domadora de leões.

— Meu avô era difícil e exigente, e bastante excepcional, e sei lidar bem com esse tipo. Fico falando do Victor Hill e presumo que você saiba quem ele é, certo?

Sessões de terapia normalmente são repletas de referências culturais — palavras, lugares, notícias de jornal, assuntos mundanos, programas de TV, livros, tudo o que está e que sai de moda. Se é relevante e útil para ser discutido, eu admito o que me é familiar e o que não faço a menor ideia do que seja. O que às vezes parece uma digressão pode ser uma forma de aprender sobre o mundo de alguém.

Conheço algumas das construções do Victor Hill. Já li perfis e reportagens sobre ele. Tenho uma vaga impressão de sua imagem pública de "estrelarquiteto", seu estilo vaidoso e comentários sociais notoriamente excêntricos. Digo a Sying que sei quem é, mas obviamente não faço ideia de como ele realmente seja. Sying valoriza a ligação pessoal deles, ela me diz. Percebo que ela diz o nome dele completo todas as vezes que o menciona — Victor Hill —, mesmo não havendo outro Victor em sua vida. Na verdade, ela não fala de mais ninguém com nome e sobrenome. Suas referências a outras pessoas normalmente são relacionais: "meu marido", "minha filha".

Sying gesticula bastante e raramente fica parada, enquanto suas histórias animadas seguem em múltiplas direções. Sua aparência é impecável. Seu cabelo é da cor de "whisky sob a luz do sol", uma descrição que me lembro de ler em um dos obituários de Lee Radziwill. Não sei exatamente por que esse detalhe me vem à mente, mas talvez tenha a ver com a característica efervescente e romanticamente delicada de Sying. Durante um tempo, quando penso nela, ela mais parece um personagem charmoso do que uma pessoa de verdade. É uma mistura intrigante de voo e substância. Ela rodopia no ar e nunca pousa totalmente.

Volta a Victor obsessivamente. Respeita seu trabalho, sua coragem estética, sua eficácia inegável e determinação inabalável para fazer todo o possível na arquitetura.

— E não para por aí. Ele faz o impossível também.

Sua admiração pelo impossível me chama atenção. Será que ela acredita que ele é o caminho que ela aspira para si?

— Eu, obviamente, não sou nada parecida com ele — ela continua. — Sou muito mais indulgente. Ele é exigente e temperamental, mas nunca comigo. Sei lidar com ele. Acho que consigo extrair seu melhor.

Pergunto o que ele extrai dela. Seu melhor também. Pergunto por que ela é tão focada nele, e ela responde que ele é uma grande parte de sua vida, e eu preciso entender isso para compreendê-la. Ele a contratou quando Sying tinha apenas vinte e cinco anos, totalmente inexperiente. As expectativas que ele tem sobre ela demonstram sua estima e fé, dando a ela muitas oportunidades — e ela gosta de trabalhar muito. Faz parte da sua personalidade.

— Mas, não se preocupe, eu o conheço o suficiente para não ser bajuladora. Não sou como suas fãs deslumbradas.

Ela dizer para eu não me preocupar não faz minha preocupação desaparecer. Seu senso do quão é especial depende da sua compatibilidade com ele, e ela descreve o envolvimento dos dois de um jeito protetor. Parece querer me persuadir, e talvez até a si mesma, que essa parte de sua vida está bem resolvida.

— Sou uma mulher forte — afirma ela —, mas as mães da creche, e meu marido, não facilitam.

ENTENDIMENTO

Posso imaginar! Ela quer que eu torne as coisas fáceis para ela? Ela tem sorte de achar seu trabalho significativo, e me diz isso, principalmente, quando pensa em todas as pessoas insatisfeitas que conhece. Seu marido, por exemplo, é alguém que só trabalha para viver; ela vive para trabalhar. É algo de que gosta em sua personalidade.

— Não quero ser uma dessas mulheres entediantes que não conseguem ter nenhum tipo de identidade além da maternidade após ter um bebê — garante ela. — A maternidade é tão exigente.

A mesma palavra que acabou de usar para descrever Victor e seu avô. Mas as demandas da maternidade não são recompensadoras para ela.

— É tarde demais para eu ser diagnosticada com depressão pós-parto — ela brinca. — Katie acaba de fazer seu check-up de um ano. O médico nem sequer me perguntou como eu estava. Ninguém me pergunta como é ser mãe a essa altura.

— Como é ser mãe para você?

Ela fica trazendo esse assunto à tona e ao mesmo tempo o dispensando como pouco importante. Na verdade, não é tarde demais para considerarmos uma depressão pós-parto nem uma crise de ansiedade.

— É opressivo. Ainda não me sinto eu mesma. Exceto no trabalho. Mas todo mundo, com exceção de Victor Hill, me critica por me importar demais com meu trabalho.

Fico pensando com o que ela se importa de verdade.

Quando pergunto sobre a maternidade, ela descreve a beleza da Katie, a fofura, e me mostra uma foto. Esse momento parece levemente forçado, e eu imagino se ela se sente obrigada a performar um papel. A mudança para a maternidade — **matrescência** — é um desafio de identidade que pode ser facilmente menosprezado. Os efeitos existenciais arrasadores de se tornar mãe se desenvolvem de inúmeras maneiras, durante anos após o parto. Durante uma vida inteira.

— Mas não estou exatamente deprimida — diz ela.

Até agora, ela parece saber claramente as definições que não se enquadram nela.

— Eu me sinto enérgica no trabalho — afirma.

Seu lado profissional ambicioso vive através do prisma do Victor. As descrições de Sying sobre a dinâmica dos dois mostram sinais de idealização, o senso que ela tem de si mesma como garota de ouro, o que significa para ela ser uma mulher adorada por ele. Seus olhos brilham quando ela menciona o nome dele. Ao me contar da afeição que ele demonstra por ela, exibe uma espécie de euforia que me parece extrema. Ela trabalha sem parar, com muito esforço, com prazer, como se sua sobrevivência exigisse que ela doasse cada parte de si a ele. Não só ao trabalho, mas a ele. A pressão para performar no trabalho e agradar-lhe soa compulsiva, urgente, incontestável.

Por que está se doando tanto? Queria perguntar a ela, mas me contenho. Preciso deixar que as coisas se desenrolem naturalmente. A psicóloga Alice Miller escreveu: "Todos os sentimentos que o paciente desperta em seu terapeuta são parte da sua tentativa inconsciente de contar a ele sua história e, ao mesmo tempo, escondê-la."

Sying segue postulando teorias sobre por que os outros não a entendem e se opõem à sua dedicação a Victor, mesmo que ele seja tão bom para ela. Eu me vejo opondo-me — não a ele em si, mas à necessidade compulsiva dela de buscar sua identidade através dele. Ele pode até ser fascinante, mas ela também é. Será que percebe isso? Ela busca empatia da minha parte, mas não necessariamente entendimento verdadeiro.

Algumas semanas depois, Sying chega para a nossa sessão exausta e ofegante.

— Vim correndo até aqui — diz ela. Então lança-se na poltrona a minha frente e joga o casaco e a bolsa do lado. — Ah, essa água é para mim? Obrigada. — Ela bebe o copo inteiro em um único gole. Assim que pousa o copo na mesa, checa o telefone pedindo desculpas enquanto faz isso.

Está inquieta. Sua aparência é charmosa e caótica. Está vestida de maneira extravagante, com várias texturas e acessórios e estampas juntos, mas ainda assim, de alguma maneira, ela consegue fazer tudo combinar. Não consigo definir qual é sua roupa hoje — é um vestido ou uma saia e um xale, ou um cachecol, ou um lençol? Ela sente calor e frio ao longo da sessão, retirando camadas e vestindo-as de volta.

O sotaque britânico de Sying com sua leve modulação chinesa tem um ritmo doce, e ela é expressiva e detalhista em alguns momentos, embora divague em reflexões, deixando-me em busca da conexão e querendo finalizar suas frases. Ela deixa fios de pensamentos e sentimentos flutuando no ar. Eu me vejo tentando pegar, preencher, organizar, unir todos aqueles pedaços. Às vezes, peço a ela para voltar a um ponto, elaborar ou esclarecer — há uma linha lógica? Penso se isso faz parte do processo, como uma orquestra aquecendo.

— Não sei por onde começar. É coisa demais. Estou explodindo — diz ela.

— Permita-se simplesmente estar aqui. Tudo vai se ajeitar — falo.

— É coisa demais. Está uma confusão e eu sinto que preciso de ordem. Veja dentro da minha bolsa. Tem lixo em todo canto. Chiclete derretido e moedas grudados no fundo, e provavelmente cinco batons que adoro, mas que não consigo encontrar. E fico muito chateada quando não sei onde as coisas estão. Não sei o que tenho. Quero calma, linhas organizadas. — Ela gesticula na direção do meu ombro. — Queria que minha mente fosse mais como os quadrados nessa foto atrás de você. Ela está mais para Jackson Pollock. Esse é o meu problema. Caos. Pingos por toda parte. Rabiscos para lá e para cá.

— Essa é uma imagem bem vívida — comento.

— Estou falando bobagens... — Ela dá uma risada.

Por mais perspicaz e autoconsciente que seja, falta a ela um pouco de autoridade. Ela diz algo profundamente inteligente e depois acrescenta um comentário anulando-se em tom infantil. Precisa de aprovação e permissão de alguma forma. Sua falta de confiança na própria voz e a vontade de se expressar parecem, volta e meia, disputar espaço.

— Comece com o principal, e vamos seguindo dali.

Ela conta que, pela primeira vez, seu nome vai aparecer na *Architectural Review*.

— Não me parabenize — pede ela. — Victor Hill não está feliz com a reportagem.

Ela precisa da bênção dele.

— Eu não achei que receberia essa oportunidade. Ela simplesmente apareceu.

Um cliente descobriu que ela foi a designer de alguns dos aspectos mais importantes das últimas três casas pelas quais Victor Hill foi premiado. Portanto, o nome dela será o principal na Wyatt House, um projeto que soa inspirador. Ou pelo menos, soava. Agora ela está cismada. Achou que Victor ficaria orgulhoso dela, e agradecido, mas não foi isso o que aconteceu. Seu desespero pela aprovação dele, seu pânico de que ele não esteja satisfeito, é palpável.

— Você parece desesperada pelo aval dele. O que quer dele? — pergunto.

— Não tenho certeza... Mas o que você acha que ele pensa de mim agora? Você acha que eu destruí nossa relação?

Ela está mais interessada em investigar a personalidade dele do que em encontrar sentido nas suas próprias motivações e desejos. (Esse é um padrão comum na terapia.) Eu não o atendo e não ouço sua versão, mas o imagino emburrado, com o ego ferido. Terapeutas não podem evitar serem influenciados quando se trata de perspectivas. Sim, nós tentamos manter em mente a multiplicidade de pontos de vista, e sabemos que recebemos versões distorcidas dos eventos, onde as pessoas embelezam e omitem e selecionam tópicos e nos poupam de saber toda a verdade, mesmo que estejam fazendo um esforço ostensivo para expressar as coisas de forma sincera. Tal parcialidade, no nosso senso de individualidade e dos outros, é simplesmente um aspecto inevitável do ser humano. Como terapeuta, o melhor que posso fazer é manter uma consciência constante dela.

Ela está surpresa por não compreendê-lo tão bem quanto acreditava. Justifica sua consistência e sente que ele está agindo de forma incongruente.

— Trabalhei tanto para ele, e sou mais dedicada hoje do que já fui em todo o tempo que trabalhamos juntos... Como ele pode não estimar minha lealdade inabalável a ele? Como ele pode não me apoiar?

Ela está incrédula. Será que fora ingênua? É claro que esse projeto é bom para o escritório, e para a reputação dele, considerando que ele é seu mentor e ela trabalhou para ele durante todos esses anos.

— Tenho quase quarenta anos. Ele deve querer que eu obtenha sucesso profissionalmente, ao menos por respeito a mim — afirma.

Ela presumiu que ele seria carinhoso pelo tanto que ela se sacrificou e cuidou dele e do seu trabalho. Nós retiramos o véu de sua fantasia e desconstruímos o senso de que ela seria uma garotinha, e seu desejo profundo e constante de aprovação, e a resposta negligente e mesquinha dele quanto à notícia do projeto dela, e o quão ameaçado ele talvez se sentisse pelo talento dela, pela atenção direcionada a ela.

— Você o colocou num pedestal por muito tempo — falei, afirmando o óbvio.

Seu rei leão era para ser um pai todo-poderoso que a adorava e a protegia. E se importava com ela! Ela viu e imaginou e pressupôs todo tipo de coisas sobre ele.

— Achei que eu estava sendo sagaz. Que o entendia e podia administrar seu ego sensível. — Ela parece chocada.

Em sua autoconstrução-fantástica perfeccionista, ela sempre acreditou que conseguia lidar com esse homem impossível, encantá-lo, trazer o melhor dele à tona, seu lado sensato, afetuoso e amável. Sentia orgulho da conexão especial que desenvolvera com ele. A domadora de leões! Mas agora ela vê que não conseguiu fazer nada disso. Falhou terrivelmente no senso de individualidade que idealizava. Exploramos algumas das suas crenças e visões de mundo baseadas nesse eu fantasioso. Ela quer interpretar o papel de mulher bem-sucedida, diz ela, trabalhando e progredindo, mas suas definições são estreitas e antiquadas, baseadas na história clássica de um homem mais velho poderoso e uma mulher jovem cujo propósito é satisfazê-lo. Não é sexual, embora seu marido fique suspeito em alguns momentos, mas certamente possui muitas nuances complexas.

A dinâmica entre Sying e seu chefe famoso tem raízes na infância dela. O motivo para revisitar e descortinar seu passado não é para ficarmos perambulando por lá, mas para descobrirmos juntas como ela chegou aonde chegou agora, e como ela pode mudar algo e se libertar de cair nas garras de padrões antigos e problemáticos daqui para a frente.

Seu próprio pai é passivo, medíocre e inacreditavelmente fraco aos olhos dela, aos olhos da mãe dela.

— Ele é meio que um pateta. Nunca chegou perto de satisfazer às expectativas do pai. Meu avô pulou a geração dele e depositou todos os seus sonhos e expectativas em mim.

"Faça algo que você ame", seu avô lhe disse logo antes de morrer. Ela era a única neta, e sabia que era a favorita, a garota de ouro. Ele deu a ela a sensação de que era destinada à glória, diferente do pai. Diferente de tantas pessoas ao seu redor.

Sying encontrou algo que amava — a arquitetura — e tornou-se arquiteta. A Victor Hill Arquitetura deu a ela espaço para se expressar, para realizar certos desejos. *Isso é quem eu sou*, pensou. Victor proporcionou a Sying um sistema de recompensas atrativo — a aprovação dele, escolhê-la como sua preferida. Ela encontrou nele alguém que poderia idealizar e a quem se dedicar eternamente.

Conhecer Victor deu a ela um senso de um potencial glorioso, que ela achava que fosse empoderador, mas o que recebe — o que recebeu — é a aprovação dele pelo que ela lhe dá. Ficar estagnada dentro das garras dele. É isso o que ela almeja?

— Quando você coloca dessa forma para mim, consigo ouvir o que está errado. Servir um homem realmente não é o que quero para minha vida.

Essa enxurrada de privação a alerta para um outro problema. Há um senso repentino de clareza que corta a névoa nebulosa de idealização em que estava envolvida todos esses anos.

Mas o que acontece depois? O senso de **sofrerioridade** de Sying é violento. Ela tem dificuldade de expressar seu desejo intenso de ser uma arquiteta formidável com um nome a zelar. Soa egoico, grandioso e irrealista para ela. Mesmo na terapia, mesmo comigo. Servir uma lenda resolve a tensão dentro dela que é ambiciosa, mas ao mesmo tempo tem a tendência a se automarginalizar. Uma proximidade com a grandeza. Mas fazer algo por si própria, lançar seu nome no mercado, é se expor, é incerto, e ela fica constrangida por seu ego querer que seu nome seja conhecido.

Ter **força do ego** é perfeitamente saudável, mas, para Sying, o agradador dentro dela abafa seu ego. "Eu só quero servir Victor Hill" é a mensagem que a "agradadora" envia. Mas o ego, apesar de oculto, ainda se manifesta de alguma maneira: ter seu nome na Wyatt House. O resultado é autoaversão e vergonha. Decepcionar Victor Hill e expor seu ego soa como um fracasso duplo.

Ao ficar sabendo sobre a Wyatt House em uma reunião de funcionários, Victor fez comentários agressivos a Sying sobre seus amigos, diretores da *Architectural Review*, talvez decidirem não publicar a história quando percebessem que não é uma casa inteiramente desenhada por Victor Hill. Ela não podia contar com os ovos dentro das galinhas. Será que ele faria com que a reportagem caísse? Será que faria com que, de alguma maneira, ela desaparecesse profissionalmente? Ela havia ultrapassado um limite? Tinha rompido a hierarquia, desonrado o sistema implícito de um jeito leviano?

Na maioria dos ambientes, há dinâmicas de poder. Parte disso explica por que Sying permitia que seu trabalho de arquiteta fosse, cada vez mais, atribuído a Victor. Mais ninguém no escritório leva créditos, embora haja uma equipe contratada de jovens arquitetos talentosos. Todo mundo sabe que Victor não faz todo o trabalho de design sozinho, inclusive os editores da *Architectural Review*. Sying tinha trabalhado muito durante todos esses anos, e agora era um passo lógico que ela expressasse sua própria voz, sua própria identidade. Eu a encorajei em nossas sessões a pensar sobre o que queria para si, profissional e pessoalmente. E agora aqui estamos. O sucesso e reconhecimento iminentes para Sying acabaram sendo um desconforto profundo para Victor e, portanto, para ela também.

Ela descreve Victor lhe lançando um olhar malicioso e irritado. Aquele olhar afetuoso se esvaíra. Ela se tornou um objeto ruim para ele, uma ameaça desagradável. E essa reação não significa para ela apenas o que ele é, mas também tudo o que ele não é, e tudo o que ela desejou. Parece emocionalmente catastrófico.

Durante as semanas seguintes, as coisas pioram no escritório. Victor faz demandas e dá instruções bizarras. Parece brutalmente invejoso, controlador, claramente ameaçado pela sua protegida tornar-se conhecida por seu próprio trabalho. Sua típica gama de elogios pelo trabalho dela desapareceu.

Sying está quieta e ansiosa, evita mencionar a publicação iminente do artigo na *Architectural Review*, mas a fofoca se espalha. Ele tenta impedir qualquer discussão no escritório sobre o projeto dela e faz de tudo para dificultar que ela execute os detalhes finais. Ele tem uma crise de birra em uma reunião interna e diz que ela tem lhe causado problemas cardíacos por causa do estresse. Grita com ela no telefone sobre um prazo perdido por causa do caos no escritório, fica emburrado e a ignora.

Ela se sente diminuída e desamparada no local onde se sentia mais ela mesma por tantos anos. Alguns colegas são empáticos e vão até ela discretamente ver se está bem. Não está, mas diz a eles que está, e embora alguns deles estejam intrigados e curiosos sobre a aparente ruptura, ela sente que estão assustados demais para insistir no assunto. Todo mundo continua pisando em ovos em torno do chefe famoso.

Nós falamos sobre o que aconteceu, o que está acontecendo, repetidamente. É um momento de vida difícil para Sying, principalmente porque é transformador. Algumas das dores de crescimento mais intensas.

Eu reitero e esclareço.

— Acho que, durante muitos anos, por motivos que já conversamos aqui, você influ e lisonjeou a autoestima já inflada do Victor. Ela a via, possivelmente, como uma espécie de extensão dele, portanto ele não precisava vê-la como um indivíduo separado, e isso funcionava perfeitamente para o ego dele. Você era parte do processo dele, de suas conquistas, mantendo-o sempre suprido. E isso satisfazia o seu desejo de servir e agradar. Mas agora você está emergindo como um indivíduo pelos próprios esforços, e isso é imensamente ameaçador para alguém frágil como ele parece ser.

Imagina se ela está prestando atenção. Parece que ela tirou uma **folga da conversa**. Apesar de se movimentar e estar presente, ela está em outro lugar.

— Adorei! Caramba, como você é boa! — responde ela um pouco enfática demais, e eu suponho que ela também quer me agradar. Ela é assim. Sempre em sintonia e destinada a agradar, ela resgata aqueles ao seu redor, inclusive sua terapeuta. Não é nenhuma surpresa que Victor goste de tê-la por perto o tempo todo.

"Eu era uma criança de ouro", lembra ela com um suspiro.

— Sim — concordo. — Repare que você disse "criança". E agora está se tornando adulta. Não é mais a arquiteta novata de 25 anos praticamente sem qualificações.

Falamos sobre o significado de crescer — uma coisa complexa para todos nós. No espaço seguro da terapia, onde a regressão e os sentimentos infantis são explorados, as pessoas podem começar a crescer de verdade. A melhor terapia que já fiz me ajudou a crescer ao me permitir reconhecer minha própria infantilidade.

— Crescer dói — conclui ela. — Vale a pena?

Ela não conseguiu ser criança de verdade na infância, o que é parte da sua vontade de viver esse papel agora. Em sua infância, os pais de Sying agiam mais como crianças ciumentas, e Sying se orgulhava por ser consciente e responsável, reverenciando seu avô e recebendo os elogios dele sem se sentir no direito de ser caótica ou impositiva. A **imposição de papel** da maternidade às vezes parece insuportável. Sua bebê a faz se lembrar das suas próprias necessidades não supridas. Ela se sente uma criança emocionalmente ferida, mas também é um adulto capaz.

Nos períodos entre nossas sessões, Sying fica na minha cabeça. Penso nela em um evento onde sou descrita como mãe, e apesar de amar profundamente essa parte da minha vida, essa não é inteiramente minha identidade. A separação entre a identidade profissional e a maternal da mãe que trabalha ainda é difícil. Algumas de nós estão em busca de glória, mesmo que desorientadas.

No caso de Sying, a glória vem de seu trabalho, e essa separação a impulsionou a mergulhar mais profundamente em sua identidade profissional. Sentiu-se mais segura e mais forte e melhor do que em seu modo mãe. Essa ruptura é aumentada por sua sogra, que acredita piamente que as mães devem ficar em casa em vez de pagar alguém para ajudar. Seu marido também recuou, defendendo o ponto de vista da mãe. Sying sente-se julgada. Ele também. O trabalho dela como arquiteta é como um caso extraconjugal, o amante que recebe o melhor dela, onde se sente mais bem-sucedida. Ser a preferida de Victor Hill era fabuloso. Agora ela está tendo dificuldades para encontrar seu espaço. Abrir mão dessa dinâmica tão familiar poderia soar como uma perda assombrosa.

— Eu pesquisei o nome Sying — digo em nossa sessão seguinte. — Que interessante o fato de significar "estrela". Seja lá o que faça, quero que saiba que acho sua mente brilhante e que sua voz importa.

Isso parece tocá-la. Por mais óbvias que essas palavras possam parecer para mim enquanto as digo, ela nunca as ouviu antes.

Nosso trabalho segue focado nesse tópico por algum tempo. Não só durante essa sessão, mas por semanas. O significado de ter sua própria voz, crescer, ser quem realmente é, quais partes de sua identidade podem resistir ao longo do tempo, e seus pedaços essenciais que sobreviverão a todas as mudanças. Falamos sobre como mudar e crescer significa se desapegar.

Ela precisa perder algo se vai fazer mudanças. Se quer seu nome na Wyatt House, provavelmente está no fim da jornada de ser a protegida de Victor. É um desastre que faz parte de tornar-se adulto, e uma revelação.

— Quero me entender, quem eu realmente sou — declara Sying no início de uma sessão. — Mas é tão desconfortável. Vou sentir essa perda para sempre?

Eu podia conter qualquer tipo de reafirmação. Uma vez, um palestrante psicanalítico insistiu, durante meu treinamento, que reafirmação nunca reafirma nada. Mas ela pode fazê-lo, e aquele talvez fosse um desses momentos.

— Você não vai se sentir assim para sempre — respondo. — Mas me conte sobre como é.

— Eu me sinto… nervosa… e estressada. Sinto tudo isso fisicamente, agora. Estou… sufocada. Meu coração está acelerado, como se estivesse me metendo numa baita encrenca,

— Encrenca pelo quê?

— Por ser precipitada, estar sendo muito metida, muito ousada. Quem eu acho que sou? E se eu for como Ícaro, voando alto demais, e estiver a ponto de ser completamente tostada? — questiona ela. Seus olhos vagueiam pela sala.

Olhamos para a origem da sua falta de autoestima, como levar seu trabalho tão a sério de alguma forma a deixa horrorizada. Ela tem vergonha da própria ambição, e nós rastreamos seu constrangimento por desejar uma vida e uma identidade próprias. Ela se sente incomodada. Agora que está finalmente lançando-se sozinha no mundo da arquitetura, viu-se em uma crise profissional inesperada e sem precedentes.

— Querer mais, admitir que quero algo, é me expor demais. E agora que disse isso, se eu fracassar, tenho ainda mais a perder — afirma ela.

— Sim. Pense no que é que você quer. Pode escolher ir em busca de coisas que talvez não alcance. Essa é a realidade, talvez não consiga o que deseja. — De repente, tomo consciência de que empurrei Sying levemente para que fosse ainda mais longe em seu desenvolvimento.

Será que se sentirá julgada por mim se não sair do escritório? Digo isso a ela, e nós falamos sobre o fato de eu não tomar as decisões na vida dela. Sinto uma onda de satisfação em não dizer a ela o que fazer. Falamos sobre como seria deixar o escritório de arquitetura, com seu grande nome chique e seu chefe famoso.

— Odeio muito os fins — confessa Sying, franzindo o rosto como se estivesse se preparando para olhar para algo muito desagradável. — Não consigo me imaginar em nenhum outro lugar. Como seria a minha semana? Como eu seria?

Nós exploramos esta dificuldade juntas.

— Pareço uma adolescente, perguntando o que significa ser eu — comenta ela.

— Os adolescentes não são os únicos que podem fazer essa pergunta — respondo. Por mais dolorosa que uma crise de identidade possa ser, a estagnação pode ser silenciosamente terrível.

— Dei meu sangue, suor e lágrimas àquele lugar — conclui ela. — Não sou uma dessas pessoas que só faz o que está na lista e pronto. Vou bem além disso. Por Victor Hill. Por cada projeto em que já trabalhei.

— Eu sei. Você se descreveu como compulsivamente meticulosa.

— Sim! É uma das minhas falsas modéstias.

Falamos sobre o que é, de fato, e por que ela faz isso. Primeiro, ela não entende. Sabe que não pode dar o que não possui, mas continua tentando expandir-se, certa de sua capacidade infinita — um eco da sua admiração de que Victor "faz o impossível"? Ela se sente cada vez mais frustrada, magoada e exaurida.

— Penso nas noites aflitivas em que fico tão... tão preocupada. Coloco a Katie para dormir, ligo meu telefone debaixo das cobertas e dou uma olhadinha, enquanto ela ainda está caindo no sono, só para checar mais um e-mail, ler mais uma coisa, acrescentar algo à minha lista infinita de afazeres. Uma vez ela me agarrou e arrancou meu telefone da mão! *Esteja presente*, digo a mim mesma mil vezes. Mas estava com o Victor Hill, seja lá o que estivesse fazendo. E nem sequer tinha entendido sobre o que isso era, ou onde iria dar. Nem tinha pensado no meu futuro. Então, não estou nem pensando no futuro, nem vivendo o presente! E minha vida está passando. Estou perdendo tempo com minha filha, meu marido, pelo quê? Não é pelo dinheiro. Sabemos que ganho uma merreca e mereço mais. Por que faço isso, então? Não só o trabalho em si, mas por que trabalho tanto para esse homem?

— Me diga você — peço. — É pelo reforço positivo? O quanto você realmente precisa disso vindo dele?

— É mais que reforço positivo... Acho que desejei secretamente que, ao dar a ele minha admiração, eu seria tão grande quanto ele um dia. Não faz sentido algum quando digo em voz alta.

Mais um motivo para dizer em voz alta e encontrar o sentido. A obsessão sempre tem um plano secreto. Ele não é estratégico, mas podemos entendê-lo e descobrir para onde vai. Ela está secretamente motivada a ser uma grande arquiteta. Admiração infinita não é a solução, mas podemos trabalhar isso.

— Quando ele me elogia, mesmo que em um e-mail de uma linha, parece que estou no céu — diz Sying meio sem fôlego.

Essa é a droga na qual ela está viciada por todos esses anos.

— Simplesmente preciso saber que sou boa o suficiente — ela continua.

— Entendo. E o que é necessário para você acreditar nisso de verdade, de um jeito definitivo?

— Tudo. Estou brincando. Mas nem tanto.

— Vamos explorar essa parte de você que não está brincando. Suas demandas e expectativas contraditórias fazem com que você se dedique a tarefas enlouquecedoras e infinitas em busca de autoestima. Nenhuma quantidade de elogio ou validação lhe proporciona evidências adequadas suficientes do seu próprio valor. Então aqui está você. Uma mulher de 40 anos fantasticamente inteligente e bem-sucedida. Suas dificuldades e pontos fracos também são parte de quem você é. Você ainda consegue entender, portanto, que é boa o suficiente?

— Talvez. Gosto da ideia, apesar de me sentir esquisita ao admitir isso — responde ela.

— Vamos supor que você seja boa suficiente. E então? — questiono.

— Não sei... Não consigo vislumbrar nada além desejar de validação. Talvez eu queira algo, mas ainda não me permiti pensar tão adiante... Talvez seja o teto de bambu, sabe, ser uma mulher asiática na Europa... Não tenho certeza — reflete Sying.

— Já falamos sobre você querer crescer profissionalmente, e então você se reprime de imaginar como isso de fato seria. Vale tentar entender o que você realmente quer... do Victor Hill, da sua vida profissional, da sua vida pessoal.

— Por mais que eu tenha trabalhado arduamente, nunca pensei na finalidade de todo o trabalho.

Ela está emocionalmente desgastada. Suas crenças enraizadas e a dependência de Victor mantiveram seu ego escondido até essa crise.

— O que é difícil de pensar pode ser o mais importante de se encarar. Acho que você evita essa questão achando que deveria se apequenar de novo.

— O Victor simplesmente não parece reconhecer tudo o que eu faço, ou quem eu sou. E eu também não.

— Você finalmente o chamou de Victor, e não de Victor Hill — aponto.

Pensamos nisso juntas, observando os mitos, a fama dele, as projeções, seus sentimentos de inadequação passados e presentes.

— Fui tão deferente por tanto tempo — Sying reconhece. — Acho que, de algumas maneiras, pensei que toda a devoção, fazer um excelente trabalho sem um reconhecimento de verdade, de alguma forma me elevaria, e um dia eu chegaria em algum tipo de paraíso da segurança.

Nesse momento, nós duas vemos a fantasia do que ela almejou.

— Você sabia que o Victor ainda diz meu nome errado? — Sying me conta em nossa sessão seguinte. — Ele pronuncia "Saing". Como pode fazer isso?

— Terei que confrontar você nessa — falei. — Quando nos conhecemos, eu perguntei como pronunciava seu nome, e você disse que não se importava com a pronúncia. Você já disse para ele alguma vez como dizer seu nome corretamente?

— Não me lembro. Possivelmente não. Acho que imaginei que ele fosse perguntar. E ele nunca perguntou.

Passamos um tempo falando sobre essa dinâmica. Sying nunca quis criar caso por seu nome ser pronunciado errado, o que é parte do seu desejo de se encaixar e não destacar as diferenças que possui. Ela acha que é receptiva e complacente, mas coloca a si e os outros em armadilhas — pequenos testes nos quais as pessoas falham, e ela então fica marinando em sua decepção.

Exploramos seu desenvolvimento profissional e sua jornada na maternidade. Olhamos com atenção para seu nome completo, nome e sobrenome. Por que Sying nunca diz às pessoas como pronunciá-lo corretamente? Será que realmente não se importa? E por que mudou seu sobrenome quando se casou, embora adorasse e preferisse seu nome de nascimento? E por que era tão tolerante com o fato de seu nome não aparecer em nenhum lugar no seu trabalho por todos esses anos? Ela tem sido conivente com parte desse apagamento. Ninguém a está obrigando a se anular. Ela normalmente minimiza o impacto de ter uma filha, agarrando-se a uma espécie de orgulho profissional, o que fez com que se privasse de viver completamente essa grande mudança em sua vida. Tem sido determinada a não ser definida pela identidade da maternidade que negou sua realidade, escondendo-se no seu eu profissional. Ao desfazer a fantasia do seu papel profissional, ela começa a assumir outras partes de sua vida que tem afastado.

Sua indecisão sobre permanecer com Victor Hill ou pedir demissão da empresa é debatida durante alguns meses. A tensão diminui, mas o olhar afetuoso não volta. Sua devoção de corpo e alma a Victor se esvai, junto com sua motivação em servi-lo.

Olhamos para o que significaria para ela ser ela mesma, cometer erros, ter um senso de valor que não seja inteiramente dependente de como os outros reagem a ela. É claro que ela quer amor e respeito e apoio das pessoas, mas o problema são as proporções. Sente uma espécie de desintegração quando as pessoas a decepcionam, ou quando ela mesma se decepciona consigo, e isso é muito desgastante emocionalmente.

Quem é ela sem o Victor? Uma mãe? Uma arquiteta? Uma esposa? Uma irmã? Uma amiga? Uma filha? Sim, claro, ela é tudo isso e muito mais. Começa a reunir suas forças com o tempo. Nem sempre é fácil, e ela sente falta do apoio do que parecia ser um sistema e uma parceria simples que podia apoiá-la e carregá-la, mas está encontrando seu caminho, e tem mais clareza sobre a direção dele. É um processo.

— A intensidade da sua necessidade de aprovação torna difícil para você enxergar no que está se envolvendo — digo. — Você estava tão desesperada em seguir adiante e desenhar construções espetaculares com Victor, ou melhor, para o Victor, que passou anos desatenta ao seu próprio bem-estar estrutural. Você presta atenção à estrutura do que constrói, e agora está construindo a si mesma.

Falamos sobre como ela não esteve disposta a olhar para algumas características negativas de Victor porque era mais seguro idealizá-lo, em sua busca por uma glória refletida. E a perda desse ideal dói. Conversamos sobre a dor de enxergar a verdade sobre ele e em si mesma.

ENTENDIMENTO

— Isso me lembra de como me senti quando usei óculos pela primeira vez. Lembro-me de ficar tão chateada quando os coloquei no rosto e, de repente, passei a enxergar sujeira e poeira tão nitidamente. Antes eram um borrão. Eu não gostei da nitidez. Acho que gostava de ser a menina de ouro. Isso me impedia de falar sinceramente com ele — reconhece ela. — Eu digo "sim" para a maioria das coisas, e dizia a ele o que ele queria ouvir, e fazia o que ele queria que eu fizesse. Até que não mais. Fui eu que mudei a dinâmica.

Ela toma responsabilidade por suas escolhas sem se culpar nem colocar a culpa na personalidade do Victor.

No fim das contas, a reportagem sobre a Wyatt House não é publicada. Victor usou seu poder e influência e conexões para fazer a matéria cair. Sying soube disso por um dos editores, que resmungou que não havia nada que ele pudesse fazer. Apesar de enfurecedor, esse desenrolar é o **momento decisivo** para ela. Sabe que precisa sair do escritório.

— Ele está tentando me apagar — diz ela com lágrimas de raiva nos olhos. — Sei que não é violência. Sei que não posso ter pena de mim, com toda brutalidade que acomete as pessoas no mundo todos os dias. Mas estou com muita raiva.

— Apagamento é brutal.

— Meu trabalho é basicamente quem eu sou. E mesmo assim, durante tanto tempo, embora trabalhasse incansavelmente, eu não sentia que podia querer o reconhecimento do meu próprio nome como arquiteta. Pensei que desejar visibilidade podia parecer narcisista. Como pude menosprezar meu valor por tanto tempo?

Sua agonia e horror repentino ao que se submeteu despertam a percepção de que sua identidade estivera em um estado precariamente desmerecido.

Ao longo do curso do nosso trabalho juntas, a motivação de Sying muda de agradar a Victor para fazer seu projeto acontecer sozinha.

— Eu não cresci religiosa — diz ela —, portanto, boto minha fé nas pessoas. Tinha fé em Victor.

Mas não mais. Ela quer ter fé em si mesma agora, o que é desafiador. Quando as pessoas perguntarem a ela sobre seu trabalho, ela terá de encontrar uma nova resposta.

— Não posso mais me esconder atrás do nome dele. Ele me usou, mas eu o usei também, não fui totalmente inocente.

Suas revelações são parte de sua individualização. É sua adolescência profissional, tempo de grandes ambivalências e negociações quanto a autoridade.

O golpe duro de desempoderamento desperta algo dentro dela, um crescente e sensível senso de individualidade. Ser rispidamente apagada a faz perceber seu desejo de visibilidade. Sying quer gritar na cara de Victor, encontrar uma forma de magoá-lo, de puni-lo, mas reconhece a necessidade de contenção e diplomacia, e envia a ele uma cuidadosa e reservada carta de demissão, comunicando-o da sua saída.

Sying não tem certeza de para onde irá. Tem motivos para acreditar que terá opções e possibilidades, mesmo que não saiba quais serão nem quando virão. Nas palavras de Tennessee Williams: "Há um momento para a partida, mesmo que não haja local certo para onde ir." Ela sabe que é hora de sair do mundo limitado da Victor Hill Arquitetura Ltda. Está aliviada com sua clareza. É a conclusão de uma crise de identidade.

Há momentos de dúvida e possível arrependimento, que não são uma surpresa.

— De algumas maneiras, sinto que ninguém acredita em mim — diz ela na sessão seguinte.

— Ninguém acredita em você em relação a quê?

— A Victor Hill, e seu ego, e sua rivalidade comigo.

— Acho que isso é sobre autoridade, e você está desenvolvendo seu próprio senso de autoridade sobre o seu valor, sobre as suas experiências. A maioria das pessoas que ouvisse essa história acreditaria em você — falei. — E cabe a você o quanto dela vai escolher contar, e para quem. Haverá grandes fãs que vão se recusar a aceitar que um arquiteto mais velho como Victor Hill é, na verdade, um egoico mesquinho, mas ainda assim é a verdade. E muitas pessoas sabem dessa história em diferentes versões. A pessoa com dificuldade em acreditar nessa história é você, Sying.

— É verdade — ela reconhece. — E talvez o Victor também.

— O Victor foi uma grande figura de autoridade para você, então é particularmente confuso vê-lo sob uma nova luz, e ver a si mesma dessa nova maneira também, sem a validação dele, e é nisso que precisamos trabalhar — acrescento.

ENTENDIMENTO

De novo, e mais muitas vezes, nós contamos a história do que aconteceu e do que está acontecendo. E por fim, com o tempo, após muitas narrativas e discussões e repetições, como uma história de ninar, a familiaridade a torna completamente aceitável e inegável. E até um pouco menos obsessiva. A repetição que o entendimento demanda me lembra das aulas de francês, onde escrevíamos as frases milhares de vezes, até o fim da página. Aprender um material novo requer prática e repetição. E então, seguimos para a próxima página.

— Eu compreendo a história real e me sinto um pouco mais segura — afirma Sying. — Não só a do Victor, que me deu algo da sua forma avarenta, mas também a minha história. Estou começando a entender a mim mesma. E a ver meu valor. Sou mais do que alguém que serve a alguém.

Ela precisará de lembretes disso ao longo do tempo, não tenho dúvidas. Nós ainda temos um longo caminho a percorrer. Mas está construindo algo com suas próprias mãos agora. Não inteiramente sozinha. Ela recrutou alguns apoiadores e incentivadores, e estou feliz em ser um deles. Mas o projeto é dela.

Nos últimos dias antes de sua saída da Victor Hill Arquitetura Ltda., ela recebe uma proposta de uma empresa de arquitetura proeminente, e a aceita, prometendo para si mesma que não ficaria obcecada por agradar aos outros da mesma maneira. E eu não acho que vai. Há um senso de espaço e descoberta potenciais em sua identidade emergente — Sying está encontrando e construindo um espaço só dela, onde pode acomodar e assimilar e organizar quem é. Em um sentido emocional, estamos arrumando e organizando seus pertences dos quinze anos que passou na Victor Hill Arquitetura.

Sying ainda está furiosa com Victor e quer falar com ele, mesmo que não seja um confronto direto nem um ato de justiça. Ela quer conseguir lembrar a si mesma de que falou o que pensava.

Em seu último dia, ela fala com ele na frente dos outros.

— Victor, obrigada por esses quinze anos, por me permitir servi-lo e trabalhar em projetos tão animadores. Suas ideias sobre identificar a essência de uma construção... se aplicam também às pessoas.

Ele parece desconcertado e um pouco ardiloso. Não importa. Ela disse algo, e de uma forma que soou sensata.

VOCÊ SABE O QUE REALMENTE DESEJA?

Sying me conta sobre a assinatura em azulejo vermelho de Frank Lloyd Wright. Não importa que tipo de construção fosse, ele sempre colocava um azulejo vermelho em algum lugar para mostrar que a construção era dele.

— Ele apagava completamente algumas das mulheres que haviam criado suas construções, e não é um bom exemplo de atitude — explica ela. — Mas aquela assinatura, quero aquilo para mim. Não importa o quanto mude de contexto, o quão drasticamente diferente cada projeto da minha vida possa ser, há sempre um cerne. Posso mudar, em parte porque consigo me ater a esse senso. Quando busco a Katie na escola, desenho um jardim de inverno, lido com meus sogros, converso com uma amiga, posso demonstrar diferentes lados, mas eu sou a Sying, seja onde for. Quero essa assinatura não só pelo que mostro para o mundo, mas para lembrar a mim mesma do que significa ser eu.

Isso é o crescimento pós-traumático. Quando conseguimos encontrar significado no ápice da perda e da crise. A dor de Victor Hill diminui com o tempo. É uma história que Sying conhece e entende. Uma história sobre dinâmicas de poder e autoridade, autovalorização e vozes conflitantes. É sobre o conflito interno entre a agradadora dentro dela e seu ego, e o desejo de ser conhecida. Ela está descobrindo quem ela é e o que realmente quer para si.

Sying conhece os temas, os problemas. É uma história que pode revisitar e deixar de lado de novo, como um livro antigo na estante. Pode localizar a história quando quiser, mas ela não a captura mais, nem consome seu mundo inteiro. Sying abriu espaço para si, para uma existência maior e mais complexa, com vários fatos e partes e aspectos e papéis compondo tudo o que ela é e é capaz de se tornar. Sua voz fica trêmula em alguns momentos, incerta, questionadora, como a de uma garotinha, e às vezes ela é uma adulta confiante e dona de si.

A maternidade continua sendo difícil para ela, mas também há momentos de afeto e prazer. Talvez o que ela ame acima de tudo seja ser arquiteta. Mas consegue reconhecer algumas de suas inconsistências, suas reais motivações e medos. Foi pega de surpresa pelo fato de que não conhecia Victor Hill de verdade. O homem que ela achava que compreendia tão bem e podia domar. Nem entendia a si mesma. Mas tudo está mais claro agora.

ENTENDIMENTO

Entendendo quem você é

Partes da nossa personalidade são formadas e fixadas, enquanto outras são mutáveis, mais maleáveis. Quando reconhecemos, identificamos e entendemos a natureza múltipla das nossas camadas, podemos construir uma identidade emocional estável e desenvolver um senso mais complexo do que significa ser nós mesmos. Com isso, podemos encarar a realidade com muito mais confiança. Ficamos mais confortáveis com os cantinhos íntimos da nossa mente, nossas diferentes personas, o que significa ser autêntico, ou quando precisamos usar algum tipo de máscara. Ser autêntico não significa contar tudo para todo mundo. Pode ser saber que você está se contendo, reconhecendo a diferença entre as esferas pública e privada.

Mesmo quando tentamos mostrar nosso eu verdadeiro, somos mal interpretados e definidos de maneira equivocada tantas vezes. Outras pessoas não necessariamente nos conhecem tão bem assim. A forma como nos comportamos pode ser bastante diferente de como nos sentimos. Um grande exemplo dessa divisão é a autoconfiança *versus* a autoestima. Você pode parecer confiante mesmo sentindo-se inseguro. Pode estar deprimido e parecer alegre. Às vezes, essas máscaras são úteis para que nos mantenhamos funcionais, mas nosso mundo interior precisa ter seu espaço de cuidado. Uma vez que exploramos e descortinamos parte das nossas crenças enraizadas e conflitos internos, somos recompensados com clareza e percepção que nos ajudarão a passar pela vida de maneira mais tranquila e forte.

Existe um conceito na filosofia medieval chamado **hecceidade**, que vem de uma palavra grega que significa "o que [ele/isto] é" e pode ser entendido como "individuação". Ele se refere à essência, àquilo que torna uma pessoa singular, como nenhuma outra. Não conseguimos necessariamente explicar nossa individuação, ou colocá-la claramente em palavras, mas ela permite que cada um de nós se atenha a um senso do nosso próprio ser. Todos somos inimitáveis e únicos. Quem somos não está talhado em pedra, e todos temos a capacidade de mudar (para melhor ou para pior), mas podemos ter uma espécie de âncora interna que nos mantém aterrados e autênticos, enquanto outras partes de nós se expandem, mudam e evoluem.

VOCÊ SABE O QUE REALMENTE DESEJA?

Filósofos e psicólogos há tempos debatem se a identidade muda ou não com o tempo. Você é a mesma pessoa que era aos dez anos? Será a mesma pessoa quando tiver noventa anos? Qual é o fio que nos conecta os diferentes estágios de nossa vida? O Navio de Teseu é uma questão filosófica famosa sobre a metafísica da identidade. Será que um objeto (o navio) que teve, ao longo do tempo, seus componentes substituídos ainda é fundamentalmente o mesmo objeto, o mesmo navio? É uma ilustração útil da ideia de que pode haver uma identidade persistente e duradoura, mesmo quando há crescimento, perda, mudança e permutação ao longo do tempo. Idealmente, podemos aceitar esse fluxo de continuidade e a forma como os aspectos da nossa identidade são um eterno trabalho em construção.

Crescer e evoluir pode tanto ameaçar quanto reforçar seu senso de individualidade. Pense em quem você era, quem você é agora e quem você quer se tornar. O autoconhecimento é um trabalho contínuo, e é esclarecedor e expansivo quando nos permitimos a surpresa, mudar de ideia ou revisar nosso julgamento. Quando você se conhece bem o suficiente, pode realocar os papéis que exerce na vida. Consegue ser muito mais flexível quando se trata de aceitar mudanças.

Ao se abrir para mudança, variedade e desenvolvimento, pense na sua assinatura, na marca que faz você ser quem é, não só internamente, mas o que você demonstra para o mundo, não importa o quão diverso seja o contexto. Seja onde for, ou o que quer que você faça, há um fio de continuidade. É um senso profundo e central de quem você é ao longo da vida, algo duradouro que conecta as diferentes idades e partes, e lhe dá a sensação de ser exclusivamente você.

Nunca pare de pensar sobre o que significa ser você. É uma busca para a vida inteira.

CAPÍTULO QUATRO

Poder

Desejar poder parece direto e ousado. Como a maioria dos desejos, recebemos mensagens confusas sobre sua aceitabilidade. O poder é um foco central em muitas culturas. Por significar influência e autoridade sobre os outros, a busca escancarada por poder muitas vezes nos deixa desconfortáveis. Nós nos distanciamos do nosso próprio entendimento quando julgamos nosso desejo por poder, e tememos sermos julgados pelos outros como tolos e gananciosos, e até mesmo corruptos. E o poder pode ser todas essas coisas. Quando consideramos sobre o que ele realmente é, podemos fazer nossas próprias escolhas.

Alguns de nós fomos condicionados a não nos valorizarmos. Ou, pelo menos, fingimos que é isso que estamos fazendo. Empoderamento pessoal soa mais gentil e mais modesto; um primo levemente mais brando, mais humilde, do poder sobre os outros. Empoderamento é sobre buscar responsabilidade pessoal e recuperar a confiança para viver sua própria vida. Assim, essa ambição parece menos intimidadora. Quando uma mulher diz que quer se sentir empoderada, tendemos a achar impressionante, inspirador. Principalmente se ela sobreviveu a algo difícil, mais poder a ela! Mas quando falamos em desejar poder tendemos a torcer o nariz, se a busca for muito direta.

Nosso eu falso faz um trabalho duvidoso de relações públicas quando se trata de desejar poder, mesmo internamente. Nós escondemos nosso desejo por poder em uma área da vida, e então agimos como ditadores em outras. Ou negamos nossa própria possibilidade de poder e, em vez disso, nos atrelamos ao poder de outras pessoas. Trabalhamos contra nós mesmos quando somos convencidos pelo nosso show de falsa modéstia. Evitamos ou descartamos oportunidades, sacrificamos e servimos, e desistimos de ir em busca daquilo que nunca admitimos querer. Nosso desejo por poder pode permanecer no nível da fantasia e entrar no armazém das nossas vidas não vividas. Às vezes, ficamos enraivecidos e desanimados quando nos sentimos impotentes e não entendemos como isso pode ter acontecido.

Desde a infância, quando nos sentimos pequenos e vulneráveis, fantasiamos sobre a onipotência. Batalhamos contra a dependência. Desejamos poderes mágicos que instantaneamente farão com que sejamos as pessoas mais incríveis do mundo. Muitas vezes continuamos guardando desejos secretos de poder. Embora os cenários mudem com o tempo, há momentos de poder em cada estágio da vida — nos bebês, nas crianças pequenas e nas maiores, nos adolescentes, nos adultos e até nos idosos. Vemos isso acontecer no ambiente de trabalho, onde tiranos mesquinhos tentam exibir seu poder com os assuntos mais inúteis, só para dominar os outros. Em momentos de fragilidade, mesmo aqueles aparentemente mais sérios e centrados têm dificuldades para acreditar em seu próprio poder.

Podemos dar voltas e voltas quando se trata de todas as formas que desejamos e não desejamos ter poder sobre os outros. Principalmente em relações amorosas. Pessoas que são inicialmente atraídas por poder e querem parceiros poderosos podem minimizar e menosprezar o poder de outra pessoa de formas sorrateiras. Equidade pode ser o ideal acordado, mas lutas por poder ainda ameaçam relações.

E a perda de poder em um parceiro é um problema sério também. Muitas vezes há um desejo de que os parceiros demonstrem toda a sua vulnerabilidade, mas quando isso acontece pode causar perda de interesse. É desconfortável admitir nossos verdadeiros sentimentos sobre o poder, mesmo em um relacionamento. Muitas vezes projetamos e negamos poder um no outro, como forma de negociar nossa própria ambivalência.

Poder é sobre estar no comando, ter influência e autoridade. É sobre provar sua significância no mundo. Poder e controle podem parecer variações da mesma coisa, mas há distinções consideráveis. Há tantas pessoas poderosas que não têm controle. Pessoas controladas e controladoras normalmente não possuem uma grande quantidade de poder, não de verdade. Autocontrole e refreio são, de muitas maneiras, a habilidade que alguém tem de manter o poder sobre si mesmo. Interromper o instinto e o condicionamento para que possa refletir. Mas o controle compulsivo, sobre si ou sobre os outros, está em desacordo com o poder. Sugere uma espécie de falta de confiança, uma dificuldade em desapegar. Podemos pensar em líderes poderosos que inspiram e empoderam, e podemos pensar em gerentes controladores que reprimem e intimidam. Isso também se aplica à forma como nos governamos emocionalmente. Quando confiamos no nosso poder, conseguimos abrir mão de precisar estar no controle absoluto de tudo.

Venerar o poder de alguém pode ser nossa forma de compensar a veneração que não ousamos admitir que ansiamos para nós mesmos. Pode ser um amigo, uma paquera, um amor. A perda dessas relações pode ser bastante devastadora. A vergonha do luto secreto é excludente e debilitante. Nós vivemos o luto por um namoro, uma amizade rompida, uma relação da qual ninguém sabe, e nos sentimos sozinhos com a dor e o desconforto. De repente, nos damos conta da profunda privação. Desejamos poder e possibilidades, uma sensação de glória da qual tivemos um gostinho.

Para Elliot, perdas secretas lançaram luz sobre desejos por poder reprimidos. Mas querer o poder parece completamente inaceitável. Ele evitou categoricamente confrontar suas reais vontades durante a vida toda. Nós começamos a reunir as motivações que operam em sua vida, os segredos que escondeu dos outros e as histórias inventadas nas quais acreditava. Quando começou a fazer terapia, ele se sentia menosprezado e invisível. Será que a terapia vai empoderá-lo?

A história não contada de Elliot

— Ninguém nem pode saber que estou triste — diz Elliot. — Eu nem contei para ninguém que estou aqui, com você.

Um início clandestino, e eu já sou parte de algo secreto.

É nossa primeira sessão, e nós acabamos de começar. Pergunto a ele o que o traz à terapia agora, nesse momento da vida.

— Estou de luto, mas por uma coisa, ou melhor, por uma pessoa sobre a qual não pude contar a ninguém — responde ele. — Sou uma pessoa muito privada. Sempre guardei tudo para mim. Mas, desde a morte dessa pessoa, não falar sobre isso está me matando.

Ele pergunta se pode dizer o nome da pessoa, como se precisasse do meu consenso, e eu digo que sim. Ele fala o nome com cuidado, nervoso, e eu sinto seus olhos ansiosos sobre mim, para ver minha reação.

— Você sabe quem ele é? — pergunta.

— Não reconheço o nome — confesso. — Quem é?

— Ah, ele é um ator famoso. Bastante conhecido em alguns círculos. A morte dele esteve nas notícias dos jornais. Achei que você pudesse ter visto alguma reportagem ou lido algum obituário. — Elliot parece decepcionado.

— Não li nada sobre ele. Quem ele era para você?

— Tom? Ah! Quem era o Tom para mim? Quem era o Tom... quem era o Tom para mim...? Uma pergunta difícil. Não era o Tom que leio nos jornais, o grande ator lendário. Mas não sei quem ele era, na verdade, e não tenho certeza de quem era para mim. Tenho uma noção melhor de quem eu era para ele, mas essa não foi sua pergunta. Obrigado, a propósito, por perguntar. Estou rezando para alguém me fazer esse tipo de pergunta. Não que alguém tivesse motivos para fazê-la. Mas finalmente.

Sua ênfase em determinadas palavras dá às suas frases um tom passional, opressor. Ele soa irlandês. Quero perguntar, mas pode ser um erro lançar suposições perspicazes. E há certa delicadeza aqui. Sinto como se ele tivesse chegado com malas cheias de segredos frágeis. Parece contemplativo sobre o que quer que esteja escondendo. Não preciso saber com detalhes nada sobre sua história de vida ainda. Tudo vai emergir, os fatos, a história. Ele precisa de espaço.

Elliot é incrivelmente limpo e simples em como se apresenta. Bem arrumado, com um certo charme jovem, tem uns quarenta e poucos anos, mas poderia ter vinte. Seu casaco de moletom parece macio, e suas meias fúcsia parecem cuidadosamente selecionadas. É uma forma de autoexpressão que me parece importante; esses pequenos atos cotidianos de dizer quem somos podem importar.

Elliot tem uma espécie de rosto meditativo esculpido que é interessante e convidativo. Algo sobre ele me convida a querer saber mais, a entendê-lo melhor.

Na verdade, me dou conta de que estou sentada na beira da minha poltrona. Mas também sinto como se pudesse sobrecarregá-lo, se for reativa demais.

Ele começa a me contar a história, e eu largo minha caneta.

— Fui apaixonado por Tom durante quase quinze anos — confessa ele. — Quinze anos. Isso é muito tempo. Tempo demais. — Ele conta isso de uma maneira levemente hesitante, meio que sussurrando. Ergue a sobrancelha direita. Fico intrigada e interessada em cada palavra que ele pronuncia. É significativo ser a única audiência para a história secreta de alguém. Eu valorizo o poder do foco.

"O tempo todo, ele foi casado com uma mulher, e eles têm dois filhos crescidos com quase a minha idade. Ninguém sabia da nossa relação. Ninguém nunca soube. Ele ficava em pânico de ser descoberto, assim como eu. E a não ser que eu conte a história, ninguém jamais saberá disso. É como se nunca tivesse acontecido, como se eu tivesse inventado tudo. Será que imaginei tudo? Sei que não. Definitivamente, aconteceu, mas simplesmente se esvaiu. Virou poeira no ar." Ele desenha algo sumindo no ar com as mãos.

— Qual é o seu senso de identidade nisso tudo? — pergunto.

— Bem, essa é a questão. Não faço ideia. Durante tanto tempo, mantive essa parte de mim escondida, negando sua própria existência. E é como se a coisa toda, essa relação secreta que mantive tão separada e fora do alcance, fosse na verdade eu mesmo, o verdadeiro eu, meu eu mais vivo. E se o Tom está morto, tudo o que estava junto disso foi embora também. Sei que ainda estou aqui, mas não me sinto realmente vivo agora. Não quero que você pense que estou seriamente doente da cabeça. Eu soo como um maluco?

— Você soa incrivelmente ciente do que está acontecendo — respondo. — Uma perda que precisa ser oculta é particularmente difícil.

— Perda oculta. Sim. A perda é oculta, e eu também. Sou invisível.

— Como é a sensação de ser invisível?

— As pessoas não veem minha dor, minha perda. Não estou na história do Tom. Sua família é que está. E se o Tom não pode me ver, não tenho certeza de quem sou. Talvez eu não seja ninguém sem ele.

— Isso é tão doloroso — digo. — Essa sensação sobre si mesmo no meio disso tudo, de que você precisa da percepção do Tom sobre você para saber que você existe.

VOCÊ SABE O QUE REALMENTE DESEJA?

— Sim, é como se a melhor parte de mim tivesse morrido com ele, e ninguém pode nem sequer ficar triste com isso porque absolutamente ninguém sabia dela, exceto o Tom. E o Tom não está mais aqui. Acho que ainda estou em choque com a morte dele. Com o fato de que ele realmente partiu. Eu nunca mais o verei. Tudo mudou. Tudo acabou. A história não contada. Por um desconhecido. Jesus. O mundo acha que eu sou a mesma pessoa que sempre fui, que nada mudou. Não que o mundo se importe com quem eu sou ou sequer saiba quem eu sou.

— Eu não sabia quem era o Tom até você me contar — lembro.

Elliot sorri, e seus olhos parecem muito tristes.

Nós reconhecemos a enormidade absoluta da sua perda, abrindo espaço para o que jamais havia sido dito. O enlutado invisível é visível ali.

— Você é a primeira pessoa a quem contei qualquer coisa sobre isso, sobre meu envolvimento com o Tom — diz Elliot. — Bem quando tudo acabou.

— Carregar esse segredo por quinze anos... Que fardo pesado você precisou carregar. Fico feliz por estar me contando — afirmo. A história soa intensamente íntima.

— Na verdade, eu gostava de guardar esse segredo por muitos motivos. Primeiro, minha namorada provavelmente me acharia nojento e me deixaria. Segundo, minha família na Irlanda, meus amigos, a ideia de saberem que eu me relacionava, você sabe, com um homem, qualquer homem... de jeito nenhum, não quero que saibam. Por outro, eu me sentia orgulhoso. Quando vejo o nome dele no jornal, ou assisto a ele na TV, o que fazia em Dublin com meus avós e vários parentes, eu sabia que tinha um segredo especial. Sabia coisas sobre ele que ninguém mais no planeta sabia. Gostava de guardar esse segredo. Mas agora que ele está morto é diferente, completamente diferente. Foi isso o que me surpreendeu tanto. Sua morte foi súbita, e talvez isso seja parte do choque... É essa parte secreta da minha vida que simplesmente desvaneceu. De todos os meus sentimentos confusos de vergonha e orgulho, agora não sobrou nada... Tudo desapareceu... Nem uma única lembrança, nem um sopro de escândalo, nenhum reconhecimento. Imagino que seja assim que alguém se sinta quando se safa de um crime.

Ele parece estar tateando por algo, algum sinal de epifania, qualquer coisa que o ajude a encontrar seu eixo.

— Será que sou atraído sexualmente por homens? — pergunta ele.

Essa é uma pergunta que ele faz repetidamente durante nossa sessão. E acrescenta isso à razão por ter vindo para a terapia: para descobrir se é gay.

Ele mora com a namorada há dez anos, e gosta dela, mas é entediado sexualmente. E se, no fim das contas, ele for gay e devesse estar vivendo uma vida totalmente diferente?

Havia contradições no sexo com Tom. Seria ativo se coubesse a ele escolher, mas Tom era sempre ativo, portanto ele era passivo, e isso não era negociável. Ele nunca contou a Tom que gostaria de tentar uma posição diferente. Sempre quis se adequar e priorizar o prazer de Tom sobre o seu próprio, gostava de servir e de satisfazer as vontades de Tom. Isso parecia mais importante do que qualquer coisa que pudesse desejar para si. Na verdade, ele se sentia importante ao agradar Tom.

— Saber que estava dando a ele o que ele queria, sexualmente, me excitava também. Era o que mais importava para mim. Caramba, pensar nisso me dá vontade de chorar. O sexo com Tom ia além de qualquer outra experiência que eu já tenha vivido. Eu era tão poderoso com ele.

Sinto que ele trocou os papéis não só de ativo e passivo, mas em sua noção de poder. Tom era claramente poderoso para ele. E o poder de Elliot vinha do poder que exerce sobre este homem poderoso.

— Tom me admirava — lembra ele. — Ele ficava louco olhando para mim. Uma vez, depois de tirar minha roupa, ele me disse: "*Olha só você.*" Essas três palavras.

A veneração de Elliot, seu desejo de ser visto, é por si mesmo, mas está depositado no desejo de Tom. Seu senso de individualidade parece ter sido enraizado como o objeto de desejo, e que sentimento poderoso naquele momento. Em muitos momentos. Mas é um jogo arriscado ser o objeto de desejo secreto de alguém poderoso, imponente, temperamental, intimidador.

— O que eu sentia por ele era como um estado elevado de consciência — explica. — Eu me sentia tão completamente vivo. Tão observado. Tão desejado, até de um jeito descontrolado. Gostava disso. — De repente, ele parece apavorado. — Meu Deus, e se Tom foi o amor da minha vida, e agora está morto? Será que estou completamente ferrado e perdido?

VOCÊ SABE O QUE REALMENTE DESEJA?

Elliot nasceu na época errada, ele acha. Cresceu em uma família católica na Irlanda e foi adolescente nos anos 1990, quando a homossexualidade e a experimentação sexual ainda eram profundamente reprovadas. A ferocidade da sua homofobia é clara, ele não gosta da ideia de ser gay, mas também fica chocado e incomodado com os homofóbicos, principalmente as pessoas com quem cresceu.

Imagine sua vida se tivesse nascido dez anos depois. Talvez tivesse tido a chance de viver experiências com outros homens e descobrir suas reais preferências sexuais, sua real identidade. Teria tido a liberdade de provar coisas diferentes. Se quisesse ser gay, poderia ter sido. E pelo que acha, poderia até ter descoberto que não sente atração alguma por homens. Talvez ficasse mais em paz com a atração por ser o objeto de desejo de Tom sem que isso ameaçasse sua própria existência.

Se pelo menos Elliot tivesse nascido trinta anos antes, ele e Tom poderiam ter vivido juntos, mas não teriam feito isso como casal. Ou será que teriam? Ele imagina os dois em Provence, bebendo rosé e debatendo cinema. Pura fantasia? Mesmo se for, ainda é atraente para ele. Esqueça a vida com Tom, diz, interrompendo seu próprio devaneio. Imagine se ele só gostasse de mulheres. Teria uma esposa e, quem sabe, alguns filhos agora, e não seria atormentado por esse conflito. Com uma inveja ferrenha dessas vidas alternativas fantasiosas, dessas outras versões de si, ele luta para aceitar sua vida real. E luta para se aceitar.

— Você acha que sou gay? — ele volta a me perguntar repetidamente.

Eu ainda não posso responder a essa pergunta, nem para ele, nem para ninguém. Converso com ele sobre como sexualidade é diferente de orientação sexual. Ele diz que tem fantasias com alguns homens, mas certamente não com todos. O sexo com a sua namorada é extremamente sem graça e parece uma obrigação, mas isso não acontece com o tempo em qualquer relacionamento?, questiona.

— Estou paralisado — diz ele um dia, perto do fim da sessão. Ele parece atordoado. Ótima palavra. Paralisado resume tudo. — Não só na minha vida amorosa, mas no trabalho também. Meu trabalho não vai a lugar algum. Quando não estou falando obcecado sobre Tom, quanto tempo passo reclamando sobre como a Joanne me trata?

— Bastante — respondo.

Joanne é sua gerente no trabalho. Normalmente, ele começa a sessão com uma lista de chatices da Joanne e especulações sobre o que ela realmente acha dele e teorias sobre por que ela é tão irritante. Ele parece cronicamente incomodado pela situação, mas ainda estamos distantes de qualquer noção do que a resolução ou o progresso seriam. Ele parece descontente e, de certa forma, resignado.

— Você deve estar entediada de ouvir sobre isso. Ela me bloqueia de tantas maneiras. Estou muito mais que frustrado — afirma ele, com um olhar abatido.

— Muito mais que frustrado — repito de volta para ele. — Vamos nos aprofundar um pouco. Se não estivesse sendo consumido pela frustração, como estaria?

— Não faço a menor ideia — responde Elliot.

Nós ficamos em silêncio por alguns instantes.

Elliot admite que se ressente do tempo que passa falando dos outros nesse espaço que é para ser tão seu. Imagino se consigo persuadi-lo a dominar seu próprio espaço, colocá-lo no controle da própria vida. Sinto um *déjà vu* do trabalho com outros clientes. Os temas e assuntos se sobrepõem, mas eu também contribuo para o formato deste trabalho. De repente, sinto a responsabilidade de ter poder nessa situação.

— Elliot, acho que você dedica um espaço grande demais aos outros na sua mente, e se coloca num cantinho minúsculo. Onde fica você no meio disso tudo? — pergunto.

— Não tenho a menor ideia — responde ele. — Um grãozinho na margem. Você consegue me localizar?

— Isso precisa vir de você. Não dá para dar um Google para descobrir quem você é. Sim, o mundo e novas experiências e outras pessoas surgem na sua vida, mas ainda há muito a ser dito para cultivar um senso de individualidade do que é ser você. Quero conhecer mais de você.

— É isso — ele concorda. — Quero que dependa de mim. Nem ligo para o quê exatamente, só quero estar no controle. Mas não sei como. No trabalho, esquece. Jamais terei o poder que desejo. Ao sentar aqui, agora, sinto uma vontade, uma urgência. Mas há sentido em seguir adiante com isso?

— Fale mais sobre isso — eu peço.

— Tenho que admitir, eu meio que quero ter poder — confessa ele, de um jeito que só consigo descrever como tímido.

— Que interessante. Fico feliz que consiga reconhecer e dizer em voz alta. Consegue dizer de novo?

— Eu quero ter poder. Isso soa absurdo — conclui ele. — Poder.

Dessa vez, ele diz a palavra "poder" com precisão, claramente, os olhos se abrindo. Ele franze o cenho, como se estivesse chocado pela descoberta de um escândalo.

— Será que posso desejar isso? — Sua voz voltou ao tom mais reticente.

— Claro que sim — respondo. — É completamente humano e compreensível. Que interessante o fato de você achar que precisa da minha permissão. Também fico impressionada que você tenha dito que não pode estar no comando no trabalho. Nunca o ouvi dizer que quer isso, estar no comando profissionalmente e ter mais poder. Imagino se isso é parte da tensão no ar entre você e Joanne.

— Entre mim e Joanne? Meu Deus do céu, nunca nem pensei nessa possibilidade. Você acha que eu posso querer o cargo dela? Caramba... Acho que não me incomodaria. Eu faria melhor, isso com certeza. Não é surpresa alguma que ela me veja como uma pedra no seu caminho. E aqui estou eu, acreditando na minha própria inocência, mas parece que ela tem razão em relação a mim.

Elliot fica enrubescido e parece impressionado pelas próprias descobertas. Ele achava que seu incômodo era sobre como Joanne o tratava, mas também é sobre seu desejo pelo emprego dela. Seus desejos têm sido escondidos e mantidos em segredo. É por isso que ele se sente paralisado.

— Posso ter algum poder agora? — pergunta. Ele sente falta do poder que sentia com Tom no início. O poder de se sentir desejado. E visto. E vivo. E o poder de estar conectado, mesmo que secretamente, a um homem famoso formidável. — Quando eu tinha o Tom dentro de mim, era como se ele estive me injetando com relevância.

Sua namorada e seu senso de individualidade com ela não representam nada além de apatia banal.

— No início, era um pouco excitante. Éramos curiosos um sobre o outro. Sei que éramos, mas isso desapareceu — confessa ele.

A dinâmica deles foi de adoração recíproca para complacência. Passam muito tempo juntos, mas não envolvidos de verdade um com o outro. Ficam no telefone; assistem à TV; ficam em seus próprios mundos, coexistindo dentro de um apartamento compartilhado. São colegas de casa no automático, mais do que namorados.

— Temos esse carpete bege horroroso, cheio de manchas. Nunca nos damos ao trabalho de trocá-lo. Não tiramos nossos sapatos e o sujamos ainda mais. Passamos aspirador de pó. Derrubamos vinho nele, e depois limpamos. Algumas das manchas saem, mas, ainda assim, é só um tapete bege velho. Mal reparamos nele, mas ele não traz nenhuma alegria.

O **objeto aleatório** de Elliot — o carpete bege — torna-se central na tapeçaria da sua história de vida. Ele confia em si mesmo o suficiente para vasculhar e selecionar os detalhes que o moldam. Precisamos organizar os detalhes que moldam nossas vidas para dar sentido a quem somos e o que queremos.

Ele e a namorada nunca foram completamente apaixonados.

— Mas nos damos bem. De um jeito agradável e meio morno — explica.

Como será que ficaram juntos? Foi tudo tão circunstancial. Através de amigos. Adoráveis e respeitados. Muito da sua vida parece circunstancial, *comme il faut*, decidido pelo que é aceitável. É por isso que ele tem um cargo de gerência mediano em publicidade em vez de ser um artista, ele explica. Era o caminho que fazia mais sentido levando suas habilidades em consideração.

— Acho que sofro da doença de conformidade — diz ele, desanimado. — Nunca ousei desafiar nada ou quebrar paradigmas. Só admiro quem faz isso de longe.

Ele e Tom se conheceram em uma festa glamourosa, uma situação excepcional para Elliot, algo cotidiano para Tom. Elliot ficou chocado quando Tom pediu seu telefone. Eles conversaram pelo telefone em segredo durante semanas, e sonharam e imaginaram como se encontrariam de novo. Apavorado e empolgado, Elliot aceitou, quebrando todas as suas regras, escolhendo algo imprudente e incomum pela primeira vez na vida. A paixão dos dois parecia real e fictícia, do jeito que costumam ser as histórias passionais. Como a maioria dos casos ilícitos: parte realidade, parte fantasia.

Será que ter um caso com um ator famoso era a coisa mais empolgante e aventureira que Elliot já tinha feito? Faço essa pergunta em um momento em que ele está falando sobre sua dor insuportável, e me arrependo de minha escolha de momento. Na terapia, pergunta-se na hora da calmaria, e não da tormenta.

— Sim. E se for isso mesmo? — pergunta ele com um olhar angustiado. — E se ele tiver sido a grande aventura, a grande história da minha vida, e agora não há mais nada adiante?

Eu digo que talvez tenha sido simplesmente parte da sua história. Não sua vida inteira, mas uma parte da rica tapeçaria da sua existência.

— Tom e o carpete bege, esse é todo o arco da minha história — retruca Elliot.

É claro, é doloroso que sua vida com Tom tenha acabado, e o que era um segredo estimulante tornou-se um pedaço invisível, inaudível do seu passado, apagado. Como manchas no carpete bege. Ele volta a sentir sua própria insignificância.

— Eu não me importo — diz ele. — Minha voz, seja lá quem sou. Não sou ninguém.

— Você está aqui, contando essa história para mim — digo.

Penso na sabedoria de Rebecca Solnit no final de seu estudo sobre homens poderosos e desigualdade sexual: "ninguém é ninguém". Penso nessa frase constantemente. Alguém poderoso como Tom poderia explorar Elliot justamente porque sentia que Elliot jamais usaria sua voz, jamais teria poder nem contaria a história para alguém.

Parte da confusão para Elliot é sua hesitação constante entre sentir-se diminuído e engrandecido pela coisa toda.

— Acho que nunca me senti importante fora da minha relação com Tom. — E então, em uma voz mais doce: — Gostaria de me sentir assim.

Admitir que gostaria de se sentir importante por quem era é uma revelação. Continuamos falando sobre seu constrangimento e medo de se dar importância demais. O pai zombava dele por ser muito sensível quando criança, e a mãe o instruiu a ser mais forte do que o que ele realmente se sentia.

— Não quero me superestimar e ser uma dessas pessoas bobas. Sabe, essas sem noção. Minha família riria de mim se ouvisse isso — diz ele.

Exploramos as normas culturais da sua família de origem que exigiram que ele evitasse se expor a qualquer custo, que ele se autodepreciasse com frequência, que caracterizava qualquer coisa que se assemelhasse remotamente a se exibir como vulgar e inadequado.

Tom, um grande exibicionista e *performer*, queria que Elliot gostasse de quem era de verdade, que fosse chamativo, fizesse comentários engraçados, se sentisse importante. Elliot foi arrebatado por esse poder, mesmo que só existisse em segredo. Os dois ficaram fascinados um com o outro, pelo menos por um tempo.

— Ele era um grande contador de histórias — menciona Elliot.

Ele então começa a me contar algumas delas. Peço que ele me conte mais das suas próprias histórias, em vez de tentar me impressionar com a vida impressionante de Tom. Ele se encolhe todo com essas lembranças nostálgicas e emotivas. Enquanto Tom é engrandecido, Elliot se reduz a um observador deslumbrado.

Em busca de glória refletida, Elliot navega próximo ao vento das suas fantasias secretamente grandiosas, reivindicando significância por transferência, através desse homem lendário e poderoso. O mundo ovaciona Tom (talvez não tanto quanto Elliot imagina, porém), o que contribui para a sensação de Elliot de ser desconhecido. Mas a ligação com esse grande ator também dá a Elliot um senso intenso de que ele é especial.

— Sinto que Tom é minha única forma de ter relevância. O que acontece agora, o que posso fazer com a história? — pergunta ele.

É a história dele. Elliot precisa que eu a ouça para que saiba que a contou toda para alguém. Ou o máximo dela que for capaz. Há sempre mais. Mas eu sei dos detalhes, dos eventos, dos sentimentos diversos. Meus ouvidos de testemunha o consolam e preenchem essa parte dele desesperada por reconhecimento. Eu presto atenção e dou espaço para isso. Sua história me comove também, não só pela beleza, mas também pelo horror. O entrelace tóxico, a crueldade, a farsa, a hipocrisia em apagar o longo e intermitente caso de amor dos dois… é bem brutal em alguns momentos. É uma verdade poderosa que nossos desejos podem ser dolorosos e destrutivos.

Expresso a Elliot meu incômodo e minha preocupação pelo que ele viveu, assim como minha empatia por ter ficado tão envolvido, e sufocado, e seduzido.

— Onde eu estou? — pergunta Elliot, voltando à sensação de estar perdido e devastado. — E quem sou eu fora dessa história?

Consideramos o Efeito Pigmaleão da dinâmica deles, como ele se sente como um pedaço de barro sem seu escultor, Tom, ajudando-o a se transformar em algo. A escultura de Tom servia a ele próprio, sem nenhuma intenção evidente de ajudar Elliot a ter uma vida melhor. Elliot continua sentindo-se dolorosamente excluído, não só por esse homem, mas pelo mundo inteiro, de tantas maneiras.

— Tom acabou de morrer — diz Elliot —, mas eu estive de luto por ele durante toda a nossa relação. Ele me amava intensamente, e era a melhor coisa do mundo, mas depois ele desaparecia, olhava para outro lugar, ou se esquivava, voltava para sua vida, se afastava de mim. Passei anos em busca dessa sensação de poder que tinha com ele, muitas e muitas vezes. Eu faria tudo para recuperá-la. Eu estava constantemente ansioso, querendo aquela sensação, sofrendo pela perda dela, e então eu o tinha de volta por um tempo. O segredo era parte do que fazia a sensação funcionar tão bem, talvez a escassez também ajudasse, por mais que me atormentasse. Eu sempre soube que não duraria para sempre.

Ele está de luto por algo que nunca teve o suficiente. Há um senso de privação na vida de Elliot, não só nessa experiência. O que é óbvio, e ainda assim revelador para mim, é o quão isolados nós nos sentimos quando estamos na agonia desses momentos tumultuados. Envolvimentos arrebatadores podem parecer muito certeiros e singulares, e nossas experiências soam especiais e desconectadas de todo o resto do mundo.

— Eu entendo — digo. — É claro que é difícil para você. O que está descrevendo é tão viciante quanto crack, de certa forma. E o fato de ter sido com esse homem famoso lhe proporcionou tanta vergonha, e também tanto orgulho, como você mesmo disse. E um apego profundo e duradouro... mesmo a algo e alguém que seja uma fonte de tristeza.

— Existe um termo para o que está acontecendo comigo? Por que eu estou tão apegado a essa conexão? — pergunta ele, sedento por uma explicação.

— **Vínculo de trauma** — respondo no mesmo instante. — Podemos ficar inacreditavelmente apegados às fontes da nossa dor, e é difícil abrir mão delas, mesmo quando queremos desesperadamente seguir com a nossa vida. A pessoa que o machuca é a mesma que consegue restaurar seu senso de individualidade. Essa é a fantasia que mantém o vínculo.

— É isso. É dessa versão fantasiosa de mim mesmo que sinto tanta falta. Ele olhava para mim com tanto desejo — conclui Elliot. — Queria me consumir. E depois me ignorava. E agora, morrer e me deixar de fora da sua história foi a rejeição final.

— Você está machucando e rejeitando a si mesmo também — digo —, ao deixar-se de fora da sua própria história e torná-lo protagonista.

É difícil, mas encontrar a voz dele, contar sua história, pode lhe dar autoridade.

Na sessão seguinte, ele havia lido sobre vínculo de trauma e o assunto estava ecoando em sua fala.

— Ainda quero a aprovação dele, pois foi ele que me machucou, portanto é ele que pode me fazer sentir melhor. Não quero fazer essa conexão tão direta com meus pais, pois eles não eram abusivos, mas há muitos elementos ali também. Aquele que te priva das coisas tem tanto poder. E agora, ao saber disso, olhando para trás, estou tão triste — diz ele. — Estou triste pelo meu eu jovem. Por mais cafona que soe, o meu eu bonito. Estou sentindo tanto por ele agora.

— Uau! Eu entendo, e você está descrevendo as questões delicadas de consentimento e dinâmicas de poder. Preciso dizer, você fica falando sobre o poder que sentia quando ele o queria, mas o que acabou de descrever, sua obediência aos impulsos dele, o intuito de se fazer e se manter o objeto de desejo dele, isso não é poder de verdade.

— Acho que não. Acho que isso me transformou no objeto de desejo dele, o que eu gostava, mas também me fazia sofrer. — Após uma breve pausa, ele continua: — Eu nunca o confrontei. Nunca disse a ele que o amava e que ele me magoava. Por que nunca o confrontei? Estou tão bravo comigo por nunca ter defendido aquilo em que acreditava.

— Apesar de se sentir poderoso em alguns momentos, como acabamos de debater, esses momentos iam desaparecendo, um por um. Ele estava no controle. Você estava tão profundamente impressionado com ele. Isso faz com que o confronto seja muito difícil. Confrontar alguém poderoso, e famoso, que já tinha o traumatizado de algumas maneiras, é inacreditavelmente difícil — explico. — Não se julgue, pensando que seria fácil e que você poderia ter feito isso.

— Estou muito bravo comigo por não ter sido mais corajoso.

Nós falamos sobre como ele continua se punindo, e, dessa forma, mantém viva a dor que Tom lhe causou. Elliot descobre, nesse momento, alguns dos motivos que o fizeram evitar o confronto. Ele não achava que enfrentar Tom ajudaria em nada. Ele não queria que Tom soubesse a profundidade da dor que lhe causava. Estava intimidado. Tinha medo que Tom reagisse de alguma maneira que fosse machucá-lo ainda mais. Seja lá por quais motivos, em algum nível, soava para ele como autopreservação não confrontá-lo. Ele começa a se livrar de algumas autoflagelações.

— Eu sinto como se estivesse perdoando a mim mesmo, o que é muito empoderador. Encarar todas essas coisas tem sido muito importante.

— Você está se confrontando, e isso requer coragem. Confrontar a si mesmo, em vez de atacar-se ou evitar partes de si, pode parecer novidade para você, não?

— Sim. Eu evitei confrontar a mim mesmo a vida inteira, de certa forma. Talvez eu possa agradecer-lhe por isso. Ainda há muita coisa aqui dentro, tanto que jamais cheguei a dizer para ele.

— E...? O que você diria para ele?

— Me deixe ir... Ou me queira de verdade. Deixe que eu importe para você tanto quanto você importa para mim. — Elliot abaixa a cabeça. — Ele se safou dessa. É aqui que essa história acaba?

— A história é sua. Você que me diz.

— Tudo parece tão mundano depois do Tom. Aeroportos. Cafés. Pessoas na rua. Pedir comida online. Tudo é tão banal. As coisas pareciam excepcionais com ele.

— E você se sente banal sem ele?

— Sim, eu me sinto. Dizem que nunca devemos conhecer nossos heróis. Ele não era exatamente meu herói quando o conheci, mas tornou-se. E meu vilão. E a trama principal da minha vida.

— Ele não precisa ser a trama principal pelo resto da sua vida. Você ainda está aqui, e essa é a sua vida, não a dele. Siga em frente.

— Mas minha vida não é nada empolgante — ele lamenta.

— Não nesse momento. Eu amo uma frase de Freud que diz: "Aquilo que não podemos alcançar voando devemos alcançar mancando." Permita-se mancar um pouco agora. Você não pode substituir instantaneamente a empolgação que sentia com Tom, mas pode mancar um pouco e se abrir para novas possibilidades. Há tanto ainda que você pode viver.

— Possibilidades... estou achando difícil considerar qualquer coisa além dele. Agora, parece trágico e definitivo, a história de Tom e Elliot — comenta ele, de repente contendo lágrimas.

— Elliot, acho que ao insistir que isso é uma tragédia, você ainda está elevando essa história a um patamar, tornando-a mais poderosa do que você. Se não for trágica, talvez a história pareça menos excepcional. É como se, em uma aposta para se sentir excepcional, você precise ao menos fazer parte de uma grande tragédia, não apenas de uma história.

— Sim, é melhor viver tragicamente do que ser chato e insignificante.

— Entendo. Mas na sua versão trágica você ainda não está se dando um papel justo.

— Eu me sinto tão pequeno. E ele, tão grande. Tom era a minha estrela. — Elliot parece triste ao dizer isso. — E agora eu estou na sarjeta, olhando para as estrelas, como diria Oscar Wilde.

— Há um motivo para que o mistério seja parte do encantamento. Há espaço para a saudade, para a fantasia, para uma idealização infinita. O fato de você e Tom nunca terem tido uma existência normal, como um carpete bege em uma sala qualquer, é parte do que mantém o brilho nessa história. Vocês nunca escorregaram para aquela vida comum lado a lado, que surge quando há compromisso de verdade e amor a longo prazo. Então, a história tem o elixir da ausência, da escassez, da fantasia. E agora, com a morte dele, a privação e o espaço são ainda maiores, a saudade ainda mais intensa. A sensação de que é **despotencializado** se expandiu. Claro que todo o resto soa sem graça em comparação.

— Sim. Todo o resto é tão bege. O mistério nos prende tanto, nos hipnotiza, não só pela forma como eu o via, mas como ele me via. A atração física. Era fora desse mundo. E eu ainda tento impressioná-lo, às vezes, mesmo que ele esteja morto. Outro dia, experimentei um casaco e pensei se Tom ia gostar de me ver com ele.

— Muitos de nós tentamos impressionar pessoas mortas ou ausentes em alguns momentos. Você ainda está sofrendo e tentando se ater à admiração que ele sentia por você. Seja gentil consigo.

VOCÊ SABE O QUE REALMENTE DESEJA?

— Eu sei que estou perguntando de novo, mas é aqui que acaba a minha história? De volta a lojas tristes, lamúrias no Costa café, sexo entediante, conversas banais com colegas, conversas superficiais com primos na Irlanda todo verão, reuniões de trabalho chatas, o constrangimento de almoçar junto, administrar a vida de atendimento ao cliente, e-mails frustrantes com Joanne?

— Você fica me perguntando sobre o final da sua história. Primeiro de tudo, não estou escrevendo a história para você, e nem o Tom, e tampouco existe algum tipo de destino trágico predeterminado. Quero mais para você, tenho que admitir. Dias comuns, certamente, porque isso faz parte de qualquer vida estável. Mas ainda há espaço para o extraordinário, mesmo no dia a dia. É aqui que começa a sua história, de certa forma — digo para ele.

— Quero acreditar em você. Mas ainda me preocupo que Tom seja a coisa mais interessante sobre mim.

— Não posso dissuadi-lo disso nesse momento — complemento. — Mas vamos considerar o seguinte: há a parte que nasceu com você, há o que acontece com você, e há o que você faz com a vida. Essa é a parte que cabe a você. É onde você tem poder. Ele é uma nota de rodapé na sua história, e você nunca poderá apagá-lo nem deixar de ter vivido essa experiência intensa. Mas uma nota de rodapé não é a história toda. É um detalhe, talvez até formativo, sim, mas um detalhe. Essa continua sendo sua história. Você está recobrando seu poder, ou mesmo descobrindo seu poder, ao contar para mim e para si mesmo essa história. Sua voz é sua autoridade, e não Tom. Você agora pode ter um tipo diferente de poder. Tom o elevava, o degradava, o ignorava. E ocasionalmente o elevava de novo. É o ciclo viciante do **reforço intermitente**. É como jogar contra a casa e esperar ganhar todas as vezes. É um ciclo poderoso, mas não é poder de verdade.

— O poder que ele me dava era, na melhor das hipóteses, passageiro, é verdade. Poder de verdade... Nem sei o que isso significa para mim. Confesso que às vezes imagino se, na realidade, estou é com medo de ser poderoso demais. Ou de me permitir brilhar.

— Fale mais sobre isso.

— Eu me saboto, de certa forma. Talvez esse seja meu momento de brilhar silenciosamente. Não no palco. Não no jornal. Não através do Tom. Mas ao me encarar e ser conivente comigo mesmo. É isso: quero ser conivente comigo.

— Esse é um tipo de poder muito interessante — respondo. — Ser conivente consigo. Adorei.

E o que aconteceu a seguir na história da vida de Elliot? Ele não largou o emprego de forma repentina e dramática. No fim das contas, ele não precisava nem queria fazer isso. Mas ficou mais assertivo e menos irritadiço em sua relação com Joanne. Inscreveu-se para uma promoção para a qual não estava exatamente animado, mas ainda assim tentou. Entendeu que queria mais poder profissionalmente, e ainda que isso o deixasse reticente, podia saber disso por si só.

A grande escolha que fez foi contar à sua namorada sobre Tom e sobre sua ocasional atração por homens. Ela ficou consternada, mas ele ficou feliz por estar sendo honesto. Imaginou que eles terminariam, mas pelo menos ela o conhecia de verdade agora, e Elliot podia ser ele mesmo pela primeira vez.

Tendo se sentido impotente quanto à sua sexualidade por tanto tempo, ele começou a aceitar que podia viver sua vida como achasse melhor. O que havia sido fonte de vergonha não mais reduzia o tamanho do seu próprio valor. Ele se sentiu forte o suficiente para reconhecer e abraçar a amplitude das suas preferências sexuais, um poder que desejou e temeu tanto pela maior parte da vida. Estava curioso para viver novas experiências sexuais. Queria ser tanto ativo quanto passivo. Não queria que seu papel fosse fixo. Sua vontade de finalmente expressar seus desejos diferentes dizia muito sobre sua relação com o poder; ele começou a deixar que seus desejos e preferências importassem. Seu propósito se tornou algo além de simplesmente agradar e obedecer a alguém. Elliot não mais se sentia como o carpete bege manchado.

Parte da sua experiência de vida havia sido um longo e complicado caso com um ator famoso mais velho. Ele não precisava contar a história para o mundo. Mas conhecia a história inteira, e a contou para mim, e contou para sua namorada. E talvez contasse a mais algumas pessoas, se quisesse. A história era dele para contar ou não. Cabia a ele decidir.

O que o poder significa

O filósofo Bertrand Russell dizia que o desejo de poder é universal e insaciável: "Para aqueles que têm só um pouco de poder e glória, pode parecer que um pouco mais os satisfaria, mas eles estão errados: esses desejos são insaciáveis e infinitos." Isso não parecia nem um pouco verdade para Elliot. Às vezes, o poder que achamos que queremos não é exatamente desejável, se olharmos de perto. É preciso ser alguém maduro e confiante para enxergar isso e mudar a direção para onde estamos indo.

O poder pode corromper e destruir nosso senso de individualidade e a forma como tratamos os outros. Sabemos do seu perigo e da sua crueldade. Sabemos de líderes maquiavélicos e atitudes de poder demoníacas e impiedosas. Sabemos do horror das dinâmicas de poder em cenários abusivos e das manipulações de poder silenciosas e destrutivas que ocorrem em **amizades mascaradas**, em rivalidades, em rixas financeiras, em dinâmicas familiares.

O psicólogo Dacher Keltner estudou as relações entre empatia e poder, e descobriu que as mesmas qualidades que ajudavam as pessoas a ganhar poder (empatia, justiça, sinceridade) começam a desaparecer quando essas pessoas tornam-se poderosas. Pessoas poderosas podem se tornar alheias e insensíveis à experiência dos outros. É algo que vale a pena levarmos em consideração ao ganharmos poder ou sermos atraídos por pessoas carismáticas e poderosas.

Rebecca Solnit nos advertiu: "Crescer demais é perigoso", disse ela. "O suficiente basta. E o excesso não é nada." Buscar poder nos deixa com impressões equivocadas sobre nós mesmos. A equidade nos fornece um espelho honesto. Para Elliot, seu apetite de poder vinha da fome. Ele se sentia profundamente inadequado e desimportante, não apenas em sua relação com Tom, mas desde a infância. O desespero pode nos levar a ter desejos famintos. Quando Elliot vivenciou um senso de **suficiência**, não precisou mais de tanto.

Há momentos em que o desejo por poder é bonito e engrandecedor. Mas quando é uma tentativa de compensação por uma vida de impotência, nós normalmente alternamos entre visões infladas de glória e desespero destrutivo. Abrace a flexibilidade e a moderação.

Ter poder pode ser sobre autenticidade e autoridade. Pode ser nossa forma de reivindicar a vida adulta, reconhecer nossa responsabilidade em vivermos nossa vida.

Ao pensar no poder pessoal da sua voz, considere algumas mensagens e atitudes que absorveu. É provável que, em alguns momentos, você tenha se sentido encorajado ou desencorajado a confiar no poder da sua própria voz. Considere como você pode ter um poder saudável como indivíduo, onde pode fazer suas próprias escolhas e ter autoridade interna. Você pode estar entregando o poder a outra pessoa, ou apropriando-se dele, na forma como mede e enxerga a si mesmo e os outros na sua cabeça. Pense nas maneiras que você reduz ou amplifica seu senso de individualidade e o dos outros. Quase sempre queremos nos sentir maiores e ter mais espaço, e depois nos preocupamos em sermos rejeitados por isso: tememos sermos "demais" para outras pessoas.

Agência, autoridade e responsabilidade vêm junto com o empoderamento e o poder pessoais. Podemos ter consciência suficiente para fazer escolhas que se alinhem aos nossos valores. Cabe a nós priorizar e selecionar os nós, para que tenhamos agência e **congruência**.

CAPÍTULO CINCO

Atenção

No meu trabalho, eu observo, reparo, testemunho e vejo sentido no que está acontecendo. A curiosidade é essencial. Um terapeuta sem curiosidade é um insulto. A curiosidade é nossa porta de entrada e o que direciona e guia a atenção. A curiosidade compartilhada de uma boa sessão de terapia pode ser a chave que abre a porta para novas descobertas.

Querer atenção é algo completamente humano, mas ainda estigmatizado. "Isso é para chamar atenção" é uma frase comum dita por adultos desanimados quando as pessoas se manifestam. Falam isso do viciado, do anoréxico, de quem se automutila, do exibicionista, do dramático. Normalmente, nós falamos que as pessoas querem "chamar atenção" como forma de justificar a nossa frustração. Nesse comportamento, há um apelo para ser observado, não importa o quão dissimulado e doloroso.

Consideremos o impulso por atenção. Vemos isso no parquinho quando crianças pequenas querem que seus pais as vejam escalar os brinquedos até o alto. ("Olha o que eu estou fazendo!") Vemos no insistente contador de histórias mais velho — todos conhecemos um contador de histórias mais velho que requer audiência perpétua e precisa de aplausos de companheiros e bajuladores. Somos menos generosos com os adultos que demandam atenção, isso só é direito dos bebês e crianças. Mas esse desejo não necessariamente expira. Nós simplesmente tentamos bani-lo. "Tire uma foto minha, antes que eu vire pó", um homem que eu conhecia costumava me pedir. Isso se seguiu durante anos, e hoje ele é um punhado de pó, de fato. Mas suas súplicas para ser notado e apreciado eram sinceras e solidárias. Nosso desejo por atenção tende a ser extremamente exagerado, ou minimizado, e muitas vezes desacreditado. Temos muitas dificuldades em sermos diretos e objetivos em relação a esse desejo. É vulnerável pedir provas de que somos vistos, de que se importam conosco.

Somos socializados para fingir que não precisamos de muita atenção. Espera-se que a gente supere a necessidade desesperada de se mostrar, por isso tentamos fazer isso de um jeito mais discreto. Agimos com cordialidade e falsa modéstia para nos tornarmos mais suportáveis. Nossos **desejos contrabandeados** estabelecem pedidos de atenção velados, e outros exagerados, escondendo nossas verdadeiras intenções atrás das necessidades de outra pessoa — cuidar dos outros e dar voz às nossas preocupações sobre eles, em vez de olhar para nós mesmos. Orgulho e vergonha são bastante efetivos para que o nosso desejo por atenção se torne complexo. Queremos que as pessoas testemunhem a nossa existência. Quem somos se ninguém sabe o que acontece nas nossas vidas? Mesmo as pessoas mais reservadas entre nós, aquelas que não querem se expor demais nas mídias sociais, elas também querem ser percebidas ou reconhecidas por alguém. Aqui! Ignore-me! Deixa para lá!

Mas o terror de desaparecer no meio da noite escura, o pânico de ser esquecido, despercebido ou substituído, leva as pessoas a agir de maneiras espantosas. Sob o drama teatral e comportamentos exacerbados, personagens como Rei Lear e a madrasta má em Branca de Neve, com seu espelho, estão desesperados para não perderem seus lugares. Após receberem muita atenção, eles querem reafirmação de sua visibilidade e status. Comportam-se como monstros desprezíveis. Mas suas vontades são compreensíveis, apenas inutilmente disfarçadas.

O desejo de ser notado sempre foi parte essencial da condição humana. Mas essa necessidade jamais será satisfatória se for compulsiva, dependente e baseada em ideais exagerados de ego. O quanto é suficiente? As pessoas que não recebem atenção suficiente normalmente têm dificuldade em prestar atenção. E prestar atenção pode diminuir a necessidade de atenção. Quando encontramos uma maneira de focar completamente em algo, seja em uma conversa, um livro, um projeto, a necessidade de que os outros prestem atenção em nós diminui e parece menos urgente.

Notar e dar atenção é tanto crucial quanto desafiador. Pense nas expressões que usamos. Prestamos atenção. Dedicamos nossa atenção. O que custa para nós prestar e dar essas coisas? Crianças são pressionadas a prestar atenção, normalmente em coisas que não as interessam. Se interessar e ter capacidade de foco são essenciais para o aprendizado e o desenvolvimento. É como aprendemos a discernir, a observar.

Expressamos amor e cuidado através da atenção. Prestar atenção no outro é como nos conectamos, como nos engajamos, como crescemos. "Temos um instinto interno de sobrevivência, um impulso para ficarmos atentos e em alerta ao ambiente em que estamos", o psiquiatra Gurmeet Kanwal me disse uma vez em uma conversa. "É uma parte central do ser humano perceber o que está acontecendo. A atenção organiza nossas experiências."

Como conseguimos atenção? Às vezes, balançamos os braços no ar; gritamos, berramos, lançamos mísseis. Mesmo algumas formas de pânico e ansiedade severa podem ser consideradas formas um pouco tortas de pedir atenção. Nossos corpos podem expressar o que temos dificuldade de dizer. Às vezes, nós amarramos a cara e nos retraímos, na esperança de que, em algum nível, se nos afastarmos e desviarmos nossa atenção, receberemos a atenção que merecemos.

A vida é dinâmica; nós mudamos para novos contextos, novas coisas acontecem conosco e ao nosso redor. Sentimos a necessidade por atenção em alguns momentos mais do que em outros. Assim como com a comida, nosso apetite varia, e precisamos de refis e coberturas e porções repetidas.

Isso entra na terapia de diversas maneiras e é crucial, inclusive para o terapeuta.

— Sentir-se invisível para os clientes é simplesmente a pior sensação — um colega muito abatido e muito tímido me disse uma vez.

Ele havia sido operado e tinha faltado uma semana de sessões. Contou aos clientes por que precisava daqueles dias afastado, e ninguém nem sequer perguntou como ele estava quando retornou.

— Não queria que eles me perguntassem como tinha sido a cirurgia. Eu estava nervoso de ter que lidar com essas perguntas. Mas ninguém se lembrou ou perguntou o que havia acontecido comigo — contou ele.

VOCÊ SABE O QUE REALMENTE DESEJA?

Nós estávamos no metrô, passando por um túnel em uma estação, e ele falou com uma voz tão baixinha que mal consegui ouvir suas palavras, mas o que ele disse ficou gravado na minha mente. Aquele homem quieto, que pedia desculpas até para o móvel no qual havia esbarrado, queria ser notado pelos seus clientes.

Olhe para mim! Olhe para mim! Essa música continua para tantos de nós ao longo da vida. Será que em algum momento nós nos sentimos suficientemente notados? Recebemos aplausos o suficiente? Quando estamos sozinhos, sem ninguém para nos testemunhar, para nos aplaudir, o que acontece? Depende de como fazemos companhia a nós mesmos. Somos curiosos sobre nós mesmos? Conseguimos prestar atenção em nós mesmos? Lembro-me de pensar que o transtorno de déficit de atenção (DDA) era sobre não receber atenção o suficiente.

Há momentos em que existe uma ligação entre ter dificuldade de prestar atenção e ter dificuldade de receber atenção. Quando encontramos pessoas que parecem desesperadas por atenção, normalmente são as mesmas que não sabem ouvir, que têm dificuldade para prestar atenção nos outros, como se houvesse uma deficiência, como se não houvesse atenção suficiente para circular. Quando não nos sentimos correspondidos, ficamos menos inclinados a prestar atenção.

Por outro lado, prestar atenção é também parte da cura.

— Não olho nos olhos dos meus filhos há muito, muito tempo — confessou uma cliente em um momento de profunda descoberta. — Tenho estado com tanta raiva do meu marido e da minha vida que esqueci de reparar nessas criaturas lindas que criamos.

Ela começou a prestar atenção. Mais e mais. E a reparar que seus filhos a faziam se sentir menos ferida. Ouvi-los de uma forma profunda e atenta curou algo dentro dela. Ao olhar para eles de verdade, ela se sentiu menos desprovida de outras coisas.

Não é sempre uma coisa ou outra, claro. Pense no início de uma história de amor, quando os amantes, maravilhados, olham um para o outro, se veem e se sentem vistos, em uma espécie de dança ritmada mútua. A simetria é magnífica. Mas quando nos sentimos profundamente invisíveis normalmente reagimos privando o outro da nossa própria atenção, recusando-nos a ver, desengajando de formas sutis e não tão sutis. Estarmos dispostos a abrir nossos olhos e observar requer coragem e pode ser reparador. É comum nos sentirmos menos carentes quando vemos o que há do lado de fora de nós mesmos.

Sejamos honestos sobre o nosso desejo de atenção. Para adultos, é um tabu peculiar. Meu filho de sete anos recentemente disse que queria ainda ser bebê para ganhar bastante atenção. E mesmo assim, ele fica facilmente incomodado se eu lhe ofereço muito foco. Quem, no mundo, nunca se sentiu assim em algum momento? Quando falamos "Saia daqui! Me deixe sozinho!", podemos achar que não queremos atenção, mas talvez ainda tenhamos o desejo de ser vistos, mesmo quando nos escondemos.

O drama de Chloe

— Eu tinha a vida toda pela frente — diz Chloe, a pele seca, os olhos saltados, o cabelo despenteado e desarrumado.

Ela é espetacularmente bonita, mas está envelhecendo, e agora está um caos total. Chloe está perto dos cinquenta e cinco, e os deuses foram generosos com ela de algumas formas e bem rígidos de outras. Ela é uma competente e brilhante advogada de direitos humanos, com o rosto e corpo belíssimos, e portanto, de certa forma, tem sorte. Mas o processo de envelhecimento poderia ter sido menos drástico se ela não estivesse bebendo tão vorazmente, e tendo episódios bulímicos, onde come compulsivamente para então vomitar — coisas que ela talvez fizesse menos, se a vida fosse mais misericordiosa com ela. Mas a combinação de tristeza, amargura, ressentimento latente, distúrbio alimentar e alcoolismo severo não ajudaram a sua pele. Eu me sinto culpada por reparar isso e julgar sua aparência, mas essa é também uma parte significativa da sua história.

A beleza de Chloe é algo que a ajudou e a atrapalhou. Algo que lhe abriu inúmeras portas e lhe concedeu acesso instantâneo a mundos inteiros. Quando digo que ela é bonita, é difícil de explicar. Tento descrevê-la quando me encontro com meu supervisor, e tento descrevê-la para mim mesma quando estou sentada na sua frente, pois sua aparência é tão distrativa, tão chamativa, uma parte tão significativa do que é estar no mesmo cômodo que ela. Suas feições são reluzentes e acolhedoras, mas ainda assim ela parece triste. Quando inclina a cabeça em momentos de tristeza, às vezes fico impressionada com seu perfil tão bonito.

Chloe é francesa, mas cresceu em muitas cidades pelo mundo, e fala inglês com um sotaque urbano e internacionalmente educado, dizendo "Não?" ao final da maioria das frases. Há uma inocência falsa e provocativa em seu rosto, junto com algo hiperfeminino. Mesmo em seu estado esgotado, sua beleza me distrai, e tenho certeza de que outros profissionais de saúde mental ficaram atordoados pela sua aparência. Ela é sedutora, hipnotizante, carismática. Coisas que são distrações quando alguém está precisando desesperadamente de ajuda e desafia o apoio que recebe.

Sua maior dificuldade é ser resistente e defensiva. Ela insiste que seu ex-marido, Graham, é o vilão da sua história de vida. É difícil fazer com que ela até mesmo considere o conceito de autoria. A necessidade de excepcionalismo — tratamento especial — aparece no nosso trabalho juntas. Ela é excepcional, na forma como eu a vejo, e apesar de muitos traços de personalidade que poderiam colocá-la em categorias como transtorno de personalidade borderline, ela não pode simplesmente ser definida por um conjunto de critérios estabelecidos e alocada dentro de uma categoria de diagnóstico. Chloe não é exatamente típica. Não é um caso típico de distúrbio de personalidade, não é um caso típico de dependência. Mas também não está acima das regras e impulsos e armadilhas normais dos reles mortais. Essa é a questão sobre dependentes químicos e alcoólatras — ser especial não mitiga a tragédia.

— Eu tinha a vida toda pela frente — diz ela novamente —, e Graham veio e me destruiu. Ele me convenceu a construir uma vida com ele e me desencaminhou. Ele mentiu para mim. Ele me roubou!

— Como ele te roubou? — pergunto.

— Toda minha beleza, minhas habilidades, meu vasto potencial. Ele levou tudo. Todo mundo queria casar comigo. Você sabe quantas pessoas eram obcecadas por mim? Apaixonadas por mim?

— Muitas — respondo, porque ela já me contou isso muitas vezes. E eu posso imaginar.

— Eu tinha tantas opções. E milhares de outros homens poderiam ter me dado uma vida melhor, se ele não tivesse me tomado tudo. Ele roubou a vida que eu podia ter tido — afirma Chloe, parecendo angustiada e irritada.

Ela parece certa de que sua trajetória é trágica de alguma maneira. Presto atenção na linguagem que ela usa "a vida que eu podia ter tido" em vez de "a vida que eu podia ter vivido". Em outra ocasião, pergunto sobre as coisas que ela poderia ter feito, e ela responde sobre todas as coisas que poderia ter tido.

É difícil responder a essas afirmações após tantos meses de escuta (eu sinto) paciente. Fico inquieta e preocupada com sua narrativa fossilizada, imutável. Quero dizer que ela está agindo como uma vítima, mas sei que, se nomear desse jeito, serei imediatamente alocada no papel de vilã cruel. Também estou grávida enquanto a atendo, o que possivelmente se soma à minha própria ambivalência sobre dizer mais do que deveria a ela.

— Chloe — começo, às vezes na esperança de, ao dizer seu nome, ajudá-la a perceber a força do meu desejo de alcançá-la. — Entendo tudo o que está dizendo. Mas também quero dizer que você ainda tem muita vida pela frente. Seu trabalho como advogada de direitos humanos é significativo. Seus filhos e amigos se importam com você. Você tem irmãos que tentaram ajudá-la repetidas vezes. E você vem aqui, semana após semana, ostensivamente querendo ajuda. Deixe-me ajudá-la.

— Charlotte, ninguém me ouve. Graham é horrível comigo. As crianças tomam o lado dele. Por que você está fazendo o mesmo?

— Não estou tomando o lado dele — retruco. — Mas quero que você reconheça que tem autoridade sobre sua própria vida. Ele não é o dono da sua história de vida inteira.

— Mas é o pai dos meus filhos. É difícil ignorá-lo.

— Não estou sugerindo que você o ignore. Mas podemos pensar em quem é você no meio disso tudo, seu senso de individualidade, sua voz, você. — Estou me repetindo e já disse isso de várias formas, inúmeras vezes.

Nas palavras de John Updike, estou tentando "transformar feridas em mel", e essa é uma peça em que eu toco muitas e muitas vezes. A repetição é o tema do nosso trabalho, para nós duas. Chloe está, de muitas formas, presa por compulsões de repetição por todos os lados — seus rituais alcoólicos, a bulimia, as brigas cíclicas com o ex-marido, e com os pais, e com os irmãos.

VOCÊ SABE O QUE REALMENTE DESEJA?

E nossas sessões são repletas de repetição e circularidade. Algo não está dando certo. A compulsão por repetição é essencialmente sobre resistência. Chloe repete o que resiste em lembrar. A resistência é a isto aqui, ao processo terapêutico também.

Eu me sinto estagnada com ela, ressentida de nossas sessões, irritada quando tenho que cobrar pagamentos não realizados pelas sessões, desconsiderada quando ela resolve não aparecer nos horários marcados, enquanto eu espero sentada, sem qualquer ligação ou mensagem de explicação, e me deixando me sentir desvalorizada.

E mesmo quando Chloe está sentada na minha frente, nós somos como os desenhos de Saul Steinberg, tendo diálogos sem sentidos, nos encontrando, mas sem engajarmos de um jeito significativo e transformador. De toda a conversa repetitiva que ocorre entre nós, muito pouco é dito ou ouvido. Ofereço interpretações e ela não as aceita, o que parece análogo à sua bulimia — de tudo consumido, muito pouco é absorvido. O apoio, o entendimento, para onde está indo? Eu me sinto desperdiçada.

Meu supervisor me desafia a continuar trabalhando com ela. Chloe ainda está bebendo, o que é suficiente para alguns terapeutas encerrarem o trabalho. Mas não para mim. Eu oscilo entre me sentir heroica e virtuosa, a única pessoa que pode ajudá-la e salvá-la, e me sentir frustrada e persecutória, quando ela inevitavelmente fracassa em me deixar ajudá-la. Eu também me sinto a vítima. Parece fútil trabalhar com um dependente que insiste em seus hábitos e esquece boa parte do que é dito. Mas estou presa na dinâmica também — um pouco enredada, um pouco perigosamente esperançosa de que posso conseguir resgatá-la.

Durante o dia, o trabalho de Chloe como advogada de direitos humanos é quando ela se sente forte de muitas maneiras — ao ajudar vítimas de verdade. Advogada briguenta de pessoas desfavorecidas, ela recebe respeito e admiração por tudo o que faz. E é formidável e competente profissionalmente. Mas é seu papel de curadora ferida — termo para aqueles que são inspirados a tratar os outros por suas próprias feridas — que inspira toda a sua energia de trabalho.

Na supervisão e enquanto penso nela, considero a importância da diferenciação. Chloe me frustra como se eu fosse responsável por ela. Volto na máxima de que somos responsáveis *para* as pessoas e não *pelas* pessoas. Estou sempre dizendo isso para os outros, mas estou com dificuldade de aplicar a mim mesma. Por que me sinto tão responsável por ela, e irritada com ela, na maior parte do tempo? Chloe é meu calcanhar de aquiles; falo dela na minha supervisão mais do que qualquer outro cliente. E fico ainda mais ressentida por ela tomar tanto espaço. Principalmente quando sugere com frequência que não tem espaço suficiente.

Quando ela e Graham chegam a um novo acordo financeiro, e um dos filhos vai para uma nova escola particular cara, ela pergunta se pode reduzir o valor das minhas sessões, e eu concordo. Pergunta se podemos aumentar a frequência das sessões, e eu concordo. Em parte, isso pode ser devido à minha iminente data-limite da licença-maternidade, ainda muitos meses à frente, mas há um padrão onde eu sigo concordando com coisas que deveriam satisfazê-la, e ainda assim ela nunca está satisfeita, sua necessidade nunca é saciada. Nossa dinâmica também não parece justa para mim. Por tudo o que ofereço a ela, sinto que não estamos chegando a lugar algum. Eu me doo, e me doo, e nunca consigo saciá-la completamente. Há um senso de perda constante em nossas trocas. É como tentar encher um balde furado. Não importa o quanto eu doe, o quanto ela aceite, aquilo não se mantém, e eu me sinto esgotada. Por todo o derramar, encher e esvaziar. A bulimia dela é simbólica nesse sentido.

— Como posso te ajudar? — Eu me ouço perguntar a Chloe, alguns instantes após ela me acusar mais uma vez de estar tomando o lado do seu ex-marido. Eu pareço uma garçonete, ou alguém do serviço do consumidor, com um roteiro a ser seguido. Pergunto porque quero que ela tenha, ao menos, consciência suficiente para construir a ideia do que seria uma ajuda.

— Por que você está do lado do Graham? — pergunta ela.

— Não estou do lado dele — respondo. — Quero saber o que posso fazer para te ajudar — repito, minha exasperação transparecendo. Sinto como se estivéssemos novamente no início. Na verdade, muitas sessões soam como começar tudo de novo.

E então, Chloe diz, em um momento de clareza e honestidade:

— Você pode me devolver minha juventude.

É um bom momento para nós. É um momento de descoberta e percepção. E alívio. O absurdo do seu pedido ilustra a força de suas fantasias, dos ideais de seu ego, da sua vontade de voltar ao passado. Agora podemos ancorar e olhar para o que é real e possível.

— Não posso fazer isso, é claro — digo. — Mas quero te dizer que no nosso trabalho juntas, muitas vezes sinto que estamos no começo de tudo. Isso me frustra, pois quero te ajudar, e quero ver seu progresso, mas talvez haja algo sobre o seu desejo de retornar, de voltar no tempo para sua juventude, que é vital aqui. A circularidade das nossas discussões, o retorno ao início, eles acontecem no nosso trabalho e na sua fantasia também, a ideia de que você pode voltar no tempo.

— Eu gostaria de voltar no tempo.

— Eu entendo. O que existia na sua juventude que você quer tão desesperadamente agora?

— Essa é uma pergunta realmente difícil de responder — diz Chloe, corando de repente.

— Tente pensar nisso por um momento — eu sugiro.

— Eu era tão gata — diz ela após uma pausa. — Digo, eu era simplesmente inacreditável. Eu iluminava qualquer lugar onde entrasse. Era maravilhoso ser eu, de algumas maneiras. Meu rosto. Meu corpo. Eu era incrível. Às vezes, imagino como deve ter sido trepar comigo jovem. Inacreditável.

— Isso é muito poderoso — digo, imaginando ela se sentindo tão bonita, e completamente vista e percebida. — Como você diz, de algumas maneiras era maravilhoso. E de outras?

— De outras, era difícil. O alcoolismo do meu pai, e a condescendência da minha mãe. A codependência dos dois. A instabilidade. As mudanças constantes. A cada dois anos, uma escola nova, um lugar novo. Era empolgante, mas muito instável. A atenção que eu recebia de homens que não eram o meu pai, homens que não eram confiáveis. Às vezes, era muito assustador. E muito empolgante. Muita dança. Muito sexo. Muita bebida. Muita diversão. Todas aquelas festas. Eu me sentia muito procurada e paparicada, mas também muito sozinha. Enfim, quando eu recebia atenção demais de homens perigosos, eu os dispensava e fugia e partia para outra.

"Procurada e paparicada" e "sozinha" ficam comigo. A privação de atenção na infância. As mudanças constantes. Enquanto ela fala, começo a imaginar uma espécie de moldura frouxa, uma contenção frágil. Penso em Zelda

Fitzgerald, a trágica esposa de F. Scott Fitzgerald, que era mentalmente doente e bebia demais, e diziam que ela andava no teto dos táxis mais do que dentro deles — e um detalhe específico de Zelda sempre ficou na minha cabeça: que ela era incrivelmente bela pessoalmente, mas que nenhum fotógrafo jamais fez justiça à sua beleza, nenhuma fotografia jamais capturou seu encanto, pois ela estava sempre em movimento. Algo sobre Chloe tem essa qualidade efêmera e estonteante que torna a quietude, a atenção calma, algo ilusório.

— Você se sente estável nesse momento, no aqui e agora? — pergunto.

— É tão difícil, com o fato de Graham estar envenenando as crianças contra mim — responde ela.

— Eu estou com você — falo. Mas não acho que ela esteja comigo. Nossa discussão estava tão enérgica, tão vívida e significativa, mas agora sinto sua mente em outro lugar, e aqui estamos nós de novo, como uma esquete cômica do diálogo de duas pessoas que não se encontram, falam por cima e através uma da outra.

— Você acha que sou louca, igual ao Graham — ela continua.

— Você ouviu o que eu disse? — pergunto, e me arrependo do mau humor na minha voz.

— Sim. Mas Graham é tão terrível. Você acredita em mim?

— Eu acredito em você. Você consegue me ouvir dizendo que acredito em você?

— Sim. Mas ele é tão terrível que sinto que ninguém me entende. Meus irmãos estão constantemente do lado dele. Você está do lado dele. Meus filhos estão do lado dele...

— Chloe, preciso interrompê-la. Você acabou de dizer que eu estou do lado dele de novo.

— Você está, não é verdade?

— Não, não estou. Por favor, você está ouvindo o que eu estou falando? Eu estou com você. Deixe-me estar com você agora. Você parece estar em qualquer outro lugar, menos aqui.

— Estou distraída.

— Entendo. Vamos ver se conseguimos fazer com que preste atenção. — Ao dizer as palavras, eu as ouço dentro da minha mente. Prestar atenção. Que bizarro falarmos assim. Como cliente, ela me paga para prestar atenção nela.

Se é um serviço prestado, sugere que há um custo. Portanto, atenção é mais uma transação na nossa vida.

— Charlotte, podemos fazer uma sessão dupla hoje? — pergunta Chloe.

Ela está faminta, precisa que eu a alimente mais, mesmo que o alimento que eu forneça não a esteja nutrindo nem a preenchendo. Sou obrigada a privá-la disso, repetindo o sentimento que ela tem em relação a tantas outras pessoas em sua vida.

— Precisamos parar por aqui. Vejo você na nossa próxima sessão — digo.

— Você é a única pessoa que me entende — retruca ela.

Eu fico triste quando ela diz isso. Não sinto que eu a entenda. Pelo menos, não agora. Quando estou com ela, Chloe sente que eu não estou, e quando estou desconectada dela, ela alega proximidade comigo. Também sinto que ela não sente isso de verdade, dado que constantemente se sente incompreendida por mim.

Entre as sessões com Chloe, um incidente aflitivo ocorre na minha vida. Tenho um sangramento em meio à gravidez e sou hospitalizada. Cancelo todas as sessões da semana seguinte e envio um e-mail genérico dizendo que aconteceu algo inesperado. Chloe responde com raiva: "Eu queria te contar algo que o Graham me disse", ela escreve, "e não acredito que você cancelou a nossa sessão." Ela falta as sessões do mês seguinte inteiro e ignora minhas mensagens. "Você está bem?", escrevo para ela em algum momento, e ela não responde. Envio mensagens para o seu celular também. Fico furiosa comigo por me preocupar tanto com ela, além de meus próprios problemas de saúde. Também me dou conta de que parte de mim gostaria que ela tivesse a capacidade de sentir empatia e me perguntar se eu estou bem também.

Ela fica o tempo todo na minha cabeça, apesar de não vê-la. Nos meus pensamentos sobre ela durante alguns meses, uma espécie de equivalência mental de compulsão e expurgo, percebo que um pouco da minha frustração tem a ver com o que significa me importar com ela. Importar-se parece vir com um custo. A necessidade voraz e constante de Chloe por atenção dos amigos e da família lhe causou ressentimento, desconfiança, exaustão, perda de interesse. Essa necessidade imensa, unida ao desdém que ela demonstra ao que lhe é oferecido, contribui para que as pessoas não queiram supri-la. E então, ela se sente vazia e rejeitada.

"Charlotte, vamos nos encontrar", ela me envia por e-mail após meses de silêncio. Eu a procurei, ela me ignorou, e quando ela reaparece, eu concordo em vê-la, é claro. Estou curiosa para ouvir o que ela tem a dizer e resolvo que tenho algo a dizer para ela também. Chego preparada.

— Não grite comigo — pede ela, com um sorriso faceiro.

— Quando foi que eu gritei com você?

— Então talvez você não se importe — conclui ela. — Você nem imaginou se eu estava viva quando não respondi suas mensagens?

— Eu imaginei, sim — respondo. — E me importei. E me importo. Eu estava muito preocupada. E fiquei feliz quando você apareceu. E um pouco chateada também. Era isso o que você esperava?

— Sim.

— Chloe, não acho que eu tenha sido honesta e sincera o suficiente com você.

— O que quer dizer? Sobre o quê? — pergunta ela.

— Sobre como me sinto quanto à nossa relação. Eu me contenho com você, e depois pego pesado demais.

— Como você costuma dizer, fale mais sobre isso — sugere ela.

Eu sinto que ela tem alguma consideração quando ela faz referência a esta frase que eu costumo dizer.

— Existe uma fábula de Esopo, "O caranguejo e sua mãe". Posso ler para você? Tenho aqui comigo.

— Por favor.

E então, eu leio.

— *Por que cargas-d'água você anda de lado desse jeito?* — *diz a mãe caranguejo para seu filho.* — *Você deve sempre andar para a frente, com os dedos para os lados.*

— *Mostre-me como andar, mamãe querida* — *respondeu o caranguejinho, obediente.* — *Quero aprender.*

E então, a mãe caranguejo tentou e tentou andar para a frente. Mas só conseguia andar de lado, como seu filho. E quando quis virar os dedos para o lado, tropeçou e caiu de cara no chão.

VOCÊ SABE O QUE REALMENTE DESEJA?

— Diga-me o significado dessa fábula — pede ela, com a voz parecendo mais doce.

— Eu não quero ser a mãe caranguejo para você, mandando você andar para a frente — digo. — Fico dizendo que você precisa progredir, seguir em frente, mas sou eu que me sinto estagnada. Acho que não lhe disse isso claramente. Nós estamos girando em círculos. E o fato de que eu vou entrar de licença-maternidade em breve significa que haverá uma pausa, uma pausa planejada. E talvez você tenha me punido por isso ao me fazer correr atrás de você. Ou talvez tenha sido porque desmarquei nossa sessão quando você precisou de mim, embora eu precise dizer que cancelei por um motivo importante.

— Não quero saber por que você cancelou nossa sessão — retrucou Chloe. — Imagino que esteja tudo bem. Você está aqui e parece que ainda está grávida.

— Sim, ainda estou grávida — confirmo. Imagino se ela está decepcionada com essa confirmação, em algum nível. Estou me apegando ao que está dentro de mim agora, uma vida crescendo que receberá imensa atenção de mim, e muito mais. — Quero sinceramente, e de maneira apropriada, dar a atenção e o foco nesse espaço que você demanda. Preciso encontrá-la onde você está; não onde eu estou ou onde gostaria que você estivesse. Mas isso significa pedir algo a você também. Você precisa me deixar entrar. Precisa deixar a atenção significar alguma coisa, te satisfazer. Vamos pensar no que isso significa para você.

— Primeiro — Chloe começa —, gosto do fato de que você claramente se importa comigo. Mesmo quando eu sou uma babaca. Mesmo quando eu pergunto se você não se importa ou quando a puno. Claro, era um teste. E você passou. Você sabe, e eu sei. Obrigada por não desistir. Viu só? Estou sendo honesta comigo mesma. Estou prestando atenção. Para mim, é difícil prestar atenção quando me sinto tão privada de tudo.

— Isso é algo atencioso de se reconhecer — concluo. Ela está aprendendo sobre si mesma.

Penso na frase do pediatra e psicanalista Donald Winnicott: "É uma alegria estar escondido, mas um desastre não ser encontrado." Ela queria que eu continuasse tentando encontrá-la, e fico feliz, por mais tentador que tenha sido em alguns momentos, por não ter desistido.

— Obrigada por agendar essa sessão comigo após eu ter repetido o padrão de ir e vir, aquela coisa de compulsão-expurgo que faço desde a adolescência. Fiz isso com você. Mastiguei você, cuspi você, e você está aqui, ainda disponível, ainda disposta a me ouvir. É muito terrível estar no mesmo ambiente que eu?

— O que você acha? — pergunto.

— Acho que eu te mostrei todos os meus lados. E você tolerou todos eles, sem insistir em consertá-los. Talvez você tenha tentado me induzir a certos lugares, mas, quando eu me recusei a ir, você permaneceu comigo enquanto eu girava em círculos. Portanto, obrigada por me aceitar. Você comemorou conquistas minhas que mais ninguém levou a sério. E me desafiou em assuntos que eu escondi dos outros.

— Obrigada por me permitir fazer isso — agradeci.

— Charlotte, sabe o que me ajudou no nosso trabalho juntas? Já que você sempre me pergunta o que me ajuda.

— Diga-me.

— Você não me ignorou. Nunca desistiu de mim. Para mim, essa foi a grande questão.

Sua atenção

Querer atenção é humano, mas é desconfortável e complexo para a maioria das pessoas. Nós nos sentimos constrangidos e vulneráveis se pedirmos atenção diretamente, e arriscamos ser rejeitados, mesmo com aqueles que supostamente nos amam. Achamos difícil falar honestamente e admitir nossas vontades. Talvez carreguemos roteiros que nos digam para não nos exibirmos demais, não exigirmos muito, não sermos dramáticos nem egoístas. Às vezes, podemos acreditar na nossa falsa modéstia, e talvez até nos convencermos de que não precisamos de atenção. Orgulho e constrangimento podem nos arrastar para um buraco de vergonha e negação, escondendo nossas vontades verdadeiras da nossa consciência.

Pode ser enlouquecedor quando as pessoas nos manipulam para receber atenção. Não há necessidade de se roubar algo no meio da noite que nós daríamos livremente durante o dia. Comportamentos para chamar atenção parecem desnecessariamente complicados. Seja direto e pergunte! Mas, para alguém desesperado e com privações, truques teatrais podem parecer a única forma de ganhar audiência. O exagero é uma proteção à ameaça de ser ignorado. Embora as pessoas fiquem ressentidas com o drama, a fúria ainda é uma forma de atenção.

Por mais desconfortável que seja admitir o desejo por atenção, também é difícil admitir que temos dificuldade em prestar atenção constante às pessoas muito exigentes. Às vezes, paramos de prestar atenção em um de nossos filhos. No nosso cônjuge. Nos nossos amigos antigos. Às vezes, simplesmente estamos distraídos e ocupados demais, e nos tornamos descuidados. E outras vezes, estamos exaustos. Em qualquer relação, podemos começar um interesse entusiasmado, mas depois de um tempo pode parecer fútil e em vão dar atenção a reclamações repetitivas. Vira algo sufocante, entediante e injusto. Precisar exibir emoções falsas cansa e acaba com a nossa empatia. Podemos querer punir alguém que chama muita atenção por nos coagir a agir com falsidade. Ou perdemos o interesse. Queremos nos proteger. Nos retraímos e nos recusamos a dar coisa mais desejada: nossa atenção.

Começamos a ignorar os sons e a fúria das demandas por atenção. Desinvestimos nossa atenção de pessoas exigentes demais, e também paramos de prestar muita atenção nas nossas próprias demandas. Podemos ficar obcecados e fixados em dificuldades, sem realmente prestar atenção nelas. Achamos que podemos prever como cada história vai se desenrolar.

Paramos de prestar atenção naqueles que amamos também, quando achamos que já vimos de tudo sobre eles. Prestar atenção de verdade em algo familiar e próximo é difícil, mas maravilhoso. Quando alguém com quem nos importamos presta atenção em algo que tem significado para nós, nós nos sentimos mais próximos e levados em consideração. Sugere uma espécie de dedicação, um gesto de aproximação que demonstra que algo tem um significado pessoal. Faça um esforço para se concentrar em uma atividade ou assunto que importa para alguém que você ama.

Quando algo é familiar, pode parecer menos importante para nós. Mas isso é um erro, seja nos nossos relacionamentos, emprego, vida... a beleza de uma esquina que conhecemos tão bem e na qual esquecemos de reparar. E partes de nós e daqueles que amamos são negligenciadas e desvalorizadas. É importante observar um detalhe com afeto, reparar em um traço, detectar uma dificuldade, apreciar um esforço. Atenção é uma forma de amor e entendimento.

A atenção está intimamente relacionada à criatividade em celebrar a alegria de estar vivo. Susan Sontag disse lindamente: "Faça coisas. Seja forte, curioso. Não espere a luz da inspiração ou o beijo na testa da sociedade. Preste atenção. Tudo é uma questão de prestar atenção. Atenção é vitalidade. Ela nos conecta uns aos outros. Ela nos deixa entusiasmados. Permaneça entusiasmado."

A atenção é um tipo de atitude energética. Não se acostume a estar vivo. Permaneça surpreso com o que você vê.

CAPÍTULO SEIS

Liberdade

O desejo por liberdade normalmente se apresenta através de protestos e rebeliões. Nós nos sentimos limitados, aprisionados, sufocados. É como a fúria cega de um bebê preso numa cadeirinha no carro. O que nos mantém seguros e nos protege também nos aprisiona. Mas tente explicar segurança para uma criança pequena frustrada. Não adianta nada. A distração pode funcionar. Desde a infância, a falta de liberdade pode parecer muito mais ameaçadora à nossa vida do que a possibilidade de perigo.

A psicoterapeuta Esther Perel escreve sobre esse conflito: "Desde o momento em que nascemos, encaramos dois tipos de necessidades contraditórias: a necessidade de segurança e a necessidade de liberdade. Elas vêm de fontes diferentes e nos impulsionam em direções opostas."

Pelejamos com nossa necessidade de proteção ao mesmo tempo que desejamos liberdade. Nomear o conflito pode nos ajudar a abrir espaço para ambos nas nossas relações, mas normalmente sacrificamos um em detrimento do outro e achamos que é realmente questão de escolher apenas um.

E conforme crescemos, podemos resistir ou insistir que estamos presos em nossos relacionamentos e compromissos. Quando escolhemos o compromisso, seja com toda a sinceridade ou de forma ambivalente, algumas vezes, podemos lamentar a perda de liberdade. E evitar o compromisso não necessariamente significa se sentir livre de verdade, caso estejamos nos privando da alegria da intimidade, da dedicação contínua e de experiências significativas. Mas se nos comprometermos demais, além do que somos capazes, podemos nos sentir aprisionados e à mercê de obrigações e responsabilidades. Ressentimos o que um dia escolhemos para nós mesmos, e questionamos se fomos realmente livres para escolher o que agora parece nos limitar, quase como uma punição.

Seja lá o que concordemos ou não em fazer, há incerteza quanto às experiências futuras. Compromissos muitas vezes parecem a escolha de limitar nossas possibilidades. De certa forma, elas sempre são limitadas, mas comprometer-se pode mexer com nossas fantasias de potencial ilimitado.

"Eu não quero me comprometer ao casamento agora, mas e se essa for minha melhor chance e eu desperdiçá-la?", me perguntaram recentemente, e eu ouço variações disso com regularidade. "Se eu deixar meu marido, minha vida estará melhor em alguns anos?" O compromisso é uma aposta. Quebrar um compromisso também é. Não temos como saber com certeza como as coisas serão. O compromisso gera incerteza mesmo se parece oferecer ostensivamente a segurança emocional da previsibilidade. Nunca temos certeza sobre nossas experiências futuras, o que vai mudar, como vamos nos sentir (embora possamos ter ilusões sobre todas essas coisas).

Desejamos estar livres *de* certas pressões e sonhamos com a liberdade *para fazer* o que quisermos. Quando ressentimos compromissos que assumimos no passado, na verdade estamos lamentando uma liberdade que mal havíamos reconhecido possuir, mas que agora sacrificamos — a liberdade das possibilidades em potencial. Podemos ruminar alguma escolha que poderíamos ter feito ou contemplar uma liberdade utópica que será nossa um dia. Às vezes, responsabilizamos os outros pela nossa falta de liberdade.

Podemos experimentar um sentimento libertador de *joie de vivre* em encontros casuais espontâneos com vizinhos, vendedores de lojas e até mesmo estranhos. Às vezes, a falta de compromisso estruturado em uma amizade pode ser maravilhosamente simples e libertadora. Você encontra com essas pessoas porque quer, não por um senso de dever. Mas, sem esse senso de obrigação, você também está livre para se afastar e perder o contato facilmente. Os compromissos servem para nos lembrar do que valorizamos.

Existencialistas, mais notavelmente Simone de Beauvoir e Jean-Paul Sartre, defendiam de forma bastante extrema e absoluta a liberdade no amor. O argumento é profundamente convincente. De Beauvoir escreveu que as mulheres aprendem que encontrar o amor é nosso destino final, o único possível, e que isso acaba por ser insatisfatório e insuficiente. As mulheres precisam trabalhar intensamente em busca da liberdade, escreveu ela, uma vez que subestimamos o quão difícil e importante a liberdade é para nós. O que ela chama de "mutilação da submissão" é uma descrição pertinente do que pode acontecer a qualquer um em um relacionamento. Seja qual for o gênero, etnia, orientação sexual, raça, cultura, faixa etária — todos podemos ser absorvidos por nossas relações a ponto de esquecermos como é ser livre.

No início de um romance, pode haver uma sensação de aventura emocional — liberdade para explorar de um jeito novo, para nos descobrirmos enquanto descobrimos o outro, para vivermos perigosamente. Mas ao buscar essa liberdade normalmente temos como objetivo algum tipo de compromisso. Fazemos promessas. Hipotecas, contratos, votos de casamento, legais ou religiosos, não são necessariamente guias perfeitos para pensarmos com clareza e atenção no significado de liberdade a longo prazo em uma relação. Costumamos amarrar o amor de formas concretas — tradicionalmente, com anéis, mas também com outros gestos de concretude, tais como os "cadeados do amor" na Ponts des Arts, em Paris. (O peso dessas centenas de cadeados está danificando seriamente a ponte, portanto a prefeitura envia regularmente trabalhadores para removê-los.) A palavra *esposa* em espanhol significa "algema".

Conforme o relacionamento amadurece, nós começamos a perceber diferenças nas nossas atitudes com relação à proximidade e intimidade, e pode haver desentendimentos quanto às escolhas a serem feitas, e quando, ou se nem sequer é necessário escolher. Casos amorosos, casamentos, relacionamentos abertos, uniões civis, relações evitadas, paixões — qualquer escolha (incluindo não escolher) pode ameaçar nosso senso de liberdade emocional. Surgem conflitos sobre responsabilidade e dependência, e sentimos que nosso tempo está sendo roubado, que estamos tendo nossas opções arrancadas de nós ou sendo impedidos de alcançar nosso pleno potencial. De repente nos sentimos reféns de circunstâncias inesperadas.

Para alguns, vínculos de qualquer tipo podem soar como uma ameaça à liberdade. A dedicação pode ser um inconveniente, uma distração da autonomia. Ajuda se estivermos dispostos a aprender como inserir nossa necessidade de liberdade em qualquer relação, independentemente do quão comprometidos e apegados estejamos. Se tivermos uma abordagem expansiva e flexível ao compromisso e à liberdade, podemos periodicamente atualizar e adaptar nossos termos e condições, seja qual for a circunstância e a idade.

Minha cliente Sara, terapeuta estagiária e jornalista freelancer, tenta proteger sua liberdade não se permitindo comprometer-se em relacionamentos. Mas esse tipo de liberdade torna-se sua própria jaula. Nos libertamos de um lado somente para reconstituir outras restrições e obstáculos do outro.

A sentença de Sara

Falar abertamente é um dos privilégios da terapia. Sara fala sobre isso quando nos encontramos. De procedência marroquina e criada entre Marrakesh e Londres, ela tem vinte e oito anos, mora sozinha e trabalha como jornalista freelancer. E acabou de começar o estágio em psicoterapia, meio período.

— É exigência que eu tenha minha própria terapeuta pessoal como parte do curso, e é por isso que estou aqui — diz ela em nossa primeira sessão.

Se Sara decidir se comprometer em fazer terapia comigo, a licença-maternidade do meu segundo filho interromperá nosso trabalho, pelo menos temporariamente. Aos seis meses, eu me sinto melodramaticamente grávida, e isso é visível e óbvio.

— Para quando é o seu bebê? — pergunta Sara.

Digo a ela a data da minha licença-maternidade.

— Se trabalharmos juntas, você vai voltar?

— Sim, definitivamente — respondo, com um pouco de convicção demais.

Estou mais confiante sobre meus planos profissionais nessa segunda gravidez, por mais difícil que seja. Quando as palavras escapolem da minha boca, percebo que já revelei uma visão forte sem querer exatamente. Quero oferecer equilíbrio, então acrescento, de um jeito meio torto:

— Minha data de retorno é uma tentativa, de certa forma, mas vou voltar. E ainda estarei aqui por mais dez semanas. Então, conte-me sobre sua vida.

Sara olha para mim com um sorriso calmo. Meu desejo de explicar demais é inseguro e parece ligado à minha condição inchada desconfortável. Mal consigo cruzar as pernas, estou com diabetes gestacional e preciso checar minha insulina entre as sessões, então estou tentando lidar com tudo isso. Quero esse bebê; quase o perdi, mas também quero continuar trabalhando. Estou tentando garantir que não vou perder meu lugar. Isso não tem nada a ver com Sara e eu já desviei a atenção.

Nós retomamos o foco. Ela me conta sobre seu curso e as ideias que ressoam em sua personalidade. Liberdade emocional. Aventura. Nada de repressão.

Enquanto me conta sobre os livros que está lendo, eu fico inquieta e impaciente. Tenho dificuldade em ficar parada, mas Sara e eu mantemos contato visual. Ela não parece se incomodar com a estranheza. Estagiários de terapia podem ser clientes desafiadores e recompensadores, às vezes resistentes, sentindo-se forçados a fazer aquilo e preocupados com a exposição. Imagino se Sara está me julgando ou demonstrando sua determinação em fazer terapia apropriadamente.

Falamos um pouco sobre o desejo de Sara em se tornar terapeuta, em como isso se conecta com o jornalismo e a liberdade de expressão. Ela fala cuidadosamente e tem um jeito contemplativo e deliberado de se expressar. É intensa e inteligente, com um comportamento um pouco sério.

— Preciso que você preencha um formulário para o curso. Tudo bem por você? É parte das exigências.

— Claro, sem problemas. Percebi que você mencionou diversas vezes o fato de que a terapia é uma exigência. Como você se sente em estar aqui? — pergunto.

— Boa pergunta — responde ela, respirando fundo e ponderando suas palavras. — A verdade é que eu nunca fiz terapia antes, portanto isso me dá uma desculpa para justificar o custo, de certa forma, já que faz parte do meu desenvolvimento profissional. Soa menos condescendente. Mas não gosto de ser forçada a fazer nada. Faço minhas próprias escolhas.

Ela aumenta o tom de voz levemente, deixando os finais das frases soarem como perguntas. Sua ambivalência sobre liberdade e compromisso surge. Por um lado, ela se sente mais segura com regras e direcionamento, deixando a responsabilidade nas mãos da autoridade, por outro, porém, ela se rebela e resiste quando lhe dizem o que fazer. Ela me conta sobre suas escolhas profissionais, seu desejo de ir além e viver sua própria vida sem estar presa a um homem ou à maternidade. "Sossegar e constituir família" é uma expressão abominável, diz ela, e algo que vai garantir evitar. Não quer se sentir amarrada a ninguém. Ela acredita em relacionamentos abertos, apesar de não curtir o poliamor ("regras demais e todo um conjunto de crenças", explica ela). Ela torce as mãos contra as pernas. Sua silhueta é distinta: parte elegância, parte força.

Digo que espero que ela ache a terapia algo libertador, mesmo sendo uma exigência. Ela é livre para falar sem censura, sem restrições nesse sentido. E então lembro que ela também era livre para escolher sua terapeuta. Por que eu?

— Algumas coisas me trouxeram até você — responde ela. — Conveniência. Moro a menos de dez minutos daqui. Esse é um ponto. Mas, além disso, li que você trabalhou no Senegal. Imaginei que teria a mente aberta quanto à cultura muçulmana. — Há um tom de confiança em sua voz e uma hesitação em seu rosto. — Não sou mais religiosa. Mas era. — Ela se sente dividida entre culturas e crenças. — E também, quando enviei um e-mail pedindo um horário, você disse que estava saindo de licença-maternidade. Não disse quando, mas eu soube que haveria uma interrupção em nosso trabalho juntas. Gosto disso. Compromissos a longo prazo me deixam nervosa.

Falamos da importância de se sentir livre na terapia e não ser julgada.

— Espero que você não me julgue da forma como uma terapeuta islâmica faria. Ou da forma como um islamofóbico poderia fazer. Seria útil se você entendesse um pouco de onde eu vim.

Eu me contenho de tentar demonstrar qualquer conhecimento especial sobre sua origem. Não quero parecer que estou tentando exageradamente.

— Minha origem não é o mais importante para mim. Quero me sentir livre para discutir o que eu quiser, e mesmo se cultura e religião estiverem no meio, não quero que seja algo que me defina. Quero que sejam minhas escolhas.

— Isso é compreensível — digo.

— Acho que sou interseccionalista. Interseccionalidade... Você ouve muito essa palavra? — pergunta Sara.

— Sim — respondo. — Como você se sente com relação a isso?

— Ela se aplica a mim, mas é a palavra mais exageradamente usada no meu curso de terapia. Eu sou muito... presa numa caixinha. Me sinto claustrofóbica. Todo mundo é cauteloso ao meu redor. Nas discussões em grupo. Em tudo o que tem a ver com raça e etnia e grupos marginalizados. As pessoas falam comigo com tanto cuidado e consideração que me sinto esquisita.

Pergunto a ela como é essa sensação.

— É como se eu fosse uma garotinha. A muçulmana *token*. Mesmo não sendo praticante. Quero ser psicoterapeuta para poder ajudar as pessoas a falarem sobre coisas que são difíceis, coisas que não se pode falar em outro lugar. Achei que a terapia fosse ser ousada, cheia de pessoas fodonas falando sem nenhuma censura. Não quero que tudo seja seguro e cuidadoso. Escolhi esse curso porque parecia interessante e corajoso. Imaginei discussões provocativas e abertas, e imaginei que seria um pouco empolgante. Está repleto de pessoas excessivamente cautelosas e superprotetoras. Ninguém no grupo jamais diz algo remotamente controverso para mim. É tão entediante.

Ela havia fantasiado sobre a liberdade que teria no treinamento em psicoterapia. Acha que o curso higieniza as discussões para ela.

— Não vou me comprometer com o próximo ano até ter uma noção melhor de como será esse treinamento — afirma ela. — Mas vou me comprometer com o nosso trabalho juntas até sua licença-maternidade. Eu me sinto livre fazendo isso.

Pergunto o que a liberdade nesse contexto significa para ela, como ela a definiria?

— Simplesmente ser eu mesma, acho. Sentir que posso ser eu mesma, sabe, completamente.

Ela me conta sobre os direitos políticos nos quais acredita, liberdade de expressão e direitos das mulheres no Marrocos. Descreve as matérias nas quais trabalhou e as aventuras que são possíveis por não estar amarrada a nada. Externamente, ela luta pela liberdade. Internamente, está em fuga.

Fala de quando partiu do Marrocos ainda adolescente, após a morte da mãe.

— Foi como tirar o caroço do abacate lá de dentro. O resto do abacate apodrece sem o caroço. Meu pai, meus irmãos, nada fazia sentido depois que ela faleceu. Sem minha mãe, eu precisava ir embora do Marrocos. Não podia continuar lá.

Sara se mudou para Londres e morou com uma tia e um primo no oeste de Londres. Acabou em uma escola difícil, mas conseguiu boas notas. Começou a usar lenços na cabeça, mas nunca um hijab completo, quando entrou na puberdade.

— Eu era mais religiosa que minha família, estranhamente. Ninguém mais usava lenço na cabeça, mas eu queria. — A partir dos catorze anos, ela se comportava bem sempre que estava de lenço, mas de vez em quando caía na tentação e na pressão. — Tirava o lenço — diz ela, com os olhos intensos.

— E...?

— E então... podia tudo. Eu acordava em camas de estranhos, em ônibus noturnos, em muitos lugares malucos. Bebia, usava drogas, saía com uns caras. Muitas vezes eu nem lembrava de nada. Uma vez, acordei em um campo fora de Londres. No meio do nada. Não me lembro de como cheguei lá, e nem nada daquela noite. Tenho sorte de nunca ter sido encontrada morta num buraco...

Ela descreve como era quando estava usando lenço.

— Eu estava segura. Era como se nada de ruim pudesse acontecer comigo. Tirava notas boas. Não aprontava. Nada de álcool. Nada. Nunca. De jeito nenhum. Jamais fazia nada impróprio quando estava de lenço. Não parecia... sequer possível.

O lenço a protegia dela mesma, de certa forma, assim como das forças externas. Pergunto se o momento em que começou a usar o lenço foi próximo da morte da sua mãe. Foi um objeto transicional, uma maneira de ter, e também de rejeitar, um manto materno?

— Coincidiu — responde Sara. — Mas eu sabia que você ia dizer isso. Talvez desse a impressão de autoridade, me cobrir. De um jeito maternal, um pouco. Mas eu também não gostava de usar o tempo todo, por isso tirava. Colocava e tirava. Dia e noite.

O lenço determinava uma separação, uma identidade bifurcada.

— Você não está cobrindo sua cabeça agora — comento, repentinamente consciente de estar usando uma linguagem inadequada. Até trocar de lenço para cabeça coberta parece potencialmente incorreto. — Vamos fazer um acordo — acrescento. — Não quero ser como as pessoas no seu curso, polindo ou editando minha fala para você. Mas provavelmente falarei coisas erradas. Podemos acordar que você vai me dizer se eu falhar ou disser algo culturalmente equivocado? Estou pensando no que você disse sobre querer uma conversa sem censura.

— Claro — responde ela. — Quero que nós duas falemos livremente. Você precisa ser você mesma se quiser me ajudar a ser eu mesma. E eu preciso ser eu mesma. Acho que essa é a principal razão de estar aqui... Para responder a sua pergunta, os dois termos estão corretos, lenço e cobrir a cabeça. Eu parei de usar quando consegui meu primeiro trabalho. As outras meninas na revista tinham cabelo liso e ninguém cobria nada. Saias curtas, com pernas expostas e maquiagem. Tudo isso. Um dia, tirei de manhã, guardei numa gaveta e não coloquei de volta. Foi assim.

Nós exploramos como foi para ela parar de usar qualquer tipo de lenço na cabeça, e (para minha surpresa) ela descreveu a perda de liberdade ao buscar o que achou que a libertaria.

— Rejeitei muito da minha cultura muçulmana. Não compartilho a maioria das atitudes com relação às mulheres que minha mãe tinha, e meu pai e minhas tias ainda têm. Mas usar um lenço na cabeça protegia minha liberdade. Aquilo me impedia de ser objetificada. Tem toda essa coisa do quão restritivas e opressoras as proteções de cabeça são, e todas as controvérsias nas escolas que lemos por aí. Mas me sinto... dividida. Já escrevi sobre como os véus em geral podem ser refúgios, protetores e, de certa forma, libertadores. Eles nos mantêm livres do mal. E, pessoalmente, eu gostava de poder esconder meu cabelo debaixo dele quando estava sujo. Além disso, o véu impedia que eu fizesse coisas idiotas.

Ela faz uma pausa e parece pensativa.

— Mas quando eu o tirava, na minha adolescência, achava que era liberdade, mas de um jeito assustador. Aquelas situações, nem sequer me lembro de metade delas. É tudo uma névoa confusa. Não de um jeito bom.

A liberação da contenção restrita para a liberdade sem limites a sobrecarregou e a colocou em perigo.

— Então você sente que escolheu tirar livremente e parar de usar o véu de vez, ou foi pressionada? — pergunto.

— Sempre somos pressionadas. Mostre-me uma pessoa nesse planeta que não é pressionada de alguma forma, mesmo se a pressão for para se divertir.

— A que você se sente pressionada?

— Sinto pressão para ser livre. É tão importante para mim que eu tenha minha independência. Não posso abrir mão dela. É uma vitória que me custou muito. Mas isso significa que não posso me importar com ninguém e com nada. Não posso. Se eu me importar, perco minha liberdade.

Pondero seu comentário. *Se eu me importar, perco minha liberdade.*

Ela se importou com a mãe e a perdeu?

— Sim — responde ela. — Eu me importei e perdi. Não vou fazer isso de novo.

— Você se importa consigo mesma? — pergunto.

— Hum... não tenho certeza.

Passamos vários minutos voltando a esse assunto de se importar ou não se importar, e se o afastamento é uma escolha livre, e se é libertador. Parece estar ligado à perda da mãe. Evitar a vulnerabilidade da intimidade e da proximidade pode proteger sua liberdade de algumas formas, mas também não limita sua liberdade de se engajar completamente? Sua relutância a se comprometer também parece estar ligada a essa sensação de abandono por parte da mãe. O custo do comprometimento e do cuidar materno foram demais. "Nunca mais", diz ela.

— Posso contar comigo mesma. Sou responsável pela minha própria vida, e é isso. Não preciso cuidar de mais ninguém, nem me apegar. E se for psicoterapeuta, vou observar as pessoas, mas não precisarei me envolver demais. Quero observar, mas do outro lado da sala. Não preciso me aproximar. — Ela reitera tudo o que não precisa.

No fim da primeira sessão, Sara e eu concordamos em trabalhar juntas, e eu reitero que logo seremos interrompidas pela minha licença-maternidade. Ela diz que a natureza finita do nosso acordo parece funcionar melhor para ela.

Durante nosso trabalho juntas, Sara fala muito sobre regras. Regras culturais, dogmas religiosos, costumes, exigências. As regras da psicoterapia também viram o foco quando exploramos o significado de autorrevelação e se ela se sente livre para falar sobre sua vulnerabilidade mais profunda com seu grupo de treinamento.

— Eles acham que me conhecem porque falei um pouco dos meus traumas culturais. Mas o que dei a eles não foi intimidade de verdade.

Ela descreve pressões e tentações rivais; como, aos vinte e poucos anos, tentou proteger sua pureza ao fazer sexo anal em vez de vaginal; como ela procurou por brechas e maneiras de reconciliar impulsos conflitantes. Diferentes maneiras de se rebelar e de se conformar com seu senso de autoridade interior. Ela contornou todas as regras.

Minha barriga cresce e nossa pausa se aproxima.

No início de uma sessão, Sara chega parecendo incomodada e intensa.

— Conheci esse cara, e acho que gosto dele — diz ela. — Na verdade, eu gosto mesmo dele.

— Ah! E aí? Como se sente quanto a isso? Nunca ouvi você falar sobre gostar de alguém antes.

— É porque nunca gostei. Estou incomodada pelo que estou sentindo. A experiência é forte demais.

Ela parece desnorteada por gostar dele, como se aquilo tivesse desequilibrado todo o seu sistema.

— Todos nós escolhemos nossas restrições, imagino — afirma Sara. Ela aponta para a minha. — Você não sente, em nenhum momento, que seu bebê está entediado, preso dentro de você? Ele deve querer sair daí.

Isso nunca havia me ocorrido. Imaginei que fosse contentamento *in utero*. Peço a ela que fale mais sobre essa questão.

— Eu me sinto mal pelo bebê ser tão dependente — explica ela. — E por você também. Você é dependente do bebê estar bem. Viu? Cuidar mexe com a liberdade.

Ela está certa, é claro, que quanto mais nos importamos, mais temos a perder. Ficamos vulneráveis se as coisas derem errado, não só para nós, mas para aqueles que amamos. Sua insistência em não se permitir se importar quase nunca parece tranquila.

Será que Sara está se permitindo se importar com a terapia ou consigo mesma? Ela diz que não. Talvez experimente alguma outra forma de perda ao fingir que está tudo bem e deixar seu mundo mais frio, mas é a história de como ela lidou com a perda da mãe. Estamos ligados às nossas histórias de lidar com os traumas. Nós adoramos seja lá o que nos permitiu passar por dores insuportáveis. Achamos que sobrevivemos a experiências terríveis devido à nossa história de glória. A história de glória de Sara ao lidar com a morte da mãe pode ter sido sua aposta para a liberdade e independência. Portanto, qualquer tentativa de desafiar essa história poderia ser uma ameaça ao que a ajudou a sobreviver.

Algumas semanas depois, minha barriga cresce ainda mais. Eu admito que me sinto claustrofóbica em meu incômodo terceiro trimestre. Embora eu não ache que o bebê quer fugir do meu corpo, gostaria de ter um tempo só para mim.

Sara se sente empurrada e pressionada em diferentes direções. O rapaz de que ela gosta é marroquino e nem um pouco religioso. Mas, de repente, ela sente falta do lenço. Sente falta da facilidade e da clareza de ter as barreiras em seus devidos lugares.

— Sinto falta da proteção e da simplicidade — confessa ela.

Pergunto sobre proteger-se agora. Parece impossível.

— Estou... meio que contra a parede — diz ela. Evita contato visual.

É comum que ela fale sobre aprisionamento e restrição. Mas dessa vez parece diferente.

— Estou grávida, e não sei se vou levar adiante — diz diretamente.

Por um momento, fico surpresa com sua notícia. Falamos sobre as vontades conflitantes, sobre o que significaria levar a gravidez adiante ou interrompê-la. Ela me pergunta se acho estranho ouvi-la cogitar interromper uma gravidez quando estou claramente no final de gestar um bebê. Digo que não é estranho para mim. E para ela, me ver grávida enquanto cogita o que fazer com sua própria gravidez?

— É esquisito. Mas tudo bem — responde ela.

Sara vê aprisionamentos e clausuras na maioria das conexões e comprometimentos. Proteger sua independência importa muito para ela, diz. Ela batalhou muito para ser livre. Não quer desistir.

— Sou uma *flâneur* — fala sobre si mesma. — Eu vago e olho ao redor, mas não preciso me envolver completamente em uma única coisa. Posso continuar simplesmente andando.

Ela teme o compromisso da maternidade, as obrigações e responsabilidades infinitas, a perda da independência. Parece não querer ter um bebê, pelo menos agora. Sara diz que gosta do rapaz. Não elabora. Não contou a ele que está grávida, e talvez nem conte. Não está disposta a lidar com a reação dele. A barriga está começando a crescer, diz, cruzando os braços. Está incomodada com seu próprio comportamento descuidado. Não se protegeu e agora precisa lidar com essa situação. Ela precisa decidir o que fazer. Diz que a escolha é óbvia. E é somente dela. Essa é a parte que valoriza, mas que também a deixa ressentida. Ela sente o peso da responsabilidade em ter que decidir.

— Não posso me importar tanto. Preciso não me importar — afirma ela. — Preciso me desapegar.

Na semana seguinte, Sara não aparece na nossa sessão.

Eu envio um e-mail para ela. Telefono. Ela jamais retorna.

Sara simplesmente desaparece.

Livre para ir e vir.

Encontrar a liberdade

Uma vez, em um podcast, entrevistei o jornalista e ex-presidiário Irwin James, que passou vinte anos na prisão, sobre como a prisão moldou sua vida. Ele descreveu como se sentiu ao ser solto: "Era um dia ensolarado de agosto, e eu podia ir para a esquerda ou para a direita." A liberdade para escolher esquerda ou direita significa basicamente tudo. Mas a liberdade em si pode ser apavorante. Temos liberdade para cometer erros, correr perigo. O que é promissor é a liberdade para entender nossas restrições e limitações, para pensar sobre os limites e explorar o que nos leva a construir jaulas.

Alguns de nós ficamos intoxicados com a ideia de liberdade, mas quando estamos apegados profundamente a qualquer coisa na vida não podemos ser completamente livres. Não são só as responsabilidades e demandas do compromisso que nos prendem — é também o fato de que, no momento em que nos apegamos a qualquer coisa, incluindo a vida em si, temos algo a perder. As coisas podem dar errado, e nós ficamos vulneráveis a nos machucarmos. Se importar acrescenta valor e significado às nossas vidas, mas também tem um preço (e não se importar também tem o seu).

"A liberdade é o que você faz com aquilo que aconteceu com você", diz Sartre. Seja lá de que forma, todos nós queremos liberdade, e ela nunca é fácil. Nos sentimos restringidos pelas regras, família, religião, pressão cultural, limites de tempo. Relações de qualquer tipo podem nos libertar ou nos prender. Às vezes, nós nos rebelamos tanto que nos aprisionamos de outra maneira — simplesmente ao nos rebelarmos e fazermos o oposto. Existe um provérbio que diz que com as regras sociais podemos viver em conformidade, em rebelião ou em liberdade.

Parte do problema com a liberdade é nossa própria falta de confiança interna. Nós buscamos e resistimos à liberdade e segurança de formas surpreendentes. Podemos nos enganar e pensar que estamos fazendo o que queremos, quando estamos psicologicamente presos a vozes de autoridade que internalizamos. Podemos querer parcialmente a independência, mas também nos voltamos à familiaridade de ter alguém nos dizendo o que fazer, e duvidamos de nós mesmos.

Erich Fromm, o psicólogo humanista, captura essa tensão: "Também não há, quem sabe, ao lado do desejo inato de liberdade, um desejo instintivo por submissão? Se não há, como podemos justificar a atração da submissão a um líder que tantos possuem hoje? A submissão sempre ocorre com autoridades explícitas, ou há submissão a autoridades internalizadas, tais como o dever e a consciência, a compulsões internas ou a autoridades anônimas, como a opinião pública?"

Mesmo quando vivemos em um suposto mundo livre, onde podemos fazer o que quisermos e tomar nossas próprias escolhas, nós raramente nos sentimos completamente livres, normalmente devido às vozes na nossa cabeça nos julgando. Como o neurocientista Christof Koch coloca: "A liberdade é sempre graduada, e não um bem absoluto que a gente possui ou não possui."

A consciência da liberdade emocional nos alerta a oportunidades. Existe sempre algum grau de liberdade interna disponível. O problema é que não nos foi ensinado ir em busca da liberdade em doses saudáveis, e o significado e definição de "liberdade" é confuso. Adrienne Rich diz: "No vocabulário sequestrado das políticas liberais, nenhuma palavra foi tão prostituída quanto *liberdade.*"

Se abrirmos mão e sacrificarmos nossa liberdade muito facilmente, em um momento de arrependimento mais adiante podemos enlouquecer. Podemos nos dar conta de que estamos nos comportando como **gado**, andando feito zumbis e seguindo sem pensar em nosso trabalho ou em nossas relações, e então entramos em pânico e começamos a fugir sem entender que é isso o que estamos fazendo. Gastos secretos, casos amorosos, vício em álcool e drogas, exagerar em hábitos não saudáveis, até mesmo a compulsão de olhar nossos telefones incessantemente, tudo isso pode ser sinais de que queremos fugir de onde estamos no momento presente. A consciência da liberdade em todas as suas formas pode nos ajudar a priorizar dosagens moderadas.

O que você pensa que é liberdade pode não estar em congruência com o que outros pensam. Considere os vários tipos de liberdade e pergunte-se continuamente que tipo de liberdade você quer. A liberdade que queremos aos vinte anos não é necessariamente a mesma que estará disponível aos sessenta (embora fantasiemos isso). Atualize e adapte as suas oportunidades de liberdade. Ajuste os termos e condições dos seus comprometimentos, para abrir o espaço necessário. Seja flexível e criativo na sua forma de alcançar a liberdade também. Às vezes, só precisamos olhar para um pedaço de céu azul. Em outras, a liberdade da vida causa vertigem. Encontre suas fronteiras.

CAPÍTULO SETE

Criatividade

Quando eu tinha onze anos, meu professor passou um trabalho de casa incomum para a turma. Ele nos pediu que separássemos trinta minutos naquela tarde e simplesmente imaginássemos algo, qualquer coisa. Uma menina da sala o encheu de perguntas ansiosas sobre o trabalho, querendo explicação, instrução, direcionamento. Ele se recusou a ser mais específico e disse que o objetivo do exercício era deixar que a mente divagasse. Não era sobre tirar uma nota boa. Não haveria notas no trabalho. Ela foi ficando cada vez mais chateada. Como era uma aluna nota 10, ela queria fazer tudo certo. Não conseguia entender o exercício. Até que desabou em lágrimas.

— Simplesmente me diga o que fazer! — pediu ela.

Quando eu a encontrei alguns anos atrás e nós lembramos juntas dessa experiência, ela disse que ele foi o único professor a convidá-la a ser criativa.

A sociedade não nutre o espírito criativo na vida cotidiana após a infância, quando é comum que as crianças recebam materiais de arte ou pedidos para que escrevam histórias, cantem ou dancem, sem almejar a perfeição. Imaginação, brincadeira — são coisas de criança. Crianças são estimuladas a "brincar". Brincar é essencial para aprender, mas os adultos raramente são instruídos a fazer isso. Brincar e criar envolvem atos imaginativos e impulsivos, uma vontade de inventar, imaginar, experimentar, se desapegar da certeza. Na brincadeira, mesmo que haja algumas regras e condições, há mistério e descoberta, possibilidade de cometer erros, mudar de ideia, não saber o que vem depois. Após a infância, muitas pessoas simplesmente não se sentem seguras o suficiente para "entregar-se" à criatividade e à brincadeira.

Se expandirmos nosso senso de criatividade e o que ele pode significar na forma como vivemos nossas vidas, podemos acrescentar texturas e nuances à nossa experiência de vida rotineira de inúmeras maneiras. Ser lúdico, permitir-se imaginar coisas que não fazem parte do nosso dia a dia, permitir-se fazer coisas bobas ou focar nos prazeres de tarefas cotidianas como cozinhar ou limpar a casa é proporcionar novas oportunidades a si mesmo. O primeiro passo para se envolver de forma mais plena com a criatividade é escolher ser deliberadamente criativo ao defini-la e reconhecer oportunidades para uma abordagem criativa, para renovar o banal, para (nas palavras do poeta Ezra Pound) "tornar tudo novo".

Com muita frequência, me perguntam por que é tão difícil que as pessoas mudem, e como a terapia pode ajudar. Todos nós ficamos estagnados. Criatividade — e brincadeiras — pode nos erguer da lama. Isso requer coragem, incerteza, estar genuinamente aberto para novos pensamentos, sensações e experiências, até mesmo para a surpresa. Talvez a marca mais essencial da criatividade seja a flexibilidade. Novas estratégias criativas podem parecer arriscadas se não estivermos confiantes e seguros. Nós nos apegamos à familiaridade, à ilusão de certeza.

O poeta W. H. Auden escreveu em *A era da ansiedade*: "Preferimos a ruína à mudança." Suas palavras falam com uma parte de nós que luta contra a mudança ao ponto do martírio, mesmo quando a queremos desesperadamente. O perfeccionismo pode guardar fantasias de que haverá um dia propício para elas. Nós nos sentimos bloqueados. Quando não internamente, pelas circunstâncias. Nós nos apegamos ao que já fracassou, mas que é previsível, e deixamos a produtividade preencher o espaço da criatividade e da brincadeira, principalmente se não nos sentirmos inspirados ou empolgados. Corremos do início ao fim da nossa lista de tarefas e somos obcecados por definições sociais de progresso e crescimento. Períodos ociosos são valiosos na vida também. Conheço uma escritora que chama o tempo em que ela não está ativamente produzindo páginas de "rotação de colheitas".

A terapia em si é uma colaboração criativa. Nós nos sintonizamos ao mundo dos outros enquanto prestamos muita atenção às nossas próprias reações.

Ouvimos com atenção em busca de sinais sutis, fazemos conexões, oferecemos novas percepções e curiosidade, convidamos a reflexões e associações. Usamos metáforas, procuramos por significados simbólicos, reconhecemos temas maiores a partir de uma perspectiva mais ampla e exploramos detalhes como se olhássemos por um microscópio. É um esforço intensamente idiossincrático, de certa forma, e ele faz com que cada relação seja impossível de ser reproduzida. Duas pessoas se unem para criar algo único entre elas.

Quando montamos o roteiro das nossas histórias com antecedência, contamos e saímos com o exato mesmo entendimento delas, isso não é um processo criativo. O que é criativo é quando contamos ou recontamos uma história e descobrimos algo, detectamos uma nota escondida, seja ela grande ou pequena. Vemos um tema ou um padrão, um ângulo, uma conexão, um sentimento, um pensamento, quem sabe até algo misterioso.

Podemos ser lúdicos e criativos na vida que já estamos vivendo, vendo e experimentando o mundo de novas maneiras. E às vezes, quando estamos receosos de brincar, nossos corpos são criativos. No meu trabalho com a Rosie, uma jovem com dificuldades em sua vida sexual, seu corpo é altamente imaginativo e simbólico ao expressar seu bloqueio de intimidade. Rosie quer criar uma nova vida. Isso significa algo diferente do que nós duas esperamos. Precisamos de uma segurança adequada para podermos nos arriscar e descobrir algo novo. A flexibilidade da *Régua de Lesbos* de Aristóteles vem à mente: curvar-se e ajustar-se às particularidades da experiência. Sua resistência à brincadeira, à diversão, está no cerne do nosso trabalho juntas.

O quarto de Rosie

Minha sensação imediata ao ver Rosie pela primeira vez é de que ela é travada. Ela fala com precisão exagerada, e sua forma de simplesmente estar ali na sala me intriga imediatamente. Ela fica sentada imóvel, com a postura inflexível, dura e firme de uma dançarina irlandesa — não move os braços, e as palmas das mãos viradas para cima descansam de um jeito esquisito em seu colo. Sua falta de elasticidade me incomoda.

— Aparentemente não há nada de errado fisicamente comigo — afirma ela.

Rosie, uma assistente administrativa de vinte e poucos anos, é casada há um ano, mas seu casamento ainda não foi consumado. Ela quer engravidar, mas em cada tentativa de fazer sexo fica tensa e nada acontece. Foi diagnosticada com **vaginismo** — uma condição em que os músculos vaginais se contraem e tornam a penetração impossível ou incrivelmente dolorosa. Nas palavras da romancista Edna O'Brien, "O corpo contém a história da vida tanto quanto a mente". Estou curiosa para saber o que o corpo de Rosie está expressando.

A minha indicação veio de uma ginecologista que conheci uma vez em um evento beneficente de um hospital. Fiquei contente com o encaminhamento e sou particularmente interessada em vaginismo — uma metáfora brilhante para as tensões essenciais da proximidade. Todos nós temos momentos em que fechamos a porta. Ou somos negados na entrada do mundo interior de alguém.

Todos os seres humanos, de qualquer gênero ou idade, podem buscar e resistir à intimidade com o corpo, a mente, outras pessoas e o espaço. Dificuldades sexuais podem simbolizar um incrível leque das nossas maneiras de nos relacionar, iluminando as barreiras que erguemos que nos impedem de dar e receber.

Eu me preparo antes de conhecer Rosie, e já chego interessada e curiosa. Minhas perguntas de abertura são estratégicas. Sei que preciso ir devagar. *Abertura. Devagar.* Até as palavras na minha mente parecem simbólicas.

Peço a Rosie para me contar sobre si, sobre o casamento, a adolescência, seus sentimentos quanto ao sexo, as dificuldades que a levaram a receber esse diagnóstico. Digo que vai ajudar se eu a conhecer melhor e tiver alguma noção da sua vida.

— Ah, tá bem — responde ela, olhando para mim. — O médico me deu dilatadores para usar em casa, e meu plano de saúde autorizou seis sessões com você. Se eu fizer essas duas coisas, será que vai consertar o que está errado? — pergunta ela.

— Terapia não é exatamente sobre consertar as coisas — explico, ouvindo-me respirar fundo antes de continuar: — É sobre entender e trabalhar nossas questões. O vaginismo é muito tratável, e falar pode realmente ajudar.

Conforme as palavras saem da minha boca, já estou profundamente entediada pelo som da minha voz. O que eu digo parece chato e soa como uma renúncia defensiva em um panfleto de instruções médicas. Minha primeira tentativa em trazê-la para perto é tediosa e careta. Tivemos um início anêmico.

Ela pergunta se esse problema é comum e sobre o que ele é. Respondo que cada história é diferente.

"Uma vagina em pânico" é uma descrição. As pessoas podem entrar em pânico com a dor, sofrendo em silêncio, sentindo-se envergonhadas e constrangidas e frustradas, sem saber onde procurar ajuda. O problema ocorre em diferentes religiões, culturas, níveis educacionais e idades. Pode aparecer e desaparecer, e também pode perdurar.

Estou feliz por ela estar aqui, em busca de ajuda; isso já é um começo encorajador. Questões psicossexuais podem se perder em uma espécie de lacuna entre a medicina, a terapia e os relacionamentos. Sem saber aonde ir, o que fazer ou com quem falar, encaixar as coisas no lugar pode ser, no sentido literal e figurado, complexo quando o assunto é dificuldades sexuais.

Ainda não conversamos sobre nada pessoal e específico. Pergunto a ela o que espera da terapia.

— Uma nova vida — responde ela. — Eu me guardei para o casamento. Meu marido, Michael, também. Nós nos conhecemos na igreja. E planejamos nos casar e formar uma família, e isso não está acontecendo. E eu já tenho quase 23 anos. Achei que já teria um bebê a essa altura.

Ela parece muito determinada a se ater aos seus planos. Tem um jeito meticuloso que a faz parecer uma garotinha e uma idosa ao mesmo tempo. Ela parece mais inocente e inexperiente do que a maioria das mulheres de 22 anos, mas também mais sensível e adulta.

Rosie é pequena e magra, e atraente de uma forma arrumadinha e organizada. Tem grandes olhos azul-acinzentados, cabelo escuro dividido em duas tranças e traços precisos e fortes. Seu tom é seco, entrecortado. Embora suas palavras sejam educadas, ela parece combativa e exasperada. Ainda não disse nada substancial, mas sinto uma resistência rígida nela. O que será que ela está guardando para si?

Rosie cresceu em uma casa extremamente religiosa, e seus pais são missionários cristãos. Seu pai é pastor evangélico, e por isso eles se mudaram bastante. Rosie passou partes da infância na Alemanha, no Quênia, no norte da França e em Brighton. Quando pergunto sobre irmãos, ela responde que é a irmã mais velha, mas não sabe ao certo como contá-los devido ao número de crianças adotivas e parentes não consanguíneos considerados da família.

— Na nossa casa, recebíamos todo mundo. Sempre fomos acolhedores — explica ela. — Não fazíamos distinção entre quem era parente de verdade. *Mi casa es su casa.* Onde quer que estivéssemos, as pessoas chegavam e moravam com a gente. Algumas permaneciam poucas semanas, mas outras ficavam durante anos. E como missionários, quanto mais pessoas, melhor.

E agora a vagina dela está protestando. Nada de políticas de porta aberta! Entrada negada!

— Como foi para você mudar toda hora, ter tantas pessoas na sua casa o tempo todo? — pergunto.

— Muito trabalho. E bagunça. E um ciclo interminável de roupa para lavar. Mas era simplesmente como as coisas eram. E sendo a mais velha, ficava no comando, e constantemente tinha que arrumar a casa e cuidar de todo mundo. Controlava os deveres de casa, as funções e tarefas de casa, refeições, horários. Não acabava nunca. Fazia a maior parte do trabalho de organização de tudo, mas havia sempre pessoas e coisas em todo canto, sempre.

Qualidades nebulosas rapidamente surgem como tema na maneira como foi criada. Muitas regras e responsabilidades, mas uma falta de limites claros. Os adultos eram onipotentes (o pai de Rosie) ou tinham comportamento infantil (a mãe de Rosie). As crianças eram mais como pais (Rosie), e outras crianças, algumas sem relação de parentesco, viravam irmãos. Estranhos transformavam-se em família, e familiares podiam desaparecer. O cenário da sua infância é como areia movediça, sem a menor noção de quem está chegando ou saindo, qual caminho é para cima ou para baixo, o que é estável e consistente. Não há um senso de base segura, um chão firme onde pisar. A perseverança e a clareza mental de Rosie são admiráveis, mas são sua defesa de sobrevivência; e isso vem com um preço.

Nas palavras de Rosie:

— Nós também tínhamos locatários. Eles vinham de todo canto, e de vez em quando eu via alguém novo sentado na mesa da cozinha. Olhava e pensava, *ah, aquela pessoa provavelmente ficará aqui por um tempo.* Tínhamos espaço em nossas casas e em nossos corações, não importa onde estivéssemos, devido ao papel do meu pai na igreja. Éramos abençoados por termos o suficiente para poder retribuir.

Em parte, o que Rosie diz soa diretamente herdado, um discurso repetido, enquanto outras observações parecem dela própria. Um exemplo da sua opinião pessoal:

— As pessoas simplesmente desapareciam. Sabe, como num sonho. Você não pergunta por que as pessoas estão ali, ou por que algumas se esvaem de repente, ou o que está acontecendo. É simplesmente como é.

Ela começa contando os detalhes das camas divididas, refeições compartilhadas, sem saber qual escova de dentes pertencia a quem. E então, descreve o alcoolismo de sua mãe, embriagada às altas horas da noite, acordando Rosie para conhecer estranhos, contando histórias que ela não queria ouvir. Rosie foi transformada em uma adulta e trocou de papéis com a mãe desde as primeiras memórias que tem da infância. Descreve a mãe como uma "bêbada desleixada, sempre aos prantos ou rindo demais. Desajeitada e exagerada".

A própria Rosie parece o oposto de desajeitada e exagerada. Seu comportamento rígido e sua voz tensa e cautelosa parecem ilustrar a reação consequente do padrão da mãe.

— No meu pai eu podia confiar — lembra ela.

Ela se mexe delicadamente na poltrona, e sua expressão muda, se acalma.

— Ele é rígido, mas justo. Foi quem me ensinou sobre moralidade e Deus. Não estava tanto em casa quanto a mamãe, pois sempre serviu à comunidade com uma devoção incansável. Mas toda vez que passávamos um tempo juntos eu ouvia e seguia suas orientações. Ainda faço isso. Sempre obedeci e fiz o que ele pediu. Com exceção de uma vez. Mas só uma. Tirando essa vez, sempre fui uma boa menina cristã.

Quando Rosie tinha dez anos, um dos inquilinos deitou-se na cama ao seu lado e a acariciou. Esfregou o pênis contra o bumbum dela e ejaculou em seu corpo, e apesar de não ter ocorrido penetração e de ainda não ter passado pela puberdade, Rosie ficou em pânico que ele pudesse tê-la engravidado. Ao descrever sua experiência traumática para mim, ela permanece congelada. Rosie não contou para a mãe o que havia acontecido.

— Não havia sentido. Eu sabia que ela tornaria tudo sobre ela e eu acabaria tendo que garantir que ela estava bem.

Algumas semanas após o incidente, ela contou ao pai. Achava que tinha que fazer aquilo. Ele reagiu com raiva. O inquilino já havia ido embora àquela altura. Eles nunca mais falaram sobre o ocorrido. Rosie carregou muita vergonha e culpa por fracassar em atingir os padrões de aceitabilidade do pai.

— Ele sempre dizia, se você tocar em uma rosa, ela perde o brilho. Escolheu meu nome sabendo que eu seria uma linda flor, mas me disse para me guardar para o casamento, e assim eu fiz. Além dessa única vez, nunca fiz nada de errado.

Fico triste por perceber que ela vê o assédio como um momento em que ela fez algo de errado. Será que sua aversão a ser tocada está conectada a crenças conflitantes sobre perder seu brilho?

Rosie distanciou-se da mãe nos últimos anos, e quando se falam, sua mãe reclama e chora, e ela normalmente se arrepende de atender a ligação. Gosta quando o pai liga.

— Mas, desde que me casei, meu pai e eu nos falamos menos. O Michael é minha família agora — afirma ela.

Na vida que leva hoje, ela demonstra grande necessidade de ordem e arrumação, regras, limites. Nunca lhe permitiram de verdade ser criança. Uma criança que podia explorar, sonhar, brincar. Fazer bagunça. Rosie não foi protegida, não se sentiu segura e cuidada, emocional ou fisicamente. Sexo é sobre todas essas coisas.

Ela me conta sobre seu comportamento outra vez, como se achasse que precisa defender sua integridade.

— Eu tirava notas boas, fazia meus estudos da Bíblia, cuidava das crianças e da casa e nunca me metia em confusão. Foi só dessa única vez, só essa.

Eu a interrompo e digo que o que aconteceu entre ela e aquele homem não foi sua culpa de maneira alguma, independentemente de como ela tenha se sentido e de qualquer detalhe. E ela está se culpando. Meu discurso é tão óbvio que quase não falo nada. Mas as coisas não ditas normalmente precisam ser ditas quando o assunto é trauma sexual. Não sinto que minhas palavras a tocam, nem que ela acredita em mim. Rosie não responde, e eu não quero forçá-la a revisitar esse incidente imensamente significativo se ela não estiver pronta. Ela o trancou a sete chaves.

Parece admirar e proteger o pai. Simplesmente tolerava a mãe e suportava seu caos.

— Ele sempre disse que mamãe era barroca. Ele tem um jeito especial com as palavras.

— Posso afirmar que você tem o mesmo dom com a linguagem — digo.

— É por causa desse jeito especial com as palavras que meu pai é um condutor tão carismático das mensagens do Senhor. E é tão sensato. É um líder humilde. Ajuda tantas pessoas.

Sinto que ela não absorveu minha resposta e precisou redirecionar minha atenção de volta para o pai e sua grandeza. Talvez fique desconfortável em ser o centro das atenções.

Sua família pergunta quando Deus vai lhe dar uma bebê.

— Todos nós rezamos. — E então, ela acrescenta: — Irônico, não é? A filha de missionários não consegue sequer fazer um papai e mamãe, que alguns chamam de posição do missionário.

Algumas das suas percepções e observações são astutas e ousadas, mesmo que ela soe extremamente na defensiva em outros momentos.

Ela foi a filha obediente, mas seu papel soa como de uma matrona, realizando o trabalho invisível de funções domésticas infinitas e de arrumar a bagunça alheia. Foi a esposa, a mãe, a anfitriã hospitaleira. Mas sua vagina recusa-se a crescer. A etimologia da palavra "vagina" vem de "bainha", ou "coldre", que significa "cobertura", "proteção". Penso em como seu vaginismo a ajuda a permanecer protegida de alguma maneira, mesmo que esteja bloqueando sua intimidade.

— Essa situação, meu problema, não é o que planejamos — diz ela, seus lábios pressionados de um jeito que parece quase anal.

Eu pergunto como ela se sente quanto à mudança de planos.

— Michael e eu sempre nos atemos aos nossos planos. Somos confiáveis, boas pessoas. Ele trabalha muito, com seguro, é analista de riscos. É só no campo sexual que as coisas não estão funcionando direito. É isso o que preciso resolver. — Quando pergunto sobre outras formas de intimidade, beijos, abraços, toques, ela diz que não gosta de ser tocada. Não que seja doloroso, mas é irritante. — Como mosquitos — explica. — Desde que moramos no Quênia, sempre tive a sensação de que pessoas encostando em mim são como mosquitos ao meu redor. Tínhamos essas redes de insetos em nossas camas, e eu queria poder usar uma dessas redes quando tenho que estar rodeada de pessoas.

Sinto como se tivesse tropeçado em ouro quando ouço esse tipo de comentário. Minha expressão provavelmente demonstra isso.

— Sou uma flor fechada, não faço jus ao meu nome — diz ela. — Talvez meu pai esteja certo e eu tenha perdido meu brilho naquele dia. Uma rosa incapaz de desabrochar.

Uma rosa incapaz de desabrochar ou que ainda não quer? Fico pensando.

Ela descreve Michael como "sucinto" e, quando pergunto o que isso significa, explica que ele ejacula muito rápido.

— Ele é eficiente em todas as frentes.

Com dinheiro, supermercado, afazeres do lar e, aparentemente, no sexo.

Como é a comunicação deles, falam sobre sexo, são íntimos emocionalmente?

— Nós falamos sobre minha vinda aqui e ele sabe que estou fazendo tratamento. Se sua pergunta é sobre isso, sim, nós somos próximos.

Sinto que todas as minhas perguntas a alcançam de um jeito desengonçado. Sou bloqueada da minha própria expressão criativa. Será que estou vivenciando um pouco da estranheza e constrangimento que ela sente, a dificuldade de falar sobre sexo e abordar o assunto de um jeito profundo? Estou interessada na sua brincadeira simbólica e imaginativa com a linguagem e na forma como às vezes ela é direta. Ela é bastante notável em suas observações, de certa forma, mas é rígida sobre o que quer conversar. É difícil ficar confortável ou ser brincalhona.

— Michael e eu fazemos as coisas. Nós dois somos superorganizados e práticos — diz ela de forma mecânica, relatando detalhes sem demonstrar nenhum tipo de emoção.

Contidos, seu comportamento e sua narrativa são um contraste arrebatador à infância caótica. É como se a falta de uma base segura externa a tivesse obrigado a construir algo resistente e firme dentro de si. E é uma dificuldade relaxar, receber outro corpo, negociar entre seu mundo interno e as forças externas. O pênis do marido deve parecer mais uma invasão do seu espaço, da sua privacidade, uma vez que nunca teve limites protegidos e linhas de demarcação claras. Permitir a penetração e fazer um bebê pode parecer uma ameaça insuportável, se seu mundo interno — sua vagina — for o único espaço inteiramente e somente dela. E deixar que eu me aproxime pode ser ameaçador.

O trabalho administrativo de Rosie parece consistente com algumas de suas características. Ela gosta de organizar e sistematizar. Isso pode ser criativo, mas será que o é para ela? Ela diz que fica incomodada com seu chefe e seus colegas, quando não conseguem cooperar. Quer clareza sobre os processos, ordem. Um mais um é igual a dois. Nada menos. Nada mais. Isso inclui o nosso processo na terapia. Ela me pergunta o que vem depois.

Começo a explicar sobre o processo, incluindo a logística e os detalhes práticos, mas ela está inquieta enquanto falo que parte importante da ajuda que a terapia proporciona é a possibilidade criativa de conversação sem tópicos fixos. Como ela poderá se preparar e organizar seus pensamentos para isso? Momentos espontâneos podem ser libertadores e fascinantes, e podem levar a revelações importantes. A terapia não pode ser completamente pautada de nenhum dos lados. Uma vez que os limites são estabelecidos e estão em seus lugares, precisa haver espaço para imaginar, brincar e tolerar a incerteza. Se nós coreografarmos cada momento, acabamos com a criatividade. Ela parece perplexa quando digo essas coisas. O que quero dizer é: "Deixe-me entrar, deixe algo sair!" Mas não falo.

Tento mudar o foco dos seus planos para os seus sentimentos. Como ela se sente com relação ao sexo, a procriar? Pode ser difícil explicar totalmente o desejo de conceber uma criança, e Rosie responde imediatamente:

— Ter filhos é o que as pessoas fazem. E nós estamos casados agora. É a atitude sensata e racional a fazer. — Ela baixa o olhar na minha direção, com um ar de desaprovação. — Querer um bebê é o que faz sentido — acrescenta. — Estou casada e esse é o próximo passo.

Eu concordo com a cabeça, mas não digo nada. Penso em uma frase de Picasso que amava e citava insuportavelmente na adolescência: "O maior inimigo da criatividade é o bom senso." Ela tem espaço para a criatividade com toda essa sensatez e racionalidade? Quero dar-lhe espaço para pensar sobre isso.

— Como você se sente quanto a querer ter um bebê? — pergunto.

— Não entendo exatamente o que quer dizer. Não é incomum querer um bebê — responde ela.

— Não é incomum querer um bebê, mas também não é o que todos querem, e pode ser complicado e gerar todo tipo de sentimento — explico. — Você foi maternal na sua família, com seus irmãos, com sua mãe. E aqui é um espaço em que você pode olhar para como isso foi para você e o que quer para sua vida.

— Quero uma nova vida — responde ela.

Nova vida reverbera. Ela demonstrou algo interno e genuíno aqui. Querer o "novo" é criativo.

Sou uma terapeuta exigente. Quero que a terapia ilumine algo e mude a vida do paciente de alguma maneira. Nas palavras da psicoterapeuta pioneira Karen Horney: "Não há um motivo sequer para não nos desenvolvermos e mudarmos até o último dia de nossas vidas." Isso significa algo diferente para todo mundo. Não posso saber exatamente para onde vamos ou como chegaremos lá. Rosie precisa de espaço para flexibilidade, para que possamos cocriar algo juntas. Sinto dificuldade em explicar isso a ela.

Durante as primeiras sessões, Rosie é atipicamente reveladora de certa forma, mas me mantém no cabresto. Ela descreve coisas sem buscar minha opinião nem abrir para discussão. Relata fatos como se houvesse um questionário para entregar. Não expressa interesse em revisitar suas histórias, nem em olhar para elas. Em que está interessada?

"Sensato" é uma palavra que Rosie usa bastante. Ela fez seu melhor para planejar e roteirizar o que vai acontecer, para tornar suas escolhas mais sensatas e se preparar para cada momento da vida, incluindo o casamento e a maternidade. Mas a diversão, o desejo... onde estão? Quero entender o que seu corpo está comunicando. Sei que isso soa extremamente peculiar, mas me vejo admirando sua vagina por rejeitar seu *modus operandi*. O que essa recusa está nos dizendo? Seu corpo está tentando recuperar um tempo de menina, quando ela não pôde ser criança em sua infância? A porta fechada da sua vagina é uma barreira protetora às invasões que ela viveu? E o perigo vale para os dois lados, não só para o que ela deixa entrar, mas para o que poderia deixar escapar? Sua preocupação, sua narrativa tão controlada — será que suspeita ou teme o que pode acontecer, se perder o controle?

Entre as sessões, reparo nas cerejeiras, a beleza de Londres na primavera. Vida nova em todo lugar. À sua maneira, Rosie comunicou algo ousado e audacioso, mas não necessariamente sobre ter um bebê. Sobre criar uma vida própria.

Na sessão seguinte, Rosie chega com um ar de frustração. Ela é educada, mas ríspida. Estamos na metade do caminho das nossas sessões planejadas, e ela ainda não conseguiu fazer sexo, nem tentativas mais avançadas com o marido, e tampouco se masturbou, quando pergunto. A pergunta não a deixa sem graça, como eu esperava de certa forma, mas também não desperta interesse. Ela seguiu à risca o dever de casa de tentar usar o dilatador menor e obteve sucesso na inserção.

— É como aquelas bonecas russas — diz ela.

— Comparação interessante — falo.

— Ha ha — ela ri. As palavras saem sem efeito algum. Ela não vai adiante com a ideia.

— E como você se sentiu?

— Bem — responde.

Eu pergunto se ela costuma se masturbar.

— Tento não fazer isso. Na nossa igreja, chamam de interferência. Deus vai ver se eu interferir.

Pergunto como é para ela se sentir observada por Deus caso faça algo errado. Pode ser que pense que quer fazer sexo, mas foi bloqueada por algum tipo de medo do prazer. Fico pensando sobre chamar a masturbação de "interferência". O que mais em sua vida parece uma interferência, literal e emocionalmente?

Quando pergunto sobre a experiência de fazer terapia até agora, como se sente sobre nossos encontros, ela repete a resposta que deu para a pergunta anterior:

— Bem.

Nada menos. Nada mais.

Isso não soa criativo.

— Esse espaço é seu — digo.

— Gostaria de te contar sobre a minha semana — diz ela.

Falo para ir em frente.

— Todo mundo é inútil. É uma coisa atrás da outra. Vou te contar sobre a lavanderia — diz ela, com seus olhos grandes e cinza brilhando.

— Tá bem.

— A lavanderia me cobrou £12.50 para consertar meu casaco que voltou completamente estragado. Que raiva.

— Caramba, imagino.

— Fiquei lívida, portanto mandei de volta para que eles resolvessem.

— Fico pensando se isso não é possivelmente uma metáfora para como você se sente em outras áreas da sua vida — pontuo.

— Hum… não — responde ela.

Eu exigi demais, novamente, muito cedo.

— Hmm, entendo. Só pensei se não existe um padrão de você achar que as coisas não funcionam como deveriam — acrescento.

Nada.

Ela descreve outras frustrações em casa. Reclama e conta em detalhes. Ela é fisicamente pequena, mas preenche o espaço com reclamações concretas sobre sua semana. Percebo que me sinto encurralada e ao mesmo tempo deixada de fora. É assim que ela se sente na vida, ou como faz os outros se sentirem?

Na sessão seguinte, ela me conta outra vez sobre a lavanderia. Relata da mesma maneira que na semana anterior, usando as mesmas palavras e detalhes.

— É muito irritante — afirma ela.

— Parece irritante, de fato. Na verdade, você me contou isso na semana passada — lembro.

Nem sempre eu aponto as repetições. Repetir e recontar pode ser reparador e apaziguador, familiarizar-se e absorver novas formas de entendimento. Mas não acho que Rosie me contar sobre a lavanderia de novo seja útil. Não nos leva a lugar algum.

— Você acha que representa frustrações maiores, talvez, o fato disso estar tomando tanto espaço na sua mente, esses problemas? — acrescento.

Ela sorri. Conta sobre uma entrega errada. Um barista que confundiu seu pedido. Um problema com seu cartucho de tinta. Uma pessoa que furou a fila. Um motorista de ônibus que pegou uma rota muito longa. Um colega de trabalho que fez uma trapalhada nas escalas. Quero fazer algo com as suas reclamações. Ela é interessante, direta, e tenho certeza de que há mais aqui do que o nível de superfície das nossas discussões.

Esse é meu erro. Falo sobre como a conversa terapêutica envolve incerteza e o desconhecido, mas minha abordagem empática a faz parar. Preciso permitir a surpresa, a descoberta, o mistério, no tempo dela, não no meu. Esses são ingredientes criativos essenciais. Flexibilidade. A Régua de Lesbos! Preciso me sintonizar com as particularidades da situação e deixar que o formato surja.

É somente quando percebo, numa conversa com meu supervisor, que eu não estava sendo criativa ao forçar Rosie a ser criativa, que o trabalho começa a progredir. Existe uma máxima terapêutica sobre confiar na seleção de material do cliente. Não planeje um roteiro nem apresse a progressão do trabalho. Contudo, podemos encorajar as pessoas a verem as coisas sob uma nova luz. Quero que a terapia seja engrandecedora e não quero mudar essa característica minha. Portanto, aqui estamos nós, ambas se recusando a se mexer.

— Nosso telhado tem um vazamento e nosso proprietário ainda não enviou ninguém para resolver. As pessoas são tão incompetentes! — exclama Rosie.

"As pessoas", imagino que eu me encaixe nessa categoria, e me sinto ineficaz. Preencher as sessões com reclamações, encher-se de raiva, onde está o espaço para intimidade ou diversão?

— Parece que nada está saindo do seu jeito, com todas essas pessoas incompetentes — digo, ainda determinada a tentar desvendar a causa principal de seus resmungos.

— Obviamente — confirma ela. — Aargh! A incompetência do proprietário para resolver esse problema realmente me estressa.

— Onde você expressa sua frustração? Como você processa seus sentimentos negativos? — pergunto.

— Aqui — responde ela.

Ela está certa. Está fazendo o que quer. Mas não consigo aceitar que isso seja suficiente. Ainda disposta a tornar esse espaço divertido e rico em criatividade, estou em uma caça ao tesouro por diversão, bagunça, brincadeira, junto com alguma revelação. Sou como um detetive tentando decodificar suas reclamações e ver se são pistas para vontades escondidas. Mas talvez não haja mistério algum e o caso simplesmente não possa ser "resolvido".

VOCÊ SABE O QUE REALMENTE DESEJA?

Rosie não parece querer apressar seu tratamento, nem no aspecto sexual, nem em nenhum outro. Seu padrão de negociar seu mundo interior e o mundo exterior continua parecendo emblemático do seu conflito sobre crescer e mudar. Por um lado, ela expressou querer uma vida nova e ter um bebê, mas está se mantendo pequenina e constrita. Consegue transmitir o que quer dizer, mas não aceita de volta, e desenha círculos ao redor de suas histórias quando tento me meter, penetrar, entrar, chegar a algum lugar.

Fico tentando direcioná-la para assuntos mais importantes, os sentimentos omitidos, mas me sinto como se estivesse sendo agrupada à granulosidade de suas reclamações. Já a rotulei na minha mente do que um antigo supervisor meu chamava de OTM (O Tipo Maltratado). OTMs carregam listas rancorosas de fardos da vida. Todos nós podemos ser um tipo maltratado, e normalmente há uma sensação de não ser percebido, que é parte do que nos faz cismar com frustrações e obstruções. Precisamos exibir nossa sobrevivência aos cortes de papel que a vida nos faz. Mas há mais nisso tudo. Criticar e reclamar pode ser menos assustador do que criar algo, e acho que ela está protegendo sua agressão. Suas reclamações e seu protesto corporal comunicam isso. Se eu disser isso a ela, será que vai congelar ainda mais?

Não tenho ideia de quem eu seja para ela. Sou sua mãe invasiva e impositiva? Seu pai doutrinador? Mais um invasor? Um provedor de serviço incapaz como seu marido, a lavanderia, seus colegas de trabalho? Esse trabalho não deveria ser sobre mim. Mas, ainda assim, a relação terapêutica é sobre duas pessoas, e eu não faço a menor ideia de como é a experiência dela comigo.

Quero ouvir sobre suas dificuldades. Quero fazer uma refeição com ela, mas suas reclamações parecem pequenos pacotinhos de um biscoito insípido. Suas irritações cresceram em nosso tempo juntas. Ouço sobre as tarefas de casa, a lava-louça com problemas, o pedestre idiota que entrou no seu caminho, a compra online que foi um absurdo, a entrega equivocada e inúmeras outras irritações. Essas chateações importam, em algum nível, pois todo material importa, mas é crônico e desmedido com Rosie.

Algo permanece fora do alcance — ela me mantém a distância e não quer que mergulhemos mais profundamente. Não importa se ela faz afirmações abstratas sobre pessoas sendo irritantes, revelações simbólicas ou detalhes concretos, eu me sinto impedida de brincar com qualquer uma dessas coisas.

Ela ainda não pediu um feedback, interpretações, revelações, conexões, nada. Talvez ela esteja pedindo concordância quando reclama, ou será que quer discordância? Ela é crítica, mas eu nem sequer sei o que o sucesso terapêutico seria para ela. A essa altura, não tenho certeza se ela quer que seu vaginismo melhore, ou tampouco discutir sobre esse assunto. Minha determinação em ajudá-la está fazendo com que ela se afaste. Nossa dinâmica ilustra seu conflito interno com a proximidade e a intimidade e o bloqueio, enquanto seu vaginismo é uma metáfora na nossa relação. Eu me sinto limitada. Ela não me deixa entrar. E quando tento conversar sobre isso, ela me rejeita ainda mais. Mas ela continua vindo às sessões e quer algo de mim e da terapia.

— Quero fincar meu pé na terapia — diz ela.

"Fincar" parece ser a palavra-chave aqui.

Quero parar de tentar com tanto afinco. Começo a imaginar a pouca resistência do seu marido, sua ejaculação precoce. Penso se esse sintoma dele veio antes ou depois do dela, e como eles estão conectados. Sinto que ela está castrando a terapia, me **femasculando**. Ou seja lá como quiser chamar. Quando tento construir algo, ela vem e destrói. Estou travada. É como um bloqueio de criação. Um bloqueio de procriação.

O que atropelo no momento e só percebo em minha reflexão é que ela expressou um desejo de me contar sobre sua semana. É isso o que ela quer. Quando discuto sobre isso na supervisão, meu supervisor fala dos clientes que nos dobram até que saiamos do nosso formato. Testam fronteiras, ultrapassam limites, nos inquietam de todas as maneiras. Rosie está fazendo com que eu me sinta em um formato irreconhecível e invisível. Eu me sinto diferente com ela do que com outros clientes. Por outro lado, o que não dobra pode quebrar. Não quero quebrar. Ainda estou determinada a descobrir como trabalhar com ela de um jeito que possa ser efetivo.

Em nossa quinta sessão, lembro a ela que é nosso penúltimo encontro, já que nos planejamos para fazer seis sessões. Ela pergunta se podemos estender nosso trabalho juntas. Esse é o primeiro pedido ousado que ela faz — um desvio do caminho traçado —, e eu fico muito surpresa por ela expressar algo que deseja. Concordo que podemos continuar, e negociamos um valor reduzido que ela possa pagar após nossa sexta sessão, quando o plano de saúde vai parar de cobrir os custos.

Apesar de ainda me afastar quando chamo a atenção para nossa relação, seu jeito de estar aqui-e-agora parece uma agressão negada.

— O que é isso que está usando? — pergunta ela na nossa sexta sessão.

Ela me notou! Estou aqui, sou uma pessoa! Em um corpo! Antes que eu consiga responder, ela acrescenta:

— Parece que alguém te degolou.

E agora estou morta. O colar é uma corrente com um fio de pequenos rubis vermelhos. Aquele colar jamais será o mesmo para mim.

Em outra ocasião, ela me diz que o zíper do meu casaco parece que vai cortar meu rosto. Isso tudo é parte do trabalho. Ela me **eloginsulta**, clamando inocência em comentários que me soam hostis. Rosie tem dificuldade para reconhecer sua agressão, mas minha sobrevivência persistente significa algo também. Ela está tendo impacto em mim, mesmo de maneiras frustrantes, e mesmo na forma como muda minha percepção de um colar adorado (e daquele casaco, que eu nunca mais usei desde então). Pontos para sua criatividade!

Na nossa sétima sessão, algo muito peculiar acontece comigo enquanto estou no consultório com ela. Quando nosso horário termina e eu me levanto para acompanhá-la até a porta, minha perna esquerda está completamente dormente devido à maneira que eu estava sentada — e eu caio. É como se minha firmeza tivesse desabado totalmente, meu corpo cedeu. É constrangedor cair na frente dela. Eu me sinto como um bicho atropelado.

— Você está bem? — pergunta Rosie.

— Sim, estou. Me desculpe! Estou sem graça — digo, tentando ficar em pé. — Minha perna ficou dormente. Mas estou bem. — A sensação demora um pouco para voltar. Quanto tempo, não sei, pois meu constrangimento é tão poderoso que não consigo pensar direito.

— Que bom que está bem — diz ela.

Esse momento muda algo na nossa dinâmica. Embora eu esteja com vergonha, admito ter caído. Perdi o controle.

Fico desconcertada com o acontecido. Conto ao meu supervisor. Normalmente, eu repararia se um membro começasse a ficar dormente por estar sentada na mesma posição por muito tempo. Onde eu estava quando isso aconteceu? Fora do meu corpo? Com a mente distante? Presa em algum lugar? Espelhando o comportamento congelado dela? Desajeitada como sua mãe? Há algo sobre a paralisia que parece conectado ao bloqueio entre nós.

Na sessão seguinte, admito para Rosie o quão constrangida fiquei com meu tombo. Falo sobre o ocorrido.

— Minha perna ficou dormente e eu não percebi antes de me levantar. Foi como se eu estivesse congelada — confesso.

— Tudo bem — responde ela. — Fico feliz que esteja bem.

— Às vezes, eu me sinto congelada no nosso trabalho. Estagnada — digo. — Eu vou arriscar te irritar, mas fiquei pensando se é assim que você se sente em alguns momentos. Paralisada. Arrancada de uma parte de si mesma. Provavelmente entrando em colapso.

— Estagnada. Sim. Não sei que movimento seria — diz ela. — Então, você se sente paralisada por mim?

— Algumas vezes, sim. Me sinto restringida pelas nossas conversas e julgada pelas palavras que saem da minha boca. É difícil trabalhar sob ameaça, e a sensação que tenho quando estou no consultório com você é que estou entendendo tudo errado. Sinto que estou tentando, mas talvez com afinco demais. Às vezes, você dá descrições muito concretas de problemas, e brinca com a linguagem de um jeito fascinante, mas quando tento me envolver, ou mesmo só responder, você me afasta. Acho que quero fazer algo com suas descrições concretas também. Usar o concreto para construir algo. Mas, se eu uso o material que você traz e tento ir a algum lugar com ele, é como se eu o estivesse roubando de você e te ofendendo.

— Acho que você é muito dura comigo — diz Rosie. — É como se estivesse me obrigando a dançar com você, e eu não sei dançar.

— Entendo. E acho que é uma maneira poderosa e imaginativa de descrever onde estamos. Estou tentando demais responder às suas afirmações, retrucar, encontrar uma solução, uma interpretação. Meu Deus, se você não quer dançar comigo e eu fico tentando te obrigar a fazer isso, como está sendo para você?

— Não sei. Eu aprecio isso. Apesar de ser frustrante e sufocante. Por favor, não pare de tentar — pede ela.

— Tudo bem, mas não quero te forçar nem te sufocar, e é interessante que a sua experiência comigo seja essa. Vamos descobrir como podemos caminhar juntas.

— Eu realmente não sei dançar, essa é a questão. Falei que você está tentando me fazer dançar simbolicamente, mas eu literalmente não sei, nunca soube. Nunca — afirma ela.

— Nunca? Nem pela casa, quando era criança? Na escola? Uma dancinha boba?

— Não. Nunca. Nunca dancei. Meus irmãos e irmãs dançavam, e minha mãe e suas amigas. Mas eu sempre achei todo mundo bobo demais. Nunca participei. E quando Michael e eu nos casamos não tivemos uma primeira dança. Todo mundo só uniu os braços e fez uma coisa em grupo que não era dança. Ele também não sabe dançar. Mas sabe fingir bem, dança pela casa. Eu não.

— Esse parece um ponto excelente para começarmos. Permita-se dançar, se mexer, ser boba. Permita-se dançar mal! Veja o que acontece. Que tal tentar quando chegar em casa?

— Tá bem. Qual música? Como? Por quanto tempo? — pergunta Rosie.

— Qualquer uma! Tenho certeza de que você consegue pensar em uma música, qualquer música, e rodopiar um pouco, ser você mesma, pelo tempo que quiser.

— Tudo bem — diz ela, incerta. — Quando você caiu, ficou constrangida?

— Sim, fiquei, mas sobrevivi. E você também sobreviveu à minha queda. Às vezes, nós caímos e tudo fica um caos. Acho que tenho ficado impaciente com as suas reclamações em função do meu próprio desejo de tornar essas sessões significativas para você. Mas talvez sejam, não do jeito que nós duas esperávamos. É importante que você possa me contar sobre a sua semana, o seu dia.

— Ouvir você dizer isso me faz perceber o quão pequena é a minha vida. Eu quero mais. Fico tão frustrada quando as coisas dão errado.

— Sua frustração é interessante. Acho que sua destrutividade, sua agressão também são parte da sua criatividade.

— Nunca pensei em mim como alguém criativo — afirma Rosie, soando incerta.

CRIATIVIDADE

— Eu já vi sua criatividade. Mas brincar é difícil para você. É como se você não se permitisse. O bloqueio, seu bloqueio vaginal, seu bloqueio emocional, pode ser sobre isso. Há muita produtividade, conformidade, afazeres, a vida para resolver.

— Acho que eu não sei brincar. E você é a primeira pessoa a me dizer que eu talvez seja criativa — diz ela. — Por que acha isso?

— Seus comentários agressivos, seus ataques velados, eles são bastante imaginativos. O comentário que fez sobre meu colar. Meu casaco. Seu uso simbólico da linguagem. Você tem uma mente vívida.

— Isso é novidade para mim. Ouvir isso. Acho que gosto de saber que para você é possível que eu seja aberta. Michael uma vez me disse que estar comigo é como abraçar um porco-espinho. Você não me deixou matá-la com meus espinhos.

— É intrigante o fato de você achar que seus espinhos são mortais. Eles te protegem ao atacar quem tenta se aproximar?

— Sim. Mas estou muito cansada disso. Charlotte, estou começando a perceber que nunca me senti segura para brincar.

— Compreensível — digo. — Crianças precisam de segurança para brincar livremente, e sua infância talvez não tenha te proporcionado isso.

— Não. Eu me sentia nervosa e atenta o tempo inteiro. Tinha que ser assim. Não tinha privacidade alguma. Sempre quis ter meu quarto, minhas próprias coisas, mas tudo era dividido e tomado ou desaparecia. Seja lá para onde eu fosse, quem chegasse ou partisse da nossa casa tinha acesso a minhas roupas, minha cama... meu mundo interior é o único espaço que é meu e somente meu.

— Rosie, estou fascinada pela sua consciência perspicaz e sua vontade de entender a si mesma. É novo. Você está fazendo isso, está fazendo uma vida nova.

— Crianças derrubam prédios com mais entusiasmo do que os constroem — continua ela. — Sempre fiquei impressionada com isso em meus irmãos. A forma como destroem as coisas. E era eu a pessoa a limpar a bagunça. Talvez eu quisesse derrubar algo para brincar também. Isso foi parte da minha sensação de que você caiu por minha causa.

Pergunto como foi para ela.

VOCÊ SABE O QUE REALMENTE DESEJA?

— Eu me senti mal, pensando que, de alguma maneira, eu te derrubei, que você caiu porque eu estava no controle. Queria correr até você e garantir que estava bem. Talvez eu pareça agressiva algumas vezes, mas isso não significa que quero realmente te destruir.

Falamos sobre como ela está tentando criar a criança que nunca pôde ser, ao mesmo tempo que espera se tornar a mãe que não teve. Mas também é intensamente ambivalente sobre ter um filho, uma vez que jamais pôde ser filha.

— Quero brincar. Quero aprender a brincar. É tarde demais, aos vinte e dois anos? Quero conseguir me soltar.

Se soltar diz muito — para nós duas.

Rosie e eu começamos rígidas e cheias de parcimônia — as duas sem querer abrir mão de nada. Achei que eu fosse generosa e dedicada, dando a ela meu tempo e meus pensamentos, e ela acreditava que estivesse fazendo o esforço necessário, mas realmente não tínhamos nos dado a chance de vivenciar algo colaborativo, novo e imaginativo até aquele momento. Estávamos registrando problemas em sistemas de entendimento duros e inflexíveis. Precisávamos de movimentação, flexibilidade, movimento, diversão — criatividade — para sairmos da inércia. Estávamos nos aproximando.

Eu sou a pessoa que ouve sobre seu dia, sua semana, sua vida.

"Quando voltamos para casa e 'contamos sobre o nosso dia', estamos moldando artisticamente um material no formato de história", escreve a filósofa Iris Murdoch. Ela explica como essa é a nossa maneira de "construir formas fora do que pode parecer uma massa de escombros sem sentido". Percebo que como Rosie reporta a história para mim é sua forma de contar sua história de um jeito que jamais pôde para sua mãe bêbada ou seu pai atarefado. Ou seu marido eficiente, que talvez não dê a ela espaço ou demonstre interesse em seu dia. Para Rosie, contar sobre a lavanderia, os talheres desaparecidos, a confusão da entrega, as irritações — isso é uma maneira de narrar sua vida. E ela precisa que eu esteja disponível para ouvir sobre esses detalhes.

Por fim, algo começa a mudar, mas de um jeito que não previ.

Na sessão seguinte, Rosie chega e me conta que fez sexo com seu marido. Ela diz, casualmente, que teve orgasmos múltiplos. Fico duvidosa, mas não falo. Pergunto sobre sua experiência.

— Eu não tive orgasmos múltiplos de verdade, mas estou me sentindo tão entediada e tensa. Sou como um repórter exausto cobrindo notícias idiotas, e quero que isso mude. Então, usei minha imaginação — afirma ela, impassível.

— Como foi na sua imaginação?

— Foi excitante. A verdade é que fizemos sexo, sim. E não foi ótimo, mas aconteceu. E ele ejaculou super-rápido, como sempre. Mas ao mesmo tempo ele conseguiu me penetrar completamente. Então, resolveu o problema.

Ela parece decepcionada.

— Em que você está pensando? — pergunto.

— Posso fazer mais algumas sessões, por favor? Mesmo que eu não precise mais estar aqui… Não faz sentido, mas gosto de descobrir coisas sobre mim.

— Obviamente, continue vindo — digo.

— Sem gozação — conclui ela. E então, começa a rir.

Sentamos juntas, ao som da chuva caindo forte lá fora. É um som apaziguador, sentir-se segura e seca onde estamos, simplesmente duas pessoas juntas em uma sala, confortáveis e disponíveis.

Criar e brincar

Mozart fazia piadas escatológicas em cartas cheias de trocadilhos para seus primos. A seriedade e a brincadeira são aliadas. Podemos nos expressar de formas interessantes e imaginativas. Podemos brincar, inventar. Podemos ser bobos. Seja fazendo rabiscos, construindo algo com nossas mãos, resolvendo um problema no trabalho de alguma forma inesperada, planejando um cardápio, arrumando flores de um jeito específico — podemos sentir prazer na criatividade da nossa rotina. Todo dia, os momentos mais insignificantes são expressões de quem somos. É claro que há muitos aspectos na vida que requerem conformidade e regras a serem seguidas, mas é muito fácil nos sentirmos limitados pelos hábitos já estabelecidos da nossa vida atribulada. É importante ficarmos em contato com nossos instintos criativos, seja lá de que forma eles se manifestem.

Tente ser alguém que produz significado, em vez de simplesmente aceitá--lo. Quando seguimos de forma automática um caminho porque achamos que deveríamos querer determinadas coisas, podemos nos sentir estagnados e bloqueados. A cooperação requer aceitação, mas podemos enxergar propósito em situações onde nos sintamos obrigados ou pressionados, ao priorizarmos o que importa para nós. Maria Luca, ex-professora e psicoterapeuta do meu treinamento, uma vez conversou comigo sobre o trajeto de sua carreira.

— Eu queria ser uma construtora, e virei uma faxineira — disse ela. — Quanto mais alto eu subia na carreira de gerente, mais tempo eu passava só varrendo o chão. Não criando. — Ela saiu de um cargo de autoridade sênior como chefe de uma instituição terapêutica para ser terapeuta e professora, e acadêmica. — Eu não aguentava mais limpar bagunças. É hora de construir. — Ela se permitiu mudar de ideia.

Temos nossa vida para administrar, demandas de trabalho, pressão social. É importante notarmos e comemorarmos o que conquistamos, mas também perceber que produtividade não é o mesmo que criatividade. Esteja disposto a se surpreender e experimentar sair da zona de conforto em tarefas mundanas, seja na forma de se vestir, de fazer uma comida ou de escrever um cartão. Nas palavras da antropóloga cultural Margaret Mead, cuja personalidade forte a tornou uma palestrante lendária: "Cozinhar diariamente o almoço é repetitivo, mas preparar comidas especiais para um banquete é criativo." Nem toda refeição pode ser um banquete, é claro, mas, quando a vida parecer cheia de obrigações e responsabilidades, é importante acrescentar brilho e transformar momentos comuns em ocasiões especiais, sempre que possível. Poucos de nós têm espaço criativo suficiente, a não ser que o reivindiquemos nós mesmos.

Há um aspecto paradoxal na criatividade. Você precisa estar sozinho para criar de determinadas maneiras, mas de outras, reunir-se, envolver-se, juntar-se a outras mentes brilhantes, pode trazer a mágica da sinergia. Portanto, em vez de se isolar, encontre outras mentes brilhantes para trocar. Uma conversa pode ser criativa.

Limitações e limites facilitam a brincadeira e a criação. A fada-madrinha diz à Cinderela que volte antes da meia-noite. Precisamos de limites de tempo para a mágica. Moldar-se e restringir-se pode mascarar e conter, mas opções em excesso, espaço em excesso, tempo em excesso podem sufocar e bloquear e afastar qualquer urgência para se envolver e criar. Estabeleça limites para si, defina até onde você vai — seja fazer uma refeição com poucos ingredientes, escrever uma história com apenas algumas ideias, ou determinar restrição de material ou um limite de tempo para uma tarefa familiar que te desafie a fazer de um jeito novo.

Mesmo quando temos espaço, a vergonha e o medo podem destruir a brincadeira para adultos com muita facilidade. Paramos de dançar porque ficamos constrangidos. Nos sentimos bobos ao jogar algum jogo se acharmos que já passamos da idade. Temos medo de fazer coisas inadequadas ou de cometer erros. É preocupante quando nos expomos, até para nós mesmos. Somos capazes até de nos sentir envergonhados em admitir entusiasmo por algo.

Nossos poderes criativos podem ser desviados para pensamentos e sentimentos reprimidos, saturando nossas fantasias e crenças. A ansiedade catastrófica, por exemplo, costuma ser altamente imaginativa e vívida. O ciúme é imaginativo também; nós nos apegamos a fofocas e construímos cenários em nossas mentes. A expressão criativa pode lançar luz sobre nossas fantasias e nos ajudar a lidar com a realidade. Veja se consegue reparar em algumas das formas que sua mente cria o teatro, para que possa aproveitar a cor do seu mundo interior sem estar à mercê dele.

Rosie não se considerava nem remotamente criativa, mas era. Todos nós somos. Sejam quais forem suas circunstâncias, tente reconstruir qualquer material da sua vida de um jeito criativo. Quando Rosie começou a fazer terapia, ela disse que queria criar uma nova vida — mas, no fim, isso não significava ter um bebê, pelo menos não naquele momento. A vida nova que criou foi a sua própria. Pode haver restrições em sua vida que você não escolheu. Considere formas de transformar o que você sempre vivenciou como obrigação em recursos possíveis. E ao mesmo tempo, pense que algo que você sempre considerou um recurso pode também estar sendo um fardo.

Se for capaz de insistir, pode ter momentos criativos todos os dias, simplesmente observando e sendo curioso. Expresse-se de maneira imperfeita. Mude seu ponto de vista sobre um assunto. Aprenda algo inédito e desapegue-se de algo pessoal. Experimente algo novo.

CAPÍTULO OITO

Pertencimento

No início da minha carreira, tive como paciente, na unidade intensiva, uma mulher que tinha caído de uma sacada em uma festa. Agora, aos 22 anos, ela precisava aceitar que nunca mais andaria. Ela estava aos prantos na cama do hospital.

— Aonde eu vou me encaixar agora? — perguntou para mim, com os olhos assustados. — Nunca mais vou dançar. Nunca mais.

Sua história tomou um lugar dentro de mim. Se meu trabalho me afasta da minha vida pessoal às vezes, é porque eu quero.

O pertencimento tem se tornado um queridinho da mídia, aumentando sua popularidade. Conhecido por promover a retenção e produtividade de funcionários, empresas cultivam o pertencimento, escolas o incentivam e as comunidades o promovem. O desejo de pertencer existe em todas as culturas. O psicólogo social Abraham Maslow colocou o pertencimento na pirâmide de necessidades; somos criaturas sociais e queremos fazer parte de grupos, pelo menos às vezes, seja de amigos, família, colegas de trabalho... A comunidade nos dá apoio, proteção e, muitas vezes, propósito. Somos incentivados pela aprovação e pela aceitação. Mas há certa obscuridade à realidade das pessoas que não pertencem. Promover um senso de pertencimento não resolve a crise do não pertencimento.

Uma relação terapêutica forte nem sempre é suficiente. As pessoas podem se sentir seguras dentro do consultório, mas elas saem dali sozinhas para enfrentar a noite fria. Terminam a sessão online e voltam para o ambiente de ostracismo quando abrem a porta e saem do quarto. Quando as pessoas em terapia expõem o desejo de pertencer, vale a pena explorá-lo. A vontade de pertencer pode ser uma busca por compensação de experiências anteriores de exclusão. Um desejo postergado por pertencimento que não aconteceu por completo na família, na escola, na cultura, na nacionalidade. Às vezes, é a obediência protelada a uma cultura opressora, ou um desejo de se individualizar.

A crise do não pertencimento, ou de não mais sentir o senso de pertencimento, pode trazer as pessoas à terapia, mesmo quando não é abertamente reconhecida ou expressada nos primeiros encontros. É algo lido como um sentimento de alienação.

Precisamos falar mais sobre o não pertencimento. Não pertencer pode ser uma crise, um sentimento catastrófico de solidão e desespero, e é estigmatizado. A popularidade do pertencimento faz com que o grupo dos que não se sentem pertencentes se sinta menor e mais triste, ou pelo menos pode parecer assim. "Eles estão fingindo, alguns deles, que têm esse senso completo de pertencimento, não estão?", uma cliente me perguntou após um retiro de trabalho. Uma possibilidade interessante. Ela se sentiu sufocada pela pressão de pertencer, pela expectativa simplista de que ela gostaria de pertencer ao seu local de trabalho, ou poderia.

"Nunca diga às pessoas a que elas pertencem, nem a que querem pertencer. Não presuma nada", Desa Markovic, uma terapeuta sistêmica animada costumava dizer. "Faça um convite para que te contem." Ela se sentia incomodada quando perguntavam de onde ela era — seu sotaque claramente a marcava como estrangeira, e aquela pergunta sugeria que ela não pertencia àquele lugar.

Eu já romantizei o não pertencimento. O artista solitário, o exílio, o esquisito. Eu via o não pertencimento como algo nobre e original. Não sou nada original em minha admiração ingênua do nobre e espirituoso socialmente deslocado. Não percebi o quão problemática minha romantização do não pertencimento poderia ser até confrontar recentemente minha visão enviesada, e fiquei chocada e constrangida.

PERTENCIMENTO

O assunto do não pertencimento e o desejo de pertencer surgiram de formas surpreendentes na minha experiência recente com Dwight, um homem Negro de quase cinquenta anos. Ele veio até mim ao descobrir que sua mulher, Branca, o havia traído com seu ex-namorado, também Branco.

A melancolia de Dwight

— Estou bem, não posso reclamar — diz Dwight com um sorriso tenso.

Sua voz é bem baixa e profunda, e muitas vezes preciso pedir a ele para falar mais alto. É um homem alto e incrivelmente bonito. Ex-jogador de futebol americano da liga semiprofissional, agora, com quase 50 anos, ele trabalha para uma plataforma internacional online de música como designer de produto. Ele parece crepitar com uma mistura atípica de energia e timidez. Embora já tenha descrito para mim os episódios de infidelidade da sua mulher, parece não se permitir experimentar a força total dos sentimentos durante nossas sessões. Não tenho certeza de onde ele se permite sentir completamente, se é que esse lugar existe. Parece ao mesmo tempo tentado e relutante em mergulhar mais profundamente. É como se me levasse por diferentes caminhos, mas geralmente terminamos na beira de um precipício. Sem ter como seguir adiante. Recuando. Caminho errado.

Ele chama de "melancolia". Seu pai tinha essa melancolia. Dwight se lembra de longos períodos em que o pai mal conseguia sair do quarto. Todo mundo ficava dentro do próprio quarto o máximo possível. Parecia mais afogamento do que melancolia. De toda forma, ele sente orgulho em não sucumbir a isso. Tem a atitude de um espectador nesses momentos. Em parte, a melancolia é de onde ele vem, mas não é para onde está indo, de jeito nenhum. Está em terapia, diz ele, "para continuar positivo".

Durante meses, tenho uma sensação de previsibilidade com Dwight. Estamos caminhando para algo, só que fora da nossa vista. Há algo implacável e indefinível em seus olhos distantes. Ele é reservado e discreto, e nós conversamos sobre isso. Sempre foi assim, mas tem sido ainda mais nos últimos tempos. Contou que nenhum de seus amigos sabe da sua crise no casamento e que ele se isolou socialmente. Jessica, sua mulher, terminou o caso extraconjugal e eles estão tentando consertar e recuperar a relação. Dwight está determinado a se agarrar a uma sensação de esperança. Ele e sua mulher estão fazendo terapia de casal com um colega meu, e Jessica tem um coach. Os dois têm duas meninas pequenas e vão "conseguir atravessar essa crise" — já conseguiram.

— Sairemos disso mais fortes — diz ele, que nunca fez terapia antes dessa crise. Está agradecido e "convertido".

Desde o início do nosso trabalho juntos, Dwight insiste que superou a traição e perdoou a Jessica. Ele acredita em paz e perdão, diz repetidamente, e insiste na positividade. Essa palavra de novo. Às vezes, ele traz poemas sobre perdoar e ver o lado bom da vida, e gosta de ler citações sobre esse assunto. Gratidão parece ser o cerne da sua mentalidade. Não ficar raivoso ou triste é parte da sua filosofia, sua fé, sua determinação em ser diferente do seu pai amargurado.

— Meu pai achava que os sinais estão sempre todos fechados para ele. Tinha uma lista constante na cabeça de infelicidades de uma vida inteira.

De volta à melancolia. Mal-humorado, lamentável, depressivo. O pai de Dwight "não tinha nada bom a dizer sobre de onde veio nem para onde poderia ir". Dwight se identifica muito mais com sua mãe "animada e alegre". Ele define a alegria dela como um girassol virando-se na direção da luz.

Os pais se separaram quando Dwight era adolescente, embora nunca tenham se divorciado legalmente. A dissolução da sua família de origem ainda o magoa. Mas, assim que aborda esse incômodo na nossa sessão, ele rapidamente muda de assunto e volta para o modo da positividade. Todos os sinais abertos para Dwight. Ele e Jessica estão progredindo.

— Somos diferentes — afirma ele. — Sempre fomos. Um do outro, e de onde viemos. Não só porque ela é Branca e de Liverpool, mas nossas personalidades também. Mas esse é o nosso lance, somos *yin* e *yang*. Ela gosta de conversar e de planejar as coisas. É a parte sociável do casal. Eu sou aquele cara quieto e calmo. Ela se chateia com facilidade, e eu não sou muito de ligar para as coisas. Eu a estabilizo. Funciona bem assim. — Dwight segue me explicando. — Nós pertencemos um ao outro. — E então, acrescenta: — Sim, eu me sinto sortudo, e tem muita coisa que está dando certo.

Seu jeito tem uma frieza que não consigo entender completamente. É incrivelmente educado, mas sempre um passo distante de mim em nossas sessões.

Diferenças e distinções uniram Dwight e sua mulher — contanto que ficassem em seus respectivos quadrados. Não há urgência, mas também quero saber o que há de errado sobre a vida dele, não só sobre as coisas boas. Eu realmente adoro ouvir o que está indo bem. Quero saber sobre as coisas boas, não só as ruins. Mas terapeutas são como cães farejadores quando o assunto é vulnerabilidade — caçamos e fuçamos até encontrarmos o que estávamos procurando. Precisamos chegar à dor, pelo menos um pouquinho, para que possamos começar a trabalhar juntos para construir uma vida melhor. Ele fica me enviando alertas sobre uma dor verdadeira, mas ficamos só ao redor dela e voltamos para o início. A tristeza do seu pai parece oceânica, e é como se Dwight lutasse para que sua existência ficasse distante disso. Eu me sinto um cãozinho ansioso, fuçando para descobrir mais.

Dwight é o pacificador com os pais e na família — na família de Jessica também. Normalmente, ele é muito bom em se encaixar em grupos diferentes, diz ele, e sente-se orgulhoso por se dar bem com todo mundo. E consigo mesmo, seja lá o que esteja errado. É um desafio ultrapassar toda essa paz que ele insiste em pregar.

Quando pergunto sobre sua vida sexual com Jessica, ele responde que a conexão dos dois é além do sexo, e quem tem tempo para isso com duas crianças pequenas? Tudo bem, ele diz, isso não é um problema.

— Sempre lidei muito bem com a incerteza — ele acrescenta. Que informação interessante. Não sei ao certo o que fazer com isso, e ele segue para a certeza de ver o lado bom da vida.

O mantra parece se aplicar com consistência: não se agarre à negatividade. É como se eu assistisse a um duelo entre o eu ideal dele, "o lado alegre", e o eu desprezado, "o lado melancólico". Dwight menciona essa parte só para explicar que não quer dar espaço a ela.

Há um clichê na psicoterapia que é bem verdadeiro: aquilo a que resistimos persistirá. Na verdade, melhor ainda: que a coisa que evitamos é *a* coisa. É preciso nomeá-la para dominá-la. Em nossas sessões, eu continuo sentindo certa reticência da parte dele. Do que será que está se distanciando? Quando pergunto, ele geralmente volta para seu desejo de ser positivo na vida.

O lado ensolarado da rua. Será que ele acha que visitar o lado com sombra da rua vai levá-lo a algum ponto perigoso sem retorno possível?

— Não quero ir até lá. Não posso — afirma Dwight, com um sorriso tenso. — Sou introvertido. Conseguir falar com você sobre o que se passa na minha cabeça já é um grande desafio. Não me abro desse jeito com ninguém. Talvez para você não seja muito, mas para mim é.

É um lembrete cruel da minha tendência profissional de achar que minha rotina emocional é estranha e rara aos outros. É somente na supervisão que percebo que Dwight todo dia vai a lugares que me são estrangeiros, e ainda assim reluto em reconhecer. A questão racial!

Converso com uma colega Negra, Dra. Victoria Uwannah, sobre questões raciais, e se vale a pena trazer esse assunto à tona se o cliente não o fez. Admito para ela que ainda não fiz isso. E que não só tenho evitado o assunto, mas que tenho pressionado Dwight para falar sobre sua dor, sua melancolia, suas dificuldades.

Ouço o sorriso na voz de Vicki.

— Pode ser um convite — diz ela. — Você pode lançar esse assunto e ver o que as pessoas fazem com ele.

Pergunto o que ela acha sobre terapeutas e clientes serem da mesma cor, se isso causa algum impacto. Ela responde que a maioria dos seus clientes Negros a procuram por ela ser Negra.

— Acredito que a maioria dos clientes Negros que buscam intencionalmente um terapeuta Branco estão com dificuldade com questões de identidade ou medo de serem julgados por um terapeuta Negro. — Ela reitera que eu deveria abordar o assunto da minha consciência da diferença quando estivermos em uma sessão. Falar abertamente sobre isso pode ajudar um cliente Negro a se sentir visto e validado.

O que fica claro da minha conversa com ela é que era eu que estava fugindo disso, mais do que Dwight.

Pergunto a ele como se sente fazendo terapia com uma mulher Branca.

— O fato de você ser Branca, assim como Jessica, talvez esteja conectado — confessa ele. — Além disso, há mais terapeutas brancas disponíveis. Nem tudo é psicológico. Gostei do seu jeito de trabalhar. Nem tudo tem a ver com etnia.

Ele faz uma pausa, cruza os braços, descruza os braços, olha para mim de um jeito que me faz pensar que está se preparando para dizer algo difícil.

— Eu já te disse que não estou me sentindo muito sexual no momento, e não tenho vontade de fazer sexo faz muito tempo, desde que Jessica me traiu. Mas eu lhe perdoei, e quero transar com ela de novo para demonstrar isso, mas não consigo. Tentamos algumas vezes e não dá certo. Simplesmente não acontece. Como abacate amassado na torrada... Foi nisso que pensei da última vez que tentamos. E isso está fazendo com que eu me sinta... bem, uma merda. Não sei como a terapia pode me ajudar com isso, mas é um sinal de que não pertenço à minha vida, de certa forma.

Conforme diz cada palavra, ele parece tomado por vergonha. Olha para o chão, a cabeça baixa como um garoto admitindo seu fracasso.

Viagra não funcionou, diz ele.

— É como se eu estivesse me afastando da Jessica, mesmo querendo perdoar-lhe. Por que estou fazendo isso? Por que estou recusando? Não entendo.

Falamos sobre como ele pode estar desinvestindo sua libido em algum nível, sem confiar em sua mulher sexualmente, sentindo-se inseguro para estar dentro dela e compartilhar intimidade. É notável que eles não fazem sexo desde que ele descobriu a traição, e apesar de Jessica ter terminado tudo e eles quererem transar, o corpo dele parece não querer.

— Estou protestando, acho — ele supõe. — Mas é difícil dizer o que está realmente acontecendo, sobre o que isso é exatamente.

— Gosto do fato de você estar fazendo essas perguntas. Sua voz de autoridade está se desenvolvendo. Quero que se sinta seguro o suficiente para expressar quaisquer sentimentos que tenha — digo.

— Mas não é seguro em outros lugares — retruca ele. — Simplesmente não consigo. E estou tão acostumado com as pessoas me enxergarem do jeito errado.

Ele olha para as mãos, e agora está imóvel, quase congelado, exceto pelo piscar de olhos. Sinto que tentar fazer contato visual nesse instante pode deixá-lo constrangido. Escolho não chamar atenção para nada em seu corpo.

— Estou curiosa para saber o que significa enxergá-lo do jeito certo e do jeito errado — interrompo.

— Não sei se você entende — responde ele. — Não é culpa sua. As coisas são o que são. Toda essa moda de hoje sobre autenticidade, vulnerabilidade, essas duas palavras tão em voga, elas são uma enganação. Eu não posso ser vulnerável. Não posso ser autêntico. Contei a Jessica sobre alguns problemas financeiros logo antes da traição dela. Tenho certeza de que foi minha vulnerabilidade que ferrou comigo. E minha autenticidade... o que isso ao menos significa? Se sou autenticamente eu mesmo, sou raivoso. E não quero sentir raiva. Não é só que não quero sentir raiva. Não posso me dar ao luxo de sentir raiva. Um homem Negro não pode. E não tenho como explicar isso a você. É simplesmente como as coisas são.

— Você já explicou bastante, e é claro que há muito mais que não dá para explicar. Esse é um dos motivos de ter me escolhido como sua terapeuta, para que você pudesse reforçar sua positividade e lembrar a si mesmo de como se comportar em um mundo Branco?

— Provavelmente. Um terapeuta Negro não estaria nem aí para minha positividade, principalmente depois de ter sido desrespeitado pela minha mulher Branca. Foi isso o que imaginei. Mas você tem sido tão...compreensiva. Talvez seja seu desejo de fazer com que eu me sinta confortável.

Que arrogância pensar que a terapia poderia acalmar Dwight magicamente.

— Você está nomeando o que está acontecendo. Faz isso em mais algum lugar? — pergunto.

— Não. Acho que ser tímido e evitar falar sobre as coisas pode ser um problema. Não me abro no trabalho. Não me abro com a maioria das pessoas, na verdade. E foi o que fiz com a Jessica. Exige muito de mim confrontar as pessoas, e quando chego a esse ponto, normalmente estou magoado demais... Mas minha mágoa fica basicamente trancada aqui dentro.

Uma simples definição de depressão: raiva trancada dentro de si.

Raiva internalizada ocorre ainda mais se emoções negativas e qualquer expressão delas for banida, negada, proibida. Dwight olha para mim com um olhar incerto, como se buscasse minha aprovação.

— Porém estou me expressando aqui — afirma ele.

— Sim, está. Você sente que está me confrontando também? Sente-se magoado, do jeito que acabou de falar que se sente quando se expressa em outros lugares?

— Eu me sinto magoado, sim. Mas não acho que seja por você. Mas pela sua gente. E estou preocupado em soar ofensivo.

— Permita-se falar livremente — peço. — Eu aguento.

— Isso é novo para mim, tudo isso. Nunca disse essas coisas para ninguém. De novo a coisa de ser introvertido… eu processo tudo do meu jeito, sozinho.

— Imagino se você se sente inseguro em dividir com pessoas que talvez usem suas conclusões contra você mesmo.

— Sim, em parte, sim. Mas é difícil falar se não sei o que penso e o que sinto naquele momento. O que quero dizer é que, mesmo quando sei, não posso demonstrar meu verdadeiro eu. Simplesmente não é seguro ser autêntico, admitir o que está acontecendo de fato. Sou um homem Negro. Sou constantemente mal interpretado. Por mais tranquilo e prestativo que pareça, estou sempre a dois segundos de ser visto de maneira errada pelas pessoas. Isso é uma realidade. O mundo real é muito perigoso.

Claro, ele está certo. E eu sou estranhamente excluída. Não faço parte do mundo dele, mesmo que tente. E minha empatia e curiosidade e atenção não me tornam efetiva. Eu me sinto impotente. Isso acontece na terapia quando percebemos os limites do nosso ponto de vista. A experiência de mundo dele é profundamente desafiadora, de tal forma que minha empatia não consegue resolver.

Evitei tanto minha própria melancolia sobre a diferença e o pertencimento e o estado do mundo, tentei me identificar com Dwight, ver as semelhanças, ignorar os oceanos entre nós.

Dwight está constantemente provando o que não é e o que pode ser. E eu estou constantemente provando que estou com ele, ao seu lado, quando provavelmente não estou. O mundo não permite que ele se expresse completamente. E eu me sinto desesperada para dar a ele uma sensação de segurança para que possa se expressar livremente aqui. Não posso obrigá-lo. Meu excesso de respeitabilidade é mais do que tentar demais soar correta — na verdade, é alienador.

Se peço para que ele se liberte da censura aqui, preciso fazer o mesmo.

— Dwight, estou forçando a barra, querendo fazer com que você se sinta confortável comigo. Você se preocupa em não ser compreendido, e aqui estou eu te interpretando errado, dizendo que te entendo. Fico querendo que você sinta algum tipo de pertencimento aqui. Vamos tentar o caminho inverso: você não pertence a esse lugar. Eu não pertenço a esse lugar com você. Nós não somos iguais, nem somos da mesma cultura. Mas ambos queremos pertencer, não só no geral, mas aqui, no nosso trabalho juntos.

— Quero dizer isso, só para desabafar: eu não pertenço aqui. Trabalhando com você. Não pertenço ao lado de Jessica. E sim, nada dessa porra pertence. Nada!

— Como se sente ao dizer isso? — pergunto.

— Bem! E com medo. Me impedi de me permitir ficar assustado. Sim. Nós não somos iguais. Não precisamos ser. Mas isso é parte da nossa química… nós abraçamos nossas diferenças… Mas, caramba, eu sinto saudade da forma que nos conectamos no início. Como ímãs se encaixando, nós confiamos no amor e deixamos que ele nos guiasse… E eu lembro tão claramente, aquele sentimento, a primeira vez que fui a um jantar na casa da família da Jessica, depois de descobrir da traição. Eu me senti traído por todos eles. Era como se fosse: "*É, eu não faço parte disso aqui de verdade. Esses escrotos não são minha gente. Não sou mais um deles.*" E talvez nunca tenha sido. Eu ainda a odeio um pouco por isso.

Na semana seguinte, ele diz que não pertence completamente ao povo Branco, mas que também não pertence ao povo Negro.

— Tenho duas filhas com uma mulher Branca. Abandonei meu povo, seja lá quem forem, ou fossem. Sabe aquilo que eu falo da melancolia, de não querer ficar nesse estado? — pergunta ele.

— Sim.

— Fiquei assim com a Jessica, e foi por isso que ela me traiu. Não posso provar, mas sinto. E estou com raiva. Jessica me implorou durante anos para que eu demonstrasse minha vulnerabilidade. "Seja vulnerável", eram as palavras exatas dela. Ela me disse isso muitas vezes. Queria que eu me abrisse, me aproximasse, dividisse minhas feridas com ela. E quando eu finalmente fiz isso, ela não gostou. Lembro-me de onde estávamos sentados. Era uma noite de domingo, e as meninas estavam dormindo. Estávamos na sala, lendo o jornal. Ela abaixou o jornal e me pediu para parar de ler. "Vamos conversar!", ela pediu. Está sempre falando isso. Perguntou como eu estava, e em vez de dizer que estava bem, eu mostrei a ela minha vulnerabilidade sobre dinheiro, e ela pirou. Não admitiu, mas eu podia ver. E se afastou de mim, talvez não naquele instante exato, mas percebo que foi ali que as coisas começaram a dar errado entre nós. Talvez você me diga que não, e ela não admita, mas as mulheres acham que querem que os homens demonstrem vulnerabilidade, e quando o fazemos, elas odeiam. Acredite.

As palavras dele ficam na minha cabeça, e eu não consigo processá-las totalmente na sua presença. Digo isso a ele. Acho que eu também posso ser introvertida! Introversão ou eu tentando me safar da situação?

Na sessão seguinte, falo um pouco sobre essa questão com ele.

— Você está certo sobre a vulnerabilidade ser complicada. Estamos repletos de mensagens controversas. Você não é o único homem a me contar que as mulheres acham que querem ouvir sobre vulnerabilidade, mas na verdade reagem muito mal quando os homens a demonstram. Jessica talvez tenha achado que queria que você mostrasse sua vulnerabilidade a ela, mas suas preocupações com dinheiro podem ter despertado ansiedades e inseguranças nela.

— Entendo o que está dizendo. O contexto. Ah, cara. Às vezes, o que sinto falta não é nem da nossa proximidade. É de acreditar que poderíamos ser próximos... Eu realmente acreditava em nós dois. Nós pertencíamos um ao outro. E mesmo as coisas difíceis pareciam possíveis. E agora, parecem impossíveis.

— Isso deve ser muito difícil — digo.

— Sim. Time Jéssica e Dwight. A traição dela com um ex-namorado Branco. Não achava que isso era parte da história, mas talvez seja. Merda.

Sentamos juntos, em silêncio. De repente, seu rosto parece desmontar de um jeito quase desequilibrado. Seus olhos parecem atormentados e suas sobrancelhas estão unidas de um jeito angustiado que eu nunca tinha visto Dwight se permitir sentir nas nossas sessões até então. É a cara da dor. É um alívio, apesar de muito difícil. Estamos juntos, e cheios de diferenças e partes solitárias de cada um, mas tão juntos. Há algo generoso na vontade dele em confiar em mim o suficiente para me permitir vê-lo assim.

— Me sinto sozinho. Quero pertencer a um time de novo. Mas não tenho certeza se conseguirei, nem se pertenci por inteiro algum dia. Estou questionando tanta coisa. Por que queremos tanto pertencer? O pertencimento é sobre o quê, exatamente?

— Acho que é sobre o desejo de se sentir em paz e reconhecido — respondi. Estou descobrindo também. — É mais do que simplesmente se dar bem com as pessoas. É sobre aceitação e apoio.

— Sim, mas com um indivíduo? Um grupo? Quem é sua tribo? — Ele inclina a cabeça e me lança um olhar de lado.

— Podemos continuar focados em você? — pergunto.

— Onde você se sente em casa? — questiona ele. — Por favor. E obrigado. Me ajuda se você estiver disposta a compartilhar. — Sua voz soa impecavelmente educada.

— Eu me sinto em casa em todos os lugares e em nenhum lugar, de certa forma. Isso é parte de mim. Eu me reconheço em diferentes culturas, mas nunca inteiramente — explico.

Fico confortável até certo ponto, mas nunca completamente: modalidades de psicoterapia, mães, grupos de amigos, culturas, escolas, famílias, seja lá o que for, há aspectos dos grupos com os quais eu me identifico, mas é inevitável que me sinta excluída de algumas características da maioria dos grupos e sistemas.

— Como você lida com isso? Com essa parte que não pertence completamente? — ele me pergunta.

Eu tento reconhecer isso. Pode até ser algo para celebrar. Não me isolo por não pertencer nem me forço a fingir que pertenço quando não é o caso.

Será que qualquer um se sente total e completamente em casa em um único lugar? Talvez, mas não a maioria das pessoas que conheço. Temos momentos felizes quando sentimos que pertencemos inteiramente, mas isso costuma ser momentâneo. O melhor que podemos fazer é aceitar que pertencemos e não pertencemos, em parte, a múltiplos lugares. Mas o que quer dizer com ter sorte?, pergunto.

— Você se sentir excluída é um privilégio maior do que eu sentir que não pertenço. Quando atravesso a rua à noite, ouço o som das pessoas trancando as portas do carro conforme me aproximo. É diferente.

— Sim, claro que é.

Dwight se ajeita na poltrona, parecendo confortável e aconchegado.

— Olho para você e presumo que você pertence. Você pertence a essa cadeira em que está sentada. Pertence à sua profissão. Imagino que pertença completamente à sua família, aos grupos de mães, aos grupos de terapeutas, porra, até aos grupos de WhatsApp. Portanto, saber que uma parte de você não se sente completamente à vontade em nenhum desses grupos... eu meio que gosto disso. Muito.

— Fico feliz — respondo, e nós sorrimos. — Realmente acho que pertenço a essa cadeira. A trabalhar com você. Mas agora também percebo todas as formas que habitamos mundos diferentes fora desse espaço. Não gosto da ideia, mas estou começando a entender.

— Sou um intruso na minha própria casa agora. Eu sentia que podia ser eu mesmo com a Jessica, deitado na cama à noite. E agora estamos tão distantes. Sozinhos. Mais solitários do que se estivéssemos separados de fato.

— Fale sobre a solidão e sobre sentir-se distante dela — peço.

— Ela está simplesmente em outro planeta. Nós não olhamos mais um para o outro. É como se ela fosse o inimigo.

— Você se sentiu traído por ela. Ela se tornou a vilã da sua história, ao mesmo tempo que você continuamente insistiu que lhe tinha perdoado.

— Mas eu *superei* isso.

— Superou mesmo? Entendo que é isso o que você quer. E se quer perdoar-lhe, se quer deixar isso para trás, você pode. Mas isso leva tempo — explico. — Acho que você quer. Talvez você esteja pronto para parar de puni-la e de se punir. Esse protesto está te exaurindo.

— É verdade. Não é de estranhar que eu não ande interessado em protestos raciais. Estou protestando na minha própria vida. Porra, a Jessica me traiu. Com um cara Branco. E eu ainda não superei completamente. Talvez eu ainda não lhe tenha perdoado.

— Dwight. Nunca ouvi você dizer o que finalmente se permitiu dizer: que você ainda não superou essa traição, e que ainda não lhe perdoou. Parabéns.

— Por que "parabéns"? Isso não é óbvio?

— Nem um pouco. Você disse constante e persistentemente que havia superado e que lhe tinha perdoado. Um dos maiores passos para recuperação é admitir que não se está bem, ainda não. Você pode perdoar-lhe. Mas primeiro precisa se permitir estar onde está. E é nesse sentimento que você está agora.

— Eu gosto disso. Tentei ser positivo como minha mãe. Sem reclamações. Sem penitências. Quando eu era jogador de futebol, ter uma atitude positiva me ajudou muito. E em outras situações também. Mas não quando se trata de descobrir que a sua esposa te traiu com o ex-namorado. Um pouco de tristeza é permitido. E depois, recuperação.

— É isso. Tudo o que você acabou de dizer.

— Acho que escolhi uma terapeuta mulher e Branca para que eu pudesse ter um acesso especial ao mundo dela. Achei que você iria me convidar a entender como ela vive no mundo. Não queria uma perspectiva Negra sobre ela.

— Isso é bem interessante. Você acha que Jessica e eu temos o mesmo ponto de vista? — pergunto.

— Não exatamente. Agora, pensando nisso, você é mais gentil comigo do que ela, é claro, mas ela é minha esposa. E sua gentileza nem sempre é tão útil.

— Me diga em que não sou útil. Preciso saber.

— Ser gentil demais é um insulto. É como se você achasse que eu não tenho capacidade nem força para tolerar ser desafiado. Só recentemente você começou a ser mais exigente. Isso faz com que eu me sinta mais seguro aqui, como se eu realmente pertencesse a esse lugar, fazendo esse trabalho com você.

— Vou continuar sendo exigente, então — afirmo. — Meu desespero em te deixar à vontade... entendo totalmente o que quer dizer. Estou feliz por termos vivido um rompimento e uma reparação. Eu ainda me ouço tentando demais, buscando o sucesso, mesmo quando discutimos meus fracassos terapêuticos. Mas parecemos estar caminhando.

— Estamos mais fortes. Gosto disso também. Quando assunto é pertencimento, eu me dei conta disso. Sempre achei que Jessica pertencia a todos os lugares: ao clube de meninas Brancas, à classe média inglesa. À educação privada. À Soho House. Ao mundo da moda do qual faz parte. Nossa filha de sete anos perguntou o que significa "privado". O que significa "privado"! Você acredita? Que pergunta! Uma das suas amigas da escola falou sobre um condomínio privado em algum feriado, e ela queria saber o que significava. Explicar a diferença entre público e privado é difícil. Mas é uma boa pergunta. É muito fodido como nos agrupamos e nos agarramos ao status de maneira desesperada. — Dwight faz uma pausa para recuperar o fôlego.

Olhamos um para o outro e fazemos uma pausa. Há mais a dizer, mas sentamos juntos em um silêncio confortável, sem precisar dizer absolutamente nada mais naquele instante.

A que lugar você pertence?

Nunca diga às pessoas onde elas pertencem. Na minha romantização sobre o não pertencimento, não percebi o medo de Dwight. Vi sua relutância, vi que evitava a dor e a tristeza, mas não percebi o terror. A melancolia era um eco assustador da infância dele — quando era desamparado, vulnerável e dependente, e a tristeza do seu pai quase carregou todo mundo junto. Dwight tinha pânico de cair nesse abismo. Ou de recriar o papel do pai e se tornar o cara que jurou que jamais seria. Olhar a melancolia por um novo prisma desconstruiu o medo de que o lugar de onde vinha determinaria seu destino.

Minha abordagem em relação ao pertencimento com Dwight, no início, era totalmente idealista. Tinha uma ideia perfeccionista de fazê-lo se sentir melhor. Quando ele disse que queria permanecer positivo, achei que precisava visitar sua dor, mas eu mesma não visitei meu próprio desconforto. Por todos os horrores e injustiças que existem no mundo lá fora, dentro do meu consultório eu prezo pelo respeito, pela autopercepção, pela segurança. Quero que as pessoas se sintam confortáveis, que sintam que esse espaço é delas, que podem se sentir em casa. Mas simplesmente não funciona assim. O mundo invade o consultório. E nós saímos do consultório e levamos a terapia para o mundo também.

Admitir que não entendemos, buscar nossas próprias posições equivocadas, reconhecer os limites do nosso repertório, tudo isso nos ajuda a pertencer a nós mesmos. Fingir que entendemos experiências sobre diferenças quando, na verdade, não as experimentamos, obstrui a segurança emocional numa relação terapêutica. Admitir que não fazemos ideia e que gostaríamos de descobrir é um ponto de partida muito mais útil. Podemos continuar nos comprometendo com relacionamentos e culturas onde não pertencemos totalmente, mas é importante ter essa clareza.

VOCÊ SABE O QUE REALMENTE DESEJA?

Sistemas e culturas são falhos de muitas maneiras. Nem sempre podemos controlar como somos definidos, estereotipados ou retratados, e há injustiças e desigualdades profundas na vida. James Baldwin fez esse comentário fascinante em 1971, em uma entrevista com a antropóloga Margaret Mead: "É preciso dizer ao mundo como devemos ser tratados. Se o mundo determinar como seremos tratados, estamos ferrados." Estamos com certeza ferrados. Somos excluídos, estereotipados, associados a grupos aos quais não pertencemos. Perguntei ao psicólogo Frank Tallis como ele se sente sobre o não pertencimento: "Não pertencer tem suas vantagens." Existem razões evolutivas óbvias pelas quais buscamos pertencer a grupos, mas o desenvolvimento também requer o desconforto de não nos enquadrarmos. "Se você for muito rígido sobre permanecer no grupo ao qual já pertence, é provável que se sinta seguro, mas não vai muito longe."

Algumas vezes, pode ser que você se sinta alienado e desconfortável — com seu próprio senso de individualidade e com as pessoas ao seu redor —, mas, se conseguir sentir-se confortável com quem você é, você pode experimentar não só o não pertencimento de maneira mais tranquila, como também algum tipo de satisfação em alguns momentos. Tudo é uma questão de se sentir confortável com a pessoa que você é, mesmo em momentos em que você talvez se sinta esquisito, desastrado e deslocado — principalmente neles! Pense em tudo o que envolve sua existência. Seja paciente. Encaixar-se muitas vezes vai contra o pertencimento. É sobre apresentação, performance e até falta de sinceridade. O pertencimento é genuíno.

CAPÍTULO NOVE

Vitória?

O desejo de vencer pode ser astuto e contraditório. Vencer nos motiva a aprender e crescer, mas de maneiras subversivas também nos torna crianças novamente. Mesmo sem nossa consciência plena, muitas relações têm uma camada de rivalidade.

O psicólogo Alfred Adler perguntou a Sigmund Freud: "Você acha que é um grande prazer, para mim, viver à sua sombra por toda a minha vida?" Originalmente colegas, Adler e Freud tornaram-se arqui-inimigos. Adler carregava um cartão-postal desgastado que Freud havia enviado a ele anos antes, que sacava como prova caso alguém duvidasse de que Freud *o* convidara para conhecê-lo, e não ao contrário, como Freud contava.

Os dois aparentemente sentiam-se ameaçados um pelo outro, e durante anos trocaram comentários sarcásticos e maldosos.

Ainda rancoroso, mesmo após a morte de Adler, Freud escreveu para um amigo: "Não entendo sua simpatia por Adler… O mundo realmente o recompensou muito por seu serviço em contradizer a psicanálise." Um ponto final triunfante na rivalidade incansável dos dois. Algum dos dois venceu a batalha? Ambos soam diminuídos em seu enfático senso de ameaça e nas tentativas constantes de depreciar e destronar um ao outro. O comportamento mesquinho deles é impressionante, já que foi Adler quem cunhou os termos "complexo de inferioridade" e "complexo de superioridade". Adler acreditava que começamos a vida nos sentindo inferiores, e passamos nossa vida inteira tentando provar nossa superioridade. Que irônico que nem Adler, nem Freud pareciam ter percepção ou imparcialidade sobre seus anos de rivalidade.

A terapia dificilmente é um espaço para competições diretas. Mas é um espaço brilhante para examinar os jogos obscuros dos quais participamos. Desejos secretos de vencer invadem nossas conversas. Temos dificuldade para comemorar a ascensão profissional de um amigo, explicamos de forma elaborada como não sentimos inveja alguma de um colega, nossos julgamentos disparatados de um irmão soam demais como um protesto. Sentimos a falsa modéstia no ar e percebemos tons de constrangimento na forma como imaginamos que outras pessoas nos veem. Pensamos sobre o que nossas rivalidades *realmente* são.

Competições oficiais são provavelmente as melhores oportunidades para se tentar vencer. Com concursos e torneios explícitos, entendemos as regras, o placar é visível, há juízes e árbitros, e por mais volátil e conflituoso que o jogo seja, há uma linha de chegada definida ou uma pontuação mais alta. Ganhar ou perder é claro.

Mas as linhas são turvas nos jogos entre pessoas. Desde a infância, nós sentimos a necessidade de nos provar. O que é triste é que normalmente fazemos isso demonstrando superioridade sobre alguém. De tantas maneiras, perguntamos: quem é melhor? Quem é maior? Quem tem mais? Espelho, espelho meu. Nosso desejo de vencer é racionalmente entrelaçado. "Ela vai arrasar corações!" é uma frase dita com frequência sobre crianças bonitas. Pense no que ela sugere: que as pessoas irão sofrer devido à personalidade ou aparência "vencedora" da criança. Podemos vencer sem que outros precisem perder? No encalço da necessidade compulsiva por vencer está a ameaça urgente de inadequação.

Nosso desejo de vencer é uma das formas com as quais lidamos com a inadequação e com a escassez. Pode ser uma resposta a doses limitadas de amor parental, dinheiro, oportunidades. Mas, mesmo quando temos igualdade, podemos sentir a ameaça de rivalidade que perturba nosso senso de equilíbrio, segurança e abundância. Há uma ideia de que não há suficiente para todos. Na busca por segurança e garantia, gastamos energia tentando derrubar nossos oponentes.

VITÓRIA?

O papel que exercemos nos leva a dinâmicas de conversa constrangedoras, e se não prestarmos atenção direta à competição que se desenrola no momento, podemos nos emaranhar em jogos sobre quem é melhor. Os termos e condições normalmente não são ditos e são mutáveis. Competições angustiantes entre pessoas não têm regras determinadas, nem fim. Jogos estranhos de melhor e pior podem ser arremessados contra qualquer um, e é chocante vê-los acontecer com algumas pessoas e não com outras. **Compersão** com uma pessoa, competição com a outra: formas de rivalidade de maneiras surpreendentes.

Nós competimos com nós mesmos também — a competição entre a vida que de fato vivemos e a nossa vida fantasiosa de possibilidades imaginadas. Se a nossa vida não vivida é um show de horrores ou uma utopia repleta de glória triunfante, ajuda se estivermos atentos a quem somos. É quando não estamos cientes dos nossos truques que tendemos a agir de má-fé.

Podemos ser levados a pensar que precisamos nos provar, não importa o quão baixos sejam os riscos, e isso pode perdurar por décadas. Somos inconsistentes sobre o que queremos realmente dos nossos rivais, e muitas vezes competimos com fantasmas do passado ou com o que quer que esteja disponível. O desespero para provar superioridade pode sufocar nossa perspectiva e nosso senso de individualidade.

Por mais irracional que seja, é comum que queiramos estar sempre atualizados sobre um rival. Pode ser por afeto ou nostalgia pela história, o sistema obscuro que cultivamos durante anos para nos posicionarmos. Soa errado, e normalmente é, e isso é parte do que nos impede de admitir completamente a disputa (mesmo na terapia é difícil), mas rivalidades carregam uma sabedoria secreta de como definimos e entendemos nós mesmos. Provavelmente a gente se perde nelas também, trocando nossa integridade por pequenas vitórias mesquinhas. Com rivalidades da nossa juventude, passamos por muita coisa juntos, se você ignorar os olhares tortos. Ver uma rivalidade sob nova perspectiva, e nos atualizarmos, pode ser vitorioso.

Quando as relações se tornam zonas de combate hostis, a ameaça de destruição mútua aumenta. Casais podem buscar segurança, mas a destroem em sua luta por superioridade. *Eu estou certo e você está errado* torna-se a força motora. A cooperação é dominada pela competição. Às vezes, há competições eternas por quem é pior, uma aposta perigosa do melhor perdedor. Quem faz mais tarefas, quem trabalha mais, quem tem o maior fardo, quem tem menos tempo livre, quem sofre mais? Muito frequentemente, quando há uma rivalidade antagônica em uma relação, há uma sensação dolorosa de privação e de desejo não realizado. Mas, em vez de reconhecer as vontades verdadeiras, o *modus operandi* é o ataque.

Conheça Gabriel e Samantha, um casal de trinta e poucos anos. Estão aqui porque não conseguem parar de discutir. Os dois alegam que é o outro que começa. Seja lá o que for que começa. *Eu te disse* é outra frase dita com frequência. Eles usam a briga de recreio com uma seriedade mortal. E ambos acusam o outro de estar errado — em coisas grandiosas e detalhes bobos. São totalmente conscientes do que é decepcionante e problemático no outro, e embora se amem, raramente são amáveis no momento. Eles se agridem em vez de se acariciarem quando conversam.

Os argumentos são ditos abertamente, mas as notas de rivalidade se perdem no som e na fúria. Pergunto como eles fazem as pazes e resolvem suas discussões. Isso não acontece. Eles se atacam, brigam e gritam. E deixam o caos e a mágoa para trás.

Costumavam consertar as rachaduras com gestos elaborados de afeto.

— Nós nos reconectávamos genuinamente, e era algo eufórico — diz Samantha.

Mas agora estão contrariados e teimosos demais para fazer atos generosos. Estão tentando ensinar uma lição um ao outro. E ambos se recusam a cooperar ou aprender. Até o momento em que começamos o processo terapêutico, suas brigas são crônicas; os rompimentos não são cuidados; e as críticas não são ouvidas. É uma indiferença hostil. Estão presos em um jogo de nunca ceder.

O caminho de maior resistência: Gabriel e Samantha

Fico ansiosa quando encaro os dois no consultório. Sou sugada para o meio do tiroteio intenso entre eles. Há um senso de urgência naquela corrida para chegar a lugar nenhum. Gabriel tem um jeito agitado de falar. Tem uma barba curta preta e um rosto vívido e sério. Olho para a beleza de Samantha, seu olhar atormentado, e imagino como ela é quando está sorrindo. Nenhum dos dois tem nenhum plano ou propósito além de criticar o outro.

Estão juntos há oito anos, e ambos estão determinados a fazer o relacionamento dar certo. Moram em East London, em um apartamento pequeno que compraram no ano anterior. Os pais de Gabriel se separaram quando ele tinha 5 anos e ele foi basicamente criado pela avó. De família romena, mudou-se para o Reino Unido para fazer faculdade e é engenheiro biomédico. Samantha é britânica, foi criada em Londres, e seus pais se separaram quando ela estava com 8 anos. Trabalha com marketing em uma pequena agência de mídia.

A história dos dois começou com coragem e individuação. Determinados a não seguirem os passos dos pais, Gabriel e Samantha formaram juntos uma pequena família de dois. Acham que não querem filhos. Não sentem necessidade de se casar e pensam que isso não é garantia de compromisso. Os dois fazem descrições e caracterizações com confiança.

— Ah, muito importante, temos dois gatos esnobes — diz Gabriel. Samantha ri e concorda.

O apartamento era para ser um marco empolgante da idade adulta, sucesso e autoexpressão. Mas tem diversos problemas, e essa responsabilidade gigantesca tornou-se um fardo para eles.

Nenhum dos dois é minimamente empolgado com o trabalho. Mesmo fazendo uma referência passageira a isso, a expressão de Samantha se fecha e ela emana mal-estar. Gabriel está completamente frustrado na empresa onde trabalha e parou de se importar. Os dois parecem resignados a permanecer onde estão somente porque não sabem o que mais poderiam fazer e precisam do dinheiro.

Pergunto sobre os interesses deles, o que gostam de fazer juntos e separados. Samantha gosta de ir a mercados de flores. Gabriel gosta de andar de bicicleta. Mas não tem ido pedalar, e ela parou de frequentar os mercados. É como se não estivessem participando completamente das próprias vidas; estão simplesmente sobrevivendo.

Falo sobre diversão.

— Estamos sempre ocupados demais brigando — responde Samantha, revirando os olhos. — Não nos divertimos muito.

VOCÊ SABE O QUE REALMENTE DESEJA?

Gabriel chama a atenção dela por ser tão negativa. Eles se divertem. A vida não é tão ruim assim. Ele não quer que eu interprete mal a situação. Ela tem uma expressão cansada e triste, diz ele. Isso entristece.

"Férias" é a ideia de diversão deles, e dizem em uníssono. Eles vivem para tirar férias. Trabalham para tirar férias. Mas a vida normal, nem tanto. Essa é a história de muita gente.

O que é extraordinário, mas também assustadoramente familiar, é como eles são ressentidos um com o outro pela vida não ser um grande período de férias glorioso. Como se eles depositassem no outro a responsabilidade pelos fatos da vida. Um culpa o outro por não consertar seja lá o que esteja errado, e também por privarem-se de algum tipo de utopia.

Pergunto como é a visão de utopia deles — férias eternas? O que surge de resposta é uma crítica nociva ao outro. Gabriel gostaria que Samantha fosse mais magra. Samantha gostaria que Gabriel tivesse um salário mais alto. As críticas tornam-se explicações do porquê a vida deles não é como deveria ser. Eu me retraio enquanto testemunho o tiroteio entre os dois e tento pensar nos desejos ocultos nele. Eles não querem destruir um ao outro de verdade, e, no mínimo, parecem dispostos a manter o outro engajado e ativo, para que a briga continue. Parecem viciados em menosprezar um ao outro, diminuir o valor do outro, em algum tipo de luta para provar a superioridade. Não quero entrar nos mínimos detalhes das discussões. Geralmente são distrações e se tornam debates ferrenhos sobre quem está certo e quem é melhor.

Eles pegam qualquer argumento para se agredirem verbalmente. Estão muito mais cientes do que há de errado na vida que levam juntos do que como seria exatamente a que almejam. As críticas capciosas de Samantha são absurdamente específicas. Ela discorre em detalhes os erros que Gabriel comete ao lavar roupa, como se eu fosse a polícia da lavanderia investigando um crime.

— Não aguento mais lidar com isso — diz ela. Parece horrorizada ao descrever os fracassos dele, e muda de um estado de irritação para um estado de indignação fulminante.

Gabriel parece magoado. Ele recua, literalmente afastando-se alguns centímetros dela. O intelecto aguçado deles não ajuda a comunicação a fluir de forma efetiva. Eles usam expressões duras e se insultam com uma articulação mordaz.

VITÓRIA?

Gabriel viaja nas nuvens das suas críticas. Ideais de romance vagos e elevados vão de encontro à decepção severa da vida real. Samantha deveria ter determinada aparência e agir de certa maneira. Respeitosa, bonita, divertida. É uma noção de feminilidade extremamente antiquada, e eu me seguro para não reagir, mas também não quero conspirar contra ele. Ao falar sobre isso na supervisão, percebo que se ele é antiquado em suas decepções terríveis com Samantha, sua noção de masculinidade deve estar profundamente ferida. E sim, há algo sobre seu senso de individualidade machucado, ao sentir-se menor, que o leva a enfrentá-la e refutá-la.

Ele acaba com ela quando falam sobre política. Chama a atenção dela por entender um fato errado e saca o telefone para confirmar rapidamente. Ele declara que está certo e ela está errada.

— Vocês dois estão errados — digo. — Tentar ganhar pontos por esperteza não parece valer a pena.

Samantha pergunta o que quero dizer com isso.

— Algumas das falas infantis que disseram no início das nossas sessões: *você começou* e *eu te disse*. Acho que essas falas reverberam nas discussões de vocês. São como irmãos implicantes desdizendo o outro. São totalmente absorvidos pela ânsia de enfrentar e derrotar o outro, e acho que em vez de se dedicarem a essa **vitória pírrica**, precisamos esclarecer a direção da viagem, ou seja, o objetivo do nosso trabalho juntos e da relação de vocês.

Falamos sobre as vitórias pírricas — batalhas bem-sucedidas, mas com prejuízo demais e ambos os lados prejudicados. Se eles se destruírem com tantos insultos, o que restará da relação?

O relacionamento deles é meu foco, mais do que confirmar quem é o vencedor. Quando digo isso, Gabriel responde:

— Achei que eu estivesse ganhando na terapia.

Nós rimos, mas suspeito que ele estivesse falando sério.

Volto a me concentrar no que eles querem da relação e no que os dois considerariam um sucesso. Os dois respondem com críticas um ao outro e nenhuma ideia sobre o que poderiam fazer para contribuir para o relacionamento. São inexperientes quando se trata de conciliação e especialistas em colocar o outro para baixo.

— Especialistas em colocar o outro para baixo. Caramba, Charlotte! — exclama Samantha.

— Caramba para mim? Ou para vocês dois? São vocês que estão se ferindo mutuamente.

— Cruel — comenta Gabriel.

— Sim — retruco. — Há muita crueldade nessa sala. E vocês vieram aqui em busca de ajuda, portanto espero que a gente consiga encontrar um caminho.

Talvez eu precise ser a vilã de vez em quando, para reconectar as pessoas dando a elas um alvo em comum. Mas ser o novo objeto de desprezo também não é uma solução a longo prazo. Esse casal precisa encontrar um novo caminho.

Relacionamentos normalmente precisam de A Nossa História. Qual é a história deles? Conciliação não é sacrifício, e ambos precisam se apegar a um senso de individualidade, ou quem sabe desenvolver e revisar esse senso, enquanto permitem a influência do outro.

— Nossa história é sobre sermos melhores amigos — responde Samantha, na semana seguinte.

Gabriel concorda:

— Estávamos do mesmo lado. Éramos nós dois contra o mundo, de um jeito positivo. E nos viramos um contra o outro.

Gabriel acha que deveria ter escolhido uma parceira "melhor". Alguém mais atraente, mais organizada, mais gentil. Alguém que fosse mais amável com ele. Ele suspira com o ideal que imagina. Seu desejo é nostálgico. Ele pensa nos invernos gelados na Romênia, quando precisava estudar muito para o vestibular, e nas tortas de chocolate *amandine* da sua avó. Sente falta do sonho que tinha de como sua vida seria. Uma mulher linda e carinhosa era o objetivo e o centro da maior parte do que acreditava e desejava. Sua fantasia de amor é tão íntima em sua mente, em seu repertório de memórias, que ele acha que seus ideais são reais, ou deveriam ser. Gabriel acha que sua fantasia de amor e casamento deveria se tornar realidade.

— Sinto orgulho dos meus padrões — diz ele para mim.

Mas, ao ouvir seus próprios pensamentos saírem de sua boca, ele também fica impressionado com suas expectativas, não só sobre Samantha, mas sobre si mesmo. Os dois desejam que o outro seja do jeito que fora um dia no passado. Não só querem, como exigem isso, como se fosse óbvio que isso tivesse que acontecer. Mas os dois também estão entediados com o quão pouco mudaram. O que é progresso? Suas brigas parecem movimento, mas são circulares, e não lineares.

— Não use contra mim o que estou prestes a dizer, Samantha... Acho que estou com medo. Estou preocupado em ser totalmente comum. E brigar com você é exaustivo, mas também é a única coisa com a qual me importo de verdade.

Um ponto de virada sensível. Eu sugiro gentilmente:

— Podemos transformar o duelo de vocês em um dueto?

Essa frase permanece na minha cabeça a semana toda. Transformar um duelo em um dueto é um conceito com que podemos trabalhar. Uma única letra faz toda diferença. A essa altura do nosso trabalho, os dois ingredientes essenciais são encorajamento e clareza. Pensamos o que um dueto pode significar.

— Em qualquer tipo de dueto, cada pessoa canta em um tom diferente, mas está ciente do tom do outro, e se acomoda a ele — afirma Samantha.

Eles faziam isso no início do relacionamento, aprendiam sobre a cultura e a criação de cada um, e queriam que o outro prosperasse na vida. Algo ficou estagnado. As brigas constantes são por ar, espaço e recursos na vida deles. Piorou muito desde o início da pandemia. O Brexit também. A questão do espaço onde moram, o tempo limitado, as pressões financeiras, a luta por residência em todos os sentidos. Embora estejam bem perto de ser um casal equilibrado de muitas maneiras, as pequenas diferenças importam muito. E eles escolheram um jogo de ganhar pequenos pontos de superioridade. Bate-bocas mesquinhos sobre estar certo representam os sentimentos vagos e crescentes de inadequação e a ideia de que a vida deveria ser melhor.

O crescimento pessoal de cada um importa, assim como considerar o ponto de vista da outra pessoa. A posição individual dos dois precisa ser encorajada.

Ambos estão sobrecarregados pelas expectativas do que a relação deveria ser.

— Não deveria ser tão difícil sermos felizes, amor. Entende o que quero dizer? Você é impossível. As coisas não deveriam ser assim — diz Gabriel.

Samantha também acredita que a relação deles deveria ser mais fácil.

— Se ele me ama, deveria fazer com que eu me sinta cuidada — afirma ela. — É bastante básico e óbvio.

Isso inclui gestos específicos como fazer chá para ela e pagar as contas. O que é óbvio para cada um é contraintuitivo para o outro, e ficam irritados de terem que explicar e esclarecer o que acreditam que o outro deveria simplesmente saber. A fantasia de uma relação fácil surge com frequência para as pessoas e de forma bastante floreada para este casal. O esforço exigido para um compromisso de longo prazo demanda mais de nós do que esperávamos. Mas ao nos apegarmos aos contos de amor fácil, também tornamos nossos relacionamentos muito mais difíceis do que precisam ser. As dificuldades estão mais alinhadas do que eles percebem, mas eles vêm de lugares diferentes em todos os sentidos, e são impacientes e intolerantes. Estão tomando o caminho da resistência ao tentarem vencer pequenas batalhas sem entender a guerra.

O conflito constante parece ser uma expressão transposta de seus desejos não realizados. Em vez de pedirem abertamente mais um do outro, eles depreciam um ao outro. Negociam e tentam garantir seu valor e seu status. Estão brigando por seus direitos — cidadania emocional e respeito. Mas a maneira deles de tentar ganhar mais individualmente é tirando do outro. Um menospreza o outro em uma tentativa de conquistar mais. Estão presos nesse padrão de briga sujo e destrutivo, desapropriando e anulando o outro, mas qual é o objetivo?

Em uma conversa com a escritora Katherine Angel, perguntei a ela sobre escolher o que é doloroso, escolher o que nos machuca. Conto a ela que é um assunto recorrente na terapia — escolher a destruição em vez da saúde. Este casal, por exemplo, é autodestrutivo com suas discussões intermináveis.

— Às vezes, nós buscamos o que é perigoso e obscuro precisamente porque é isso o que faz com que nos sintamos vivos e reais — responde Katherine. — E talvez seja gratificante, de alguma maneira.

Durante muito tempo, toda vez que encontrei com Samantha e Gabriel as críticas destrutivas continuaram acontecendo. Como o psicólogo Marshall Rosenberg diz: "Todo ataque, culpa e crítica é uma expressão trágica de necessidades não atendidas." Do que eles precisam? Penso na resposta de Katherine Angel sobre ir em busca do perigo porque ele nos faz sentir vivos. A percepção dela se aplica a muitos dos meus clientes — se não a todos —, de alguma maneira, mas especialmente a este casal. Os dois estão terrivelmente entediados com suas próprias vidas. O apartamento deles é uma responsabilidade. Seus empregos são simplesmente uma obrigação. A vida deles se tornou uma lista de afazeres. Eles precisam se sentir vivos. Brigar virou a força de vida. Mas a desgastante adrenalina das brigas está acabando com eles.

Sugiro que atualizem seus papéis e responsabilidades. Como indivíduos e como casal. É algo que fazemos no trabalho, e ajuda psicologicamente também. Os dois estão depositando no outro a responsabilidade pelo próprio bem-estar, e ambos se sentem sobrecarregados e exaustos pela sua parcela dentro da relação. Gabriel acusa Samantha de ser exagerada, e Samantha acusa Gabriel de minimizar as coisas. Ambas as distorções são disputas sobre quem faz o quê. Eles têm dificuldade até para compartilhar da mesma realidade algumas vezes.

Eles vão embora com esse dever de casa, e voltam com descrições listadas. Os temas centrais são reconhecimento e conscientização. Mas não é fácil verbalizar essas necessidades.

— Eu me sinto como **Rumpelstiltskin** — diz Samantha. Esse é um de seus contos infantis preferidos, e de repente ela percebe a triste situação do próprio Rumpelstiltskin. Ela agora se identifica com o epônimo gnomo da fábula. Trabalhou duro, transformou palha em ouro e não levou nenhum crédito.

Em sua busca por reconhecimento e crédito atrasado, ela ataca Gabriel e o diminui, como se isso fosse compensar a forma como se sente desvalorizada.

— Eu me sinto como Rumpelstiltskin também! — afirma ele.

— Macaco de imitação! — exclama ela. — Ele pega todas as minhas ideias boas. Mas vou considerar um elogio. Quero paz.

— Vocês precisam de estímulos para retrabalharem sua história. Para que os dois parem de transformar ouro em palha — concluo.

Eles tomaram o caminho mais difícil; tiveram dificuldade para comemorar as vitórias um do outro e, no lugar, atacaram as respectivas falhas. Escolheram caminhos de resistência, e quase se destruíram na tentativa de se sentirem vivos e suficientes.

No fim, quando os jogos constantes de crítica e afronta param, o que fica é a mente e a vida.

Às vezes, temos dificuldade de enfrentar a nós mesmos. Gabriel e Samantha encontraram seus limites de maneiras mais leves. A leveza é calmante, mesmo que seja um pouco sem graça. Muitas vezes, o sucesso é um pouco tedioso. E outras, o tédio é o sucesso. A vida deles não será eternas férias gloriosas, mas os dois podem ser mais saudáveis e mais felizes do que vivendo da tristeza de vitórias pírricas. O duelo dos dois pode ser um dueto.

O que significa vencer

Vencer pode ser poderoso, mas a mesma coisa que nos faz sentir poderosos também pode ser nossa derrocada psicológica. Podemos destruir relacionamentos e diminuir nosso poder quando cedemos ao nosso lado combativo, mesquinho e competitivo.

O maior problema com rivalidades é o propósito incerto. Sem um objetivo, sem limites, é improvável que haja satisfação. Sem um vencedor declarado, nós não sabemos como nem quando parar. Charlie Chaplin disse: "O segredo para uma grande performance é saber quando parar." Você também pode aplicar esse conceito para jogos de rivalidade. Quando começamos a afrontar uns aos outros e precisamos estar certos em vez de entender, já nos perdemos. Não é exatamente satisfatório tentar superar alguém o tempo todo. Raramente há vitória de forma substancial. Pense no que você quer da situação, aonde você quer chegar. Procure as vitórias pírricas e considere o que você pode estar perdendo ao insistir em vencer cada batalha. Escolha quando sair de um duelo, ou entregar a vitória a um rival.

Vencer não nos protege da perda. Como diz Simone de Beauvoir: "Se você viver tempo suficiente, verá que toda vitória se transforma em derrota." As vitórias que resultam da diminuição de outras pessoas costumam parecer uma disputa para proteger a vitalidade. Denúncias constantes são uma resposta à ameaça de perda — a perda de si mesmo, principalmente.

É uma alegria quando nos sentimos seguros e não precisamos nos provar ou nos comparar com outros. Mas também é uma alegria quando nos sentimos seguros o suficiente para admitir ciúme e inveja, para perceber as ameaças e reconhecer o quanto estamos secretamente desesperados para vencer. Clareza e honestidade sobre esses sentimentos desconfortáveis nos dão mais domínio sobre nós mesmos.

Se não tomamos ciência das dinâmicas de rivalidade, podemos nos sentir insultados pela ideia de não sermos vistos nem valorizados. Clientes em terapia falam muito sobre elogios não entregues. Por que um irmão, um amigo, um colega, um pai ou mãe não expressou como estavam orgulhosos, felizes e animados com as conquistas, as habilidades, com tudo o que o outro se tornou? Recusar-se a ser impressionado é, em si, uma aposta de competição, um jeito passivo-agressivo de desvalorizar um oponente com a não percepção.

A compersão é o antídoto amoroso ao **Schadenfreude**. É a alegria pelo sucesso do outro; é um belo e raro estado mental quando sentimos satisfação por outro ser humano. Pode ser até generoso demonstrar gosto e reconhecimento quando se recebe um presente atencioso. É compartilhar alegria e permitir que a outra pessoa se sinta importante. Mas para atingir a felicidade precisamos trabalhar nossos próprios demônios.

Junto a competições externas, podemos sentir inveja e rivalidade de nós mesmos — competindo com outras versões nossas de quando nos sentimos melhores, mais triunfantes, mais realizados, ou de construções prósperas fantasiosas de nossos eus. Também podemos nos gabar de um sucesso e nos exibir para os nossos eus mais jovens. A competição consigo mesmo pode ser algo motivador ou ameaçador.

Quando temos obsessão com a rivalidade, lutamos contra ameaças constantes. E quando nos sentimos particularmente ameaçados ou privados de algo, o sucesso de outra pessoa pode nos dar a terrível sensação de descontentamento. O escritor Gore Vidal, conhecido por suas sacadas sarcásticas e fulminantes, captou uma verdade sombria: "Toda vez que um amigo é bem-sucedido, algo morre dentro de mim."

E também pode ser revelador reconhecer nosso *Schadenfreude* (o termo alemão para a alegria sentida pela infelicidade do outro) e dar voz aos nossos sentimentos sinceros de ameaça. Não gostamos dessa parte de nós. Mas o sucesso de outras pessoas pode evocar reações confusas na gente. É um sentimento antigo. Queremos vencer, e se outra pessoa está vencendo, o que isso significa sobre as nossas chances de progresso e de conseguir o que precisamos? E se outra pessoa está perdendo, isso nos ajudará a prosperar?

A maioria de nós é ambivalente. Por um lado, queremos proximidade do sucesso — parece contagioso, de um jeito positivo. É um sinal de que estamos indo bem se nossos amigos e nossos amores estão prosperando. Ter amigos importantes e interessantes é algo que muitos de nós queremos e almejamos. Além disso, de uma maneira positiva e carinhosa, podemos genuinamente desejar que os outros obtenham sucesso. Queremos que nossos amigos sejam felizes. Que nossos irmãos sejam bem-sucedidos e tenham vidas plenas e bem-sucedidas. Mas há alguns motivos válidos para que isso seja um pouquinho difícil em alguns momentos quando vemos os outros florescerem.

Comparar-se é desesperar-se. Em algum nível, sentimos que se outra pessoa prosperar tirará algo de nós. Ver a carreira de um colega deslanchar pode fazer com que sintamos que ele, de alguma maneira, vai tirar um lugar que poderia ser nosso, mesmo que não seja uma rivalidade explícita. Muito disso está relacionado às experiências de afeto que tivemos na infância. Essas memórias nos formaram, na escola, em situações sociais, na vida familiar, e explicam por que é difícil para nós, mesmo que secretamente, quando outros conseguem algo que nós queremos. Sentimos que simplesmente não haverá espaço suficiente para todo mundo.

Quando constantemente imaginamos uma catástrofe e coisas terríveis que poderiam acontecer (mas a maioria não vai), podemos, por hábito, brincar do absurdo e ansioso jogo do *E se?*, imaginando cenários que poderiam dar errado. Ou ruminamos e jogamos o torturante *Se eu pudesse,* convencidos de que podemos jogar de novo, fazer e desfazer, voltar nos lugares onde as coisas deram errado. Jogamos repetidamente jogos baseados na fantasia de que um dia iremos provar nossa glória para alguém que duvidou de nós, que falhou em nos valorizar, que fez com que nos sentíssemos pequenos e desamparados. Sonhamos em compensar nossas mágoas e inadequações do passado. Clientes muitas vezes revelam fantasias de vitórias que provam o quão erradas estavam as pessoas que duvidaram deles.

Nossos sentimentos complexos de rivalidade muitas vezes são sobre nossa inquietude com egos. Nós nos retraímos com a alegria arrogante de um amigo quando algo dá certo e, olhando de fora, nós lembramos a nós mesmos que não ousaríamos nos exibir desse jeito tão descarado. A maioria de nós recebeu mensagens confusas sobre o direito de ter ego. Sejam quais forem as circunstâncias e o histórico, podemos nos ver atraídos e excluídos na correnteza de marés culturais. Empoderamento, confiança, autoestima, positividade corporal são coisas boas (embora nossas crenças enraizadas e histórias pessoais possam discordar), mas o ego é tratado como um palavrão. Sem falar do narcisismo... *Ego inflado demais* ainda é uma mensagem perturbadora que nos cala. Fique bem longe do ego — o inimigo letal! O ego tem uma reputação de causar problema, perigo e confusão. Os *perigos do ego* é uma expressão que ouvimos, e a maioria das culturas ensina mensagens truncadas sobre a aceitabilidade do ego. Somos facilmente condicionados a esconder e negar o ego (dos outros, e até da nossa própria consciência). Egos banidos escapam pelas laterais, através dos outros, através da insistência em vencer de formas mesquinhas, através da raiva, da frustração e da inveja julgadora. Ego vem do latim "eu". Pode significar autorrespeito e reconhecimento. Pode ser revelador descartarmos nossa falsa modéstia e, na privacidade da terapia, simplesmente gostarmos de ser quem somos. Se não agora, quando?

"Estou maravilhada comigo mesma. Fiz muito bem. Parabéns, eu mesma." Eu também fiquei maravilhada.

Pense no significado de vencer. A definição muda e as regras variam. Cabe a você revisar os papéis que exerce e brincar de jogos que pareçam bem-sucedidos para você, seja lá o que isso signifique.

CAPÍTULO DEZ

Conexão

Nosso desejo de conexão é tão central à existência humana quanto comer. É algo ligado a cuidado e consideração. É um bálsamo para experiências alienantes e extenuantes. Podemos estabelecer conexões e reconexões ao longo da vida, em qualquer idade, qualquer estágio, se houver participação e abertura mútuas. Nós nos conectamos com amigos, colegas de trabalho, estranhos, na terapia. Sem isso, seria difícil saber se seríamos capazes de pensar sobre nós mesmos, se conseguiríamos até mesmo nos conceitualizar. É claro que desconexões também acontecem em todos esses lugares.

Lembro-me vividamente de quando meu segundo filho começou a bater palmas, com cerca de sete meses. Ele se maravilhava ao ver suas mãozinhas batendo juntas, e instintivamente começou a imitar pessoas batendo palmas. As palmas em uníssono o deixavam radiante. Ele tentava fazer contato visual comigo e, quando conseguia, ficava completamente radiante. Ficávamos, na verdade. Seu rosto se iluminava quando eu sorria para ele, e ele sorria de volta para mim. A sintonia que vivenciamos é tanto externa quanto interna. Nós olhamos para fora de nós mesmos em busca de nos unirmos. Bater palmas é um gesto humano tão distinto de estima e participação. Nosso desejo por conexão é sobre a dicotomia de separação e união.

Atenção e conexão são sobre sentir-se visto e ouvido. Mas gritar, por exemplo, pode angariar atenção sem estabelecer conexão. Conectar-se com o outro é compartilhar uma experiência. É sobre participação mútua. Eu vejo e ouço você, e você me vê e me ouve. Quando nós nos dedicamos com todo o coração, de maneira autêntica, sentimos a união que nos deixa confortáveis em nossa própria pele e nos ajuda a entender uns aos outros e dar sentido à vida. Conectar-se é a forma de cuidarmos uns dos outros e processarmos nossas experiências.

A dança primordial começa no nascimento, quando recém-nascidos se conectam através do toque e da amamentação. Conectar-se com os outros e com partes de nós une as partes fragmentadas de experiência numa narrativa inteligível e coerente. Como nos desenvolvemos e nos relacionamos com o mundo, como discernimos nossas diferenças e similaridades, é como nos definimos.

Mas conectar-se pode ser difícil. Podemos estar ansiosos para contar a um amigo querido uma história hilária, mas quando o fazemos, somos interrompidos, ou o amigo não ri. Mandamos uma mensagem e não recebemos resposta. Buscamos validação sobre algo que vivenciamos, e nos sentimos rejeitados ou ignorados. A desconexão pode ser como o som de uma mão tentando bater palmas. Nós nos recusamos a admitir uma mágoa profunda às pessoas que amamos porque ficamos horrorizados, constrangidos, com medo. Nós nos sentimos invisíveis. Incompreendidos. Paranoicos sobre um encontro social esquisito ou sem graça, que não saiu como esperávamos. Nos sentimos sem importância ou não reconhecidos do jeito que gostaríamos de sermos vistos. Somos assombrados por memórias que, de repente, se tornam inaceitáveis.

Uma conexão forte é valiosa em uma relação terapêutica. O espaço de terapia é um laboratório emocional onde podemos observar e trabalhar nossas questões. Conectar-se, e encontrar e remodelar as histórias que contamos a nós mesmos, além das histórias não ditas que carregamos aqui dentro, é uma parte enorme do trabalho. Podemos aprofundar nosso entendimento de eventos passados, enxergar situações por prismas diferentes, ficar em paz com memórias assustadoras, obter experiências transformadoras no aqui-e-agora e dar sentido a certos problemas.

Astrid, a mulher que me confiou sua história, estava com sessenta e poucos anos quando veio fazer terapia comigo. Amo trabalhar com diferentes grupos de idade, embora a maioria dos meus clientes seja mais nova. Eu me conectei com Astrid de um jeito que, inicialmente, parecia superficial, mas que acabou sendo significativo. Astrid queria fazer terapia e achou aterrorizante. "Não há agonia maior do que carregar uma história não contada dentro de si", escreveu Maya Angelou. Astrid tinha uma história não contada que tentou não contar, mas precisava fazer isso. Contar a história a mudou completamente, e ouvi-la me mudou. Ela definiu e redefiniu o significado de conexão.

O presente de Astrid

Nós, humanos, fazemos suposições, e eu não sou exceção. Tento manter meus olhos atentos a novas experiências, a conhecer pessoas e abrir espaço para descobertas e surpresas, conter julgamentos e não estereotipar pessoas. A psicoterapia tem um histórico de impor teorias em indivíduos, e é um grande erro achar que nós desmascaramos as pessoas, principalmente aquelas que mal conhecemos.

Terapeutas são particularmente fãs de primeiras impressões, pois a primeira sessão normalmente contém notas que, assim esperamos, estarão cheias de observações prognósticas, engenhosas e precisas. Também analisamos risco e adequação, para que possamos conferir nossas capacidades e identificar se precisamos encaminhar o cliente para outro profissional ou se um apoio de outro profissional será necessário.

Tomamos nota de algumas dessas observações nesta sessão inicial, ou depois, e se planejamos continuar atendendo o cliente em mais sessões, as anotações podem servir apenas para nós mesmos. Caso façamos um encaminhamento, podemos passar essas anotações para um colega. Nossas descrições variam, dependendo do leitor. Estamos sempre construindo histórias e juntando trechos e reunindo detalhes do nosso próprio jeito subjetivo. A perspectiva molda o que vemos. Por mais que tentemos focar somente na pessoa que conhecemos, inevitavelmente ditamos e impomos um pouco de nós em algum nível; a dinâmica no consultório é criada pelas pessoas ali dentro, incluindo o terapeuta. Somos treinados profissionalmente para captar nossas projeções e identificar aquelas que vêm dos nossos clientes, mas nosso histórico, cultura, vida pessoal, aparência, treinamento, humor, disposição, idiossincrasias, tudo impacta na forma como vemos e nos relacionamos com as pessoas, e como as pessoas vivenciam a terapia. É isso o que torna o processo intensamente pessoal e individual.

Não somos leitores de mentes. Observamos e nos dedicamos e construímos. E não percebemos algumas coisas. Faço o meu melhor para ir de encontro ao estado da pessoa, permitindo que o material emerja dali, em vez de impor etiquetas. Mas eu formo rapidamente primeiras impressões, e entendi Astrid de maneira equivocada. Decidi me perdoar pelas minhas impressões imediatas imprecisas, já que todos nós fazemos isso, e o mais importante é a disposição para reavaliá-las e atualizá-las. Como a terapia, em grande parte, é sobre retrabalhar histórias, precisamos fazer o mesmo com as nossas histórias sobre os clientes também, e é libertador e engrandecedor admitir que nossa sensação inicial normalmente não é o todo. Nem perto disso.

Eu errei, e depois acertei. Minha primeira impressão foi *Que pessoa! Ela é tão arrumada e organizada.* Isso acabou sendo verdade e completamente equivocado. O que presumi foi que ela era tão centrada quanto parecia, que não estava em apuros.

Astrid chegou adiantada para nossa primeira sessão. A recepcionista me avisou:

— Tem uma senhora aqui para o próximo horário. — E então acrescentou sussurrando: — Ela é muito estilosa!

Eu me apresentei e ofereci um copo d'água a Astrid, que gentilmente recusou, e eu disse que voltaria em alguns minutos. Mesmo nesse rápido instante, reparei em sua aparência refinada. Ela estava tão arrumada e elegante, com um pequeno cachecol no pescoço e outro amarrado na alça da sua bolsa bem estruturada. Quando a recebi no consultório alguns minutos depois, descobri as camadas da sua aparência feminina — a capa de chuva que pendurou no cabide, o guarda-chuva floral, o sapato de laço combinando com o brinco e o colar. (Ela quase sempre usava os mesmos; havia herdado da sua bisavó, eu logo soube.) Seu estilo era quase como uma fantasia glamourosa, como se estivesse atuando como uma personagem da realeza. Seu rosto tinha a quantidade exata de maquiagem necessária. *Ela é tão arrumada e organizada*, pensei. Mas o significado de "arrumada" e "organizada" é infinitamente complicado para alguns de nós. Sua coerência visual importava para ela; mascarava o caos interior.

Astrid procurou a terapia, aos sessenta e poucos anos, para se "conectar". Ela explicou:

— Tenho um histórico de me envolver com canalhas. Por favor, me ajude a escolher alguém decente. Quero um companheiro.

Perguntei o que a conexão significava para ela. Astrid me contou sobre seu ex-marido, o pai do seu filho, e como eles nunca foram exatamente próximos, apesar dos anos de casamento e vida em família. Ele a traiu, os dois se divorciaram, e ele casou-se novamente doze anos antes, e após isso ela teve alguns relacionamentos curtos e uma série de romances fracassados. Suas memórias, mesmo quando melancólicas e tristes, tinham uma tom de aceitação, sem drama. Seu inglês tinha a fluência firme de muitos escandinavos. Ela enunciava certas palavras como "canalha" com uma exatidão certeira e ácida.

E quanto a outras fontes de conexão, fora de relacionamentos românticos? Ela franziu a testa.

— Quero um homem legal de quem eu possa cuidar, que cuide de mim. — Sua mãe, uma "mulher certinha demais que frequentava a igreja e cujo cabelo estava sempre preso", a havia encorajado desde suas primeiras lembranças a encontrar um homem para amar, um homem para cuidar. — Minha mãe tinha uma traquinagem secreta. Ela adorava esquiar e ir a musicais. Eram os dois lugares onde ela realmente se divertia. Mas, mesmo assim, a coisa mais importante era a dedicação a um homem. *Minha bela dama* era um dos seus musicais preferidos, e a mensagem que ela passava para minhas irmãs e para mim era de levar as pantufas para Henry Higgins. Nós vivíamos por essas palavras, e é assim até hoje.

A essa altura, eu já sentia uma afeição profunda por Astrid. Eu adoro *Minha bela dama* e conheço bem essa fala. Mas que mensagem truncada! Sempre me senti frustrada por Henry Higgins ser celebrado por sua recusa à mudança, enquanto Eliza Doolittle faz tudo.

Astrid ficou surpresa e encantada por eu conhecer a referência.

— Sua geração não costuma conhecer musicais — afirmou ela. — Talvez ainda haja esperança.

Terapia não é só sobre gostarmos do que vemos. Podemos não gostar de partes de nós, ou do outro. Mas precisamos separar o joio do trigo, assim como do pão pronto. Mas naquele momento ela era um pão delicioso. E eu gostei dela. Que momento prazeroso e feliz.

Fiquei impressionada por ser tão atraente e curiosa para descobrir seu íntimo e intensidade.

Quando perguntei sobre seu senso de individualidade, ela me deu descrições de características, como costumamos fazer. Foi enfermeira durante décadas, mas recentemente havia se aposentado. Havia crescido no que descreveu como a "Copenhagen clássica — um pouco como *A noviça rebelde*", mas sem as colinas altas nem a riqueza.

— Minhas irmãs e eu passávamos os verões em Jutland, usando vestidos bonitos e fazendo arte. Éramos muito virtuosas e inocentes, quando penso hoje em dia.

Ela se mudou para Londres para viver uma aventura. Embora suas finanças fossem bastante modestas, podia bancar o aluguel de um pequeno apartamento e fazer aulas de horticultura. Não se achava mais sobrecarregada por responsabilidades infinitas e, finalmente, sentia uma espécie de liberdade, portanto vir para Londres foi seu "terceiro grande ato". Ela admitiu que fora inspirada por Jane Fonda.

Ela tem dificuldade em deixar que a conversa seja somente sobre ela. A natureza irregular da nossa relação soava estranha para ela, como costuma ser para muitas pessoas. Passava bastante tempo olhando ao redor, prestando muita atenção no que via no consultório, e em mim.

— É uma bela pintura essa atrás de você — comentava. — E eu gosto dessas almofadas.

Fiz perguntas sobre seu eu interior, e ela respondeu com um comentário sobre como eu estava vestida e meus acessórios:

— Eu adoro que você sempre usa brincos. Da outra vez que tentei fazer terapia, conversei com uma mulher que era muito enfadonha.

Quando pressionei para que me contasse dos seus sentimentos e pensamentos, ela respondeu com desconforto, interrompendo-se para me perguntar se eu estava confortável na minha cadeira, que claramente não era tão acolchoada quanto a que ela estava.

— Parece dura — disse ela. — Eu me preocupo com você sentada nesse negócio o dia todo. Você deveria ter uma cadeira melhor, ou pelo menos uma tão confortável quanto a que eu estou sentada.

Ela estava certa. Eu passava meus dias como terapeuta sentada em uma cadeira de madeira que tinha vindo de um escritório. Era uma cadeira muito desconfortável.

Ela não conseguia deixar a questão da cadeira de lado:

— Charlotte, você é magra, portanto não tem nenhum amortecimento. Vai desenvolver problemas nas costas se continuar sentada nesse troço. Olhar para você está me deixando preocupada. Sou enfermeira, acredite em mim!

Fiquei constrangida com sua preocupação e tentei desviar o foco de volta para ela o máximo possível. Seus comentários sobre meu corpo me faziam sentir como uma criança, não só fisicamente. Ela me alertava sobre as maneiras imaturas em que eu costumava me relacionar com a autoridade.

Sua preocupação comigo, o fato de mencionar suas especialidades médicas, seu senso de estética, tudo isso contribuía para que eu entendesse seu caráter, seus valores, seus interesses. E seus desvios e maneiras de voltar as discussões em minha direção e para o consultório eram, é claro, reveladores e me diziam como ela era no mundo e em seus relacionamentos.

Eu a lembrava inúmeras vezes do seu objetivo: conexão. Isso significava que ela precisava conectar-se consigo primeiro. Ela estava dizendo quem era, mesmo que de forma indireta: parte de ser Astrid significava perceber com astúcia seu ambiente externo — outras pessoas, detalhes superficiais — e até detectar experiências internas para outras pessoas, mas não em sua vida interior. Ela podia imaginar meu desconforto na cadeira, mas tinha dificuldade para verbalizar seu mundo interior. Astrid frequentemente focava nas outras pessoas, em garantir que os outros estivessem bem, e ficava profundamente desconfortável quando eu tentava fazer com que a sessão fosse somente sobre ela. Ela se encaixava no clichê de que médicos e enfermeiras são péssimos pacientes.

Eu me sentia honrada por ela querer que eu a ajudasse. Queria que gostasse de mim e me achasse impressionante. Nós rapidamente entramos em sintonia. Fiquei muito feliz por isso, e acho que ela também. Nosso trabalho era brilhante, e ela me contou que sempre imaginara como seria ter uma filha, e que sua nora era tão fria com ela. Eu me sentia tanto filha quanto mãe para ela, daquele jeito estranho que acontece na **transferência**, em que a idade real e emocional colidem e viram um borrão. Nossas conversas faziam com que eu me sentisse deliciosamente requintada e no controle de mim mesma. Com exceção da percepção dela do meu masoquismo com aquela cadeira. Eu me encaixava na característica organizada dela. Nós dançávamos bem juntas. Essas são confissões constrangedoras de se admitir, e levei anos para debater os lados sombrios do meu ego com meu supervisor, na minha própria terapia, ou mesmo simplesmente para admitir para mim mesma. Mas, se não admitir essas coisas, estou me escondendo e evitando assuntos importantes que moldam a relação terapêutica.

Durante várias sessões, Astrid e eu tivemos momentos muito agradáveis. Era simplesmente fácil. Ela se animava comigo, eu me animava com ela, mas nós basicamente conversávamos sobre sua vida sem realmente discutirmos nada. Até que, finalmente, não era somente eu naquela cadeira que estava vivendo uma hora dolorosa; ela se permitiu o desconforto, e a história real emergiu.

Quando nos encontramos na nossa sessão seguinte, Astrid parece menos serena do que de costume, parece nervosa. Ela usa uma tiara de veludo e cruza os tornozelos como uma debutante graciosa. Abre um caderno de anotações e o coloca sobre suas pernas.

— Não quero perder a linha de pensamento, nem minha compostura, então escrevi alguns pontos, para garantir que eu te conte determinadas coisas — diz. A voz de Astrid está trêmula, e eu vejo que sua mão também. Quero acalmá-la.

— Esse espaço é seu — digo. — Permita-se ser você mesma aqui e dizer tudo o que quiser.

— Isso parece gentil. Tá bem, tá bem, isso parece gentil. Como você está hoje, Charlotte?

— Estou bem. Mas, por favor, Astrid, conte-me como você está.

— Está bem. O motivo real de eu ter vindo me consultar com você. Foi, como eu disse, para conhecer um homem bacana, e eu ainda quero isso... Estou muito constrangida. Eu me meti numa encrenca. Contei que tinha um histórico de namorar canalhas. E tem um especificamente. Charlotte, não acredito que deixei isso acontecer, apesar de não saber ao certo como te contar a história. É difícil encontrar as palavras certas. — Sua voz parece falhar.

— Entendo — respondo. — Permita que as palavras venham até você. Nós vamos organizar tudo juntas. — Vejo que ela está estressada, ansiosa, já me revelando algo não processado e doloroso só ao mencionar que algo ruim aconteceu.

— Está bem, vou dizer uns pedaços e umas partes, e você me ajuda a organizá-los, por favor — pede ela, com a voz ganhando força novamente.

— Com certeza.

— Tudo começou em um jantar uns meses atrás, uma reunião de algumas enfermeiras com quem fiz meu treinamento, e havia alguns colegas também, e um cirurgião australiano charmoso se sentou ao meu lado. Ele disse que sempre gostou mais das enfermeiras do que dos médicos. Foi uma noite muito agradável, e antes de ir embora, nós trocamos contatos. Eu não tinha certeza se o veria de novo um dia, mas ele me escreveu um e-mail naquela noite, e eu respondi, e depois ele respondeu de novo no dia seguinte, e durante a semana seguinte pareceu que estávamos estabelecendo uma espécie de conexão. Um homem bonito, pouca coisa mais velho do que eu, muito confiante, muito inteligente. Culto, divorciado há bastante tempo, com um filho que mora nos Estados Unidos. Ele tinha um tom de flerte, mas jamais foi vulgar nem nada disso. Me contou que gostava de esquiar e de ir a exposições de arte. Bem, eu também. Tínhamos muito em comum. Então, combinamos de jantar, e tivemos uma noite maravilhosa, e ele sugeriu algo para o fim de semana seguinte. Eu estava nervosa, mas pronta para me jogar, e gostei muito dele. Fomos juntos de carro até uma pousada adorável em Lake District. Foi ele quem escolheu o lugar. Parecia perfeito. Você conhece Lake District?

Eu faço que sim com a cabeça, mas permaneço em silêncio, na esperança de que ela continue focada na história difícil que está tentando me contar.

— Enfim, recomendo o lugar, se estiver em busca de um fim de semana de descanso, apesar de não ter nenhuma intenção de voltar lá. Mas você vai gostar. Você costuma viajar nos fins de semana?

— Astrid, você sabe que eu sou bastante tranquila quanto à autorrevelação, mas vamos continuar na sua história, por favor.

— Está bem. James. Esse é o nome desse homem. Ui. Só de dizer o nome dele já sinto uma onda esquisita. — Ela respira profunda e ruidosamente. — Não quero sentir nada ainda. Quero chegar nos detalhes primeiro.

Ele parecia muito gentil e atencioso. Achei que tivéssemos uma conexão. Estava nervosa, mas também um pouco animada com toda aquela escapada romântica. Nós jantamos. Eu bebi uma ou duas taças de vinho tinto, duas no máximo, não deixei que ele ficasse enchendo meu copo. Dividimos um bife à chateaubriand, ao ponto. Eu disse não para mais vinho, estava começando a ficar um pouco tonta. Mas de um jeito bom e leve. Estávamos em um canto do restaurante da pousada, com uma janela para uma vista linda. Tudo estava indo muito bem. Era romântico. Eu estava feliz. Isso é que é tão desconcertante. Não consigo entender. — Sua postura nesse momento fica rígida e controlada, e ela fica parecendo a diretora severa demais de alguma escola. — Não estou contando direito — afirma. Ela olha para o canto da sala com um olhar firme. Seu rosto angular parece triste e contrariado, como se fosse um lembrete de algo destruído. Eu não tinha me aproximado do seu vasto mundo interior até agora.

— Astrid, conte da forma que conseguir.

— Quero contar exatamente como foi. Agora que estou aqui, cavando essa história, preciso falar. Mas não sei se as partes vão se encaixar. Não faz sentido.

— Não se preocupe com isso agora, a reunião das partes, só permita-se continuar — peço.

Quando as pessoas vivenciam um trauma, podem sentir uma pressão incrível para contar a história da forma correta, como se a performance fosse a parte que importasse. Muito disso vem do horror do que aconteceu, da incredulidade do ocorrido, do silêncio mudo do choque e do medo de não ser acreditado, ou de ser culpado. E na maioria das vezes, as pessoas lutam para acreditar no que aconteceu e já se culpam. Contar uma história traumática omitida, mesmo na terapia, pode ser apavorante.

— Nós subimos para o nosso quarto. Tão bonito, tão charmoso. Pessoas muito bacanas gerenciam esse local, uma família. Tudo ao nosso redor era saído de um livro de pintura, tudo o que eu havia sonhado quando criança na Dinamarca, imaginando o interior inglês daqueles livros da Beatrix Potter que lia, e de tantos filmes. Um lugar celestial. Estou me repetindo, eu sei, vou chegar lá. Estava nervosa ao voltar para o quarto depois do jantar, mas pensei: *vamos ver o que vai acontecer*. Achei que meu nervosismo fosse porque eu não fazia sexo havia muito tempo. — Sua voz se suaviza quando ela diz "sexo".

— E namorar... é tão intenso e incerto quando você conhece alguém e então se aproxima, e agora já estamos indo para o próximo passo. Estou sem prática.

— Entendo — digo.

Espero. Não quero perguntar se essa é a história toda, mas não tenho certeza. A coisa me lembra das vezes em que abri presentes em uma sacola e não sabia dizer se havia mais coisas no fundo, mas não queria parecer gananciosa ou insatisfeita ao vasculhar o papel para conferir se havia mais coisas.

— Bem, e foi isso — conclui. Ela olha para baixo e faz uma pausa. — Essa é a última coisa de que me lembro. Até acordar no chão frio de ladrilhos do chuveiro, e havia sangue por todo lado. E minha cabeça... doía demais. Meu corpo todo doía. Machucados por toda parte. Eu estava tonta e toda dolorida.

— Ah, Astrid — falo, sentindo uma onda repentina de incômodo. Eu sabia que algo ruim tinha acontecido com ela, mas não previ algo assim. Nem ela.

— Eu sabia que tinha que contar isso para você — diz ela. — Eu queria contar. — Ela retira um pequeno lencinho quadrado de uma linda caixa de lenços floral e o desdobra com precisão antes de enxugar os olhos cuidadosamente. Gostaria que ela tivesse simplesmente usado a caixa de lenços em sua frente, mas ela está tão preparada com seu caderno de anotações e seus lenços e suas roupas e seus cachecóis e seus pertences. São maneiras de se estruturar.

— Fico feliz que esteja me contando — digo. — Isso soa tão assustador. E traumático.

— Sim, é mesmo, e eu não contei a uma alma viva. Estou tão... constrangida... Vou voltar a contar. Quero falar o máximo que conseguir. Enfim, quando finalmente consegui me levantar do chão, queria pedir ajuda, mas não fiz isso. Essa é a parte... essa é a parte que não entendo... essa é a parte que está me matando. — Ela começa a soluçar, e tem dificuldade para falar em meio às lágrimas.

— Algo assim é tão difícil — afirmo. — Eu sinto muito, de verdade. Estou aqui com você.

— Ah, Charlotte, eu precisava ouvir isso. Que você está aqui comigo. Não entendo. James estava deitado na cama em um roupão terracota, lendo uma revista. Uma revista de viagem. Estava simplesmente ali, deitado, lendo sobre algum destino de luxo. Eu rastejei até a cama, minha cabeça machucada, dolorida, ensanguentada. Eu me ergui e me deitei na cama ao lado dele. E ele não disse nada. E eu não disse nada. Acho que eu estava em choque. Não pedi ajuda. Não liguei para a polícia. Não entendo. Simplesmente não entendo. Preciso contar até o fim.

— Por favor.

— Olhei para ele e perguntei o que tinha acontecido. "Você ficou bêbada, sua safada." Foi o que ele disse. Eu não fiquei! Sei que não fiquei, mas tentei aceitar que era isso. E dormi naquela cama com ele naquela noite. Não acredito que me deitei na cama ao lado dele, mas fiz isso. E na manhã seguinte, acordei, minha cabeça latejava, e não sei como consegui dormir, e nós nos vestimos e descemos para o adorável salão de café da manhã da pousada. E tomamos uma xícara de café, e comemos pães, e então nos trouxeram um café da manhã inglês completo, e foi tudo como uma reportagem de revista sobre uma linda pousada em Lake District. Saímos para caminhar em uma área verde próxima. E tiramos fotos de flores. Ele sabia muito sobre flores e ficava identificando cada uma delas. Meu Deus. Fiz tudo isso. Compactuei com tudo isso. Tiramos fotos de nós dois juntos nessa caminhada. Olha, olha essas fotos!

Ela me mostra as fotos, segurando o telefone com a mão trêmula. Lá está ela, com um sorriso congelado e forçado no rosto vazio, o cabelo sobre a bochecha, um corte visível e um leve hematoma no canto da testa. O homem elegante nas fotos parece todo satisfeito. Com os braços ao redor dela. Sinto uma espécie de raiva ensandecida dele, a raiva que ela não se permitiu sentir na hora.

— Astrid, eu sinto muito, sinto muitíssimo pelo que aconteceu, e estou muito feliz por você estar falando sobre isso agora.

— Não consigo acreditar que não pedi ajuda, que não o denunciei, nem mesmo disse nada para ele. Como isso aconteceu? Não é só o que ele fez comigo. Sei que ele me drogou. Sei que fez sexo comigo enquanto eu estava inconsciente.

— Como você sabe? — pergunto cuidadosamente. Tenho tanto medo de questioná-la de uma maneira que possa soar cética ou desafiadora.

— Havia sêmen pingando de dentro de mim e escorrendo pelas minhas pernas, junto com sangue. Manchou o lençol do meu lado da cama, o que foi bastante constrangedor. Eu me senti sem controle algum. Estava completamente inconsciente, fora do ar.

— Ah, Astrid.

— Não sei por quê. Eu teria transado com ele. Acordada. Ele não precisava me drogar. Por quê? A pior parte para mim... é que eu fingi que estava tudo bem. Que tudo estava normal. Que tivemos um ótimo fim de semana. Fingi até para você, quando não te contei nada. Mesmo agora, quero minimizar e fazer tudo isso desaparecer.

— Isso não é sexo. É estupro. É violência — afirmo.

— Sim, é verdade. Você está certa. Sou enfermeira, sei de tudo isso. E ainda assim, ainda assim... Não acredito que isso tenha acontecido, e que eu normalizei, minimizei, fingi que não foi tão ruim. Fiz tudo isso. Estou tão chocada comigo mesma quanto estou com esse homem. Não é aceitável o que ele fez. Não é. Estou chocada.

— O que ele fez realmente não é aceitável. Nem um pouco.

Estou chocada também. Estou realmente impressionada com essa história. Ouço sobre estupro e violência, abuso e trauma o tempo todo no meu trabalho, e de certa forma, apesar de estar calma e acostumada com isso agora, sempre fico chocada. Acredito na história, e sei que acontece o tempo todo, mas ainda fico chocada, e quero continuar ficando. É assustador porque é completamente inaceitável. Odeio que isso aconteça. E acontece com tanta frequência. Mais do que sabemos. Mais do que lemos sobre, mais do que é denunciado, ou nem sequer falado. Mais do que os terapeutas são capazes de descobrir sobre.

Astrid e eu analisamos juntas o que a impediu de pedir ajuda, de ligar para a polícia, de denunciar esse homem.

— Lembro-me de me sentir envergonhada. A pousada era tão silenciosa. Se eu ligasse para pedir ajuda, ou contasse a alguém o que havia acontecido, ou ligasse para a polícia, imagine, incomodaria todo mundo. As pessoas que gerenciavam o lugar eram tão gentis. Não queria fazer uma cena. — Não fazer uma cena nos impede de falar em tantas situações. O lado obscuro do que a sociedade nos ensinou, ensinou às mulheres, sobre educação, talvez. — Cresci achando que gritar não era algo que uma dama faria. E ter boas maneiras, como antigamente, ser "uma dama", é a coisa mais importante. É o elogio derradeiro.

Perguntei a ela o que está imbuído nessa identidade de ser uma dama.

— Lembro-me da minha mãe dizendo para mim e para minhas irmãs para nos sentarmos direito na igreja aos domingos, com o cabelo penteado, cantar junto com o coro. Não fale se não for sua vez. Não conteste. Não faça escândalo. Não chame atenção para si, a não ser que lhe perguntem algo. Tudo isso que nossa mãe dizia, e que a mãe dela devia dizer para ela… A vovó provavelmente dizia para nós também, quando éramos pequenas.

— Caramba, estou lembrando de você me contar na nossa primeira sessão que sua mãe sempre dizia que Eliza Doolittle tinha que levar as pantufas de Henry Higgins. Você estava me contando muitas coisas com isso, mesmo que não tenhamos nos dado conta no momento.

— Meu Deus, tinha esquecido que tinha contado isso. Mas, sim, leve as pantufas para os homens. O que você acha que isso significa nesse contexto? — pergunta ela.

— Me diga você.

— Significa "faça o que tiver que fazer para agradar aos homens. Concorde e seja atenciosa. Participe da conversa de forma passiva. Sorria". — Astrid olha para o canto, como se estivesse revendo um catálogo de epifanias.

— E as coisas sombrias, quando tudo dá errado, o que fazer?

— Fingir que tudo estava bem era algo importante na nossa família. Em ordem. Uma casa arrumada e bonita é uma mente arrumada e bonita. Não fique com raiva demais. Nem agressiva. Ah, Charlotte, não posso acreditar que só estou me dando conta dessas coisas agora. Sinto como se estivesse abrindo meus olhos para alguma coisa — diz Astrid.

— Isso é chocante, a experiência que você teve — afirmo. — Foi poucos meses atrás, certo? Você ainda deve estar em choque. Se eu estou… É algo terrível. Vamos deixar que nos acostumemos com isso, deixar que a história se assente, para que possamos encontrar alguma coerência.

— Não é nada além de fragmentos — afirma ela. — Esses fragmentos que ignorei estão me queimando por dentro, como uma chama. É a sensação que tenho: chamas ardentes vindo na minha direção, me perseguindo. Posso estar cuidando do jardim, conversando com alguém em uma loja, fazendo qualquer coisa, e uma bobagem pode de repente me lembrar e acionar as chamas de novo. O que está acontecendo?

— Parece que você está tendo *flashbacks*. Você guardou memórias traumáticas de um jeito sensorial e aguçado, e agora está em alerta máximo para ameaças.

— Tenho essas memórias, muitas memórias de algumas partes, mas tão poucas de outras.

— É assim que o trauma funciona, normalmente — explico. — Achamos que lembramos demais e muito pouco. Você vai começar a se lembrar de outras partes. Já está fazendo isso, e está descobrindo toda a história. Você precisa saber que ainda está em estado de trauma. Não se apresse, não se pressione. A recuperação não vai acontecer de forma instantânea, mas você vai se lembrar de tudo. Seja gentil e paciente consigo mesma, por favor.

— Gosto disso. Está bem. Posso fazer isso. Obrigada. A história vai se revelar. Tudo bem. Sabe, não sou muito boa em perceber quando algo está errado comigo. Com os outros, sim, eu percebo.

— Sei disso. Você vê seus arredores e os outros com muita perspicácia. Fez isso aqui também, comigo. Estava certa sobre essa cadeira desconfortável! E eu estou aqui para te ajudar, e ainda assim você acha difícil falar por si mesma.

Falamos sobre ela se sentir artificial em seus encontros com o filho, a nora e o neto. Mas ela não quer contar a eles o que aconteceu. Ainda não, não até fazer sentido de tudo sozinha. E a história ainda não terminou. Ela me mostra a comunicação que teve depois com James. Trocaram e-mails e fotos.

— E tem isso — diz ela, estremecendo. — Essa parte é realmente terrível. Eu fiz sexo com ele, consensual, uma vez depois de tudo o que aconteceu. Nós saímos juntos! Por que eu fiz isso? Por quê? — Seus olhos estão arregalados e o rosto parece eletrizado.

Pode ter sido um desejo de desfazer o trauma, fazer tudo ficar bem, normalizar, amenizar as coisas, transformar em algo que não fosse uma história de terror. Ela ficou pensando que precisava consertar aquilo de alguma maneira.

— Queria fazer tudo dar certo — ela continuava dizendo. Conforme conta a história, começa a responder a algumas perguntas sobre si mesma, e ganha força e percepção, mesmo ainda perplexa e irada.

"Estou velha demais para sofrer abuso. Quem abusa de uma mulher de sessenta anos? Me sinto envergonhada, como se as pessoas achassem que eu me acho vaidosa demais ao pensar que posso ser vítima de estupro nessa idade. Acho que o vi de novo para tentar encontrar sentido nisso tudo. Sabe, para ver se ele faria tudo ficar bem de alguma maneira. No que eu estava pensando?"

VOCÊ SABE O QUE REALMENTE DESEJA?

Sua autoestima estilhaçada me entristece. E consigo ver como ela voltou até ele para tentar compreender algo incompreensível. É comum que o desejo desesperado de entender as pessoas que nos causaram dor nos faça voltar até elas. Como se elas fossem detentoras de sabedoria e reparação. Achamos que as pessoas que nos machucam podem nos curar. Às vezes, achamos que elas são as únicas capazes disso.

— Acho que voltei naquela vez, para encontrá-lo de novo, achando que eu poderia consertar as coisas se conseguisse fazer com que esse cara mau, na verdade, fosse um cara bom. Desse jeito, essa coisa ruim não seria mais tão ruim assim. Isso faz algum sentido? — pergunta Astrid.

— Sim, claro que faz — respondo. — Mas a coisa ruim que aconteceu ainda é ruim. E nada pode fazer com que ela des-aconteça.

— Ainda é uma coisa ruim. — Ela balança a cabeça, permitindo-se sentir. — E quando penso em como foi, fazer sexo consensual com ele, acho que nem sequer estava presente. É como se eu só estivesse ali, seguindo os movimentos. Acho que não senti nada. Mas nem pensei no que estava sentindo, pois estava ocupada demais tentando transformar a situação em algo aceitável. E não foi aceitável. Nunca será.

— Nunca será. Você sobreviveu a algo horrível — afirmo.

— Sim, é verdade. Aconteceu. Aquilo aconteceu.

Quando as pessoas sobrevivem a um trauma, normalmente há um período de percepção de que algo ruim realmente aconteceu. É simples e complicado aceitar esse ato básico.

— Quero denunciar esse homem terrível — diz Astrid na semana seguinte.

Nós falamos sobre como o processo de reportar o estupro seria para ela. Quando ela leva em consideração as complexidades da sequência de eventos, e os desafios, ter que contar e descrever cada detalhe para a polícia, ela se dá conta de que não quer enfrentar uma denúncia. As fotos dos dois no dia seguinte, os e-mails amigáveis que trocaram, o sexo consensual dez dias após o estupro, tudo isso torna o caso dela quase impossível de provar. Ela sabe disso, e eu sei disso por já ter guiado outras pessoas por esse sistema de justiça muito falho. Nesse momento, penso no acrônimo com o qual me deparei uma vez quando estudando como empoderar pessoas que lidavam com trauma sexual. *LIFE:*

listening, informing, facilitating, educating (ouvir, informar, facilitar, educar). Fico furiosa por não poder fazer mais por ela. Posso dar espaço para ela se abrir e apoiá-la e acalentá-la, ajudá-la a descobrir sua própria voz na forma como lidar com essa experiência, mas o sistema ainda assim é punitivo.

— Sei que fazer uma denúncia pode reviver a situação traumatizante e nem sempre leva a nada que se pareça remotamente com uma vitória. Mas não denunciar também é profundamente triste, e há uma sensação de grande injustiça — diz ela.

Concordo. Pode ser brutal e inacreditavelmente difícil decidir o que fazer.

Astrid decide que não quer entrar em uma briga que provavelmente vai perder. Ela reconhece como isso poderia prejudicá-la ainda mais.

— Não quero sentir ainda mais dor. Posso lidar com a dor aqui, com você, mas não quero a dor do sistema. É bizarro que eu adore vir aqui, por mais doloroso que seja para mim falar sobre isso? — questiona ela.

— Não acho bizarro. Talvez seja um alívio que você tenha ido tão longe aqui.

— Sim. Eu me sinto um pouco orgulhosa. Gosto das nossas sessões — afirma ela. — Até visto minha roupa chique de domingo, às vezes. Mesmo não vendo você aos domingos. Você sabe o que quero dizer. É bom ter um motivo para usar um vestido bonito. Gosto desse consultório. Me sinto segura aqui. É tão calmo. E bonito. E profissional, agora que você conseguiu sua cadeira nova.

— Você estava certa sobre a cadeira. Estou satisfeita com essa nova — falo.

— Tem mais uma coisa que me incomoda. Posso dizer o que é?

— Vá em frente.

— Adoro as flores. Você tem essas flores lindas e novas toda semana, em um pequeno vasinho em cima da mesa. Tudo o que aprendi na terapia é sobre realidade, fragilidade, vida nova. Flores são adoráveis em qualquer idade, até morrerem. É por isso que amo as flores.

— Astrid, flores são adoráveis em qualquer idade, até morrerem. É um bom título para um livro de memórias.

— Sim!

De certa forma, estamos falando da vida em si, quem somos dentro do sistema, das políticas, mostrando nossa opinião verdadeira, e por outro lado, estamos saindo completamente do assunto. Rimos. Percebo que algumas das nossas discussões superficiais são rotas cênicas que nos levam aonde queremos chegar.

Com todas as perspectivas possíveis, somos só nós duas na sala, e cabe a nós criar sentido para essa situação.

Na semana seguinte, Astrid chega à sessão com um vaso com uma roseira plantada nos braços.

— Isso é para você, Charlotte. Bem, é para nós duas, na verdade. Gostaria de doar oficialmente para o consultório. Posso?

— Sim, pode — respondo.

Ao aceitar o vaso de rosas, espero que eu esteja honrando Astrid pelo trauma ao qual sobreviveu, e a todas as outras pessoas que me contam suas histórias nessa sala.

— Gosto da ideia de que mesmo com toda tristeza, sempre existe beleza — afirma Astrid.

— Sim. Sempre existe beleza. Essa sala é sobre crescimento de verdade. E nossa conversa sobre flores também é sobre isso, de certa maneira. Mas, além disso, você trouxe a escuridão. Não manteve tudo limpinho e belo.

— Amo fazer jardinagem por esse motivo. O solo é tão honesto, o cascalho, a terra... e nós nos ajoelhamos para trazer essas belezas à superfície. Foi isso o que fizemos aqui. É difícil. O que eu realmente quero, Charlotte, é me conectar com um cara legal. Até tentei me persuadir de que isso poderia ser possível com um homem que me drogou e me estuprou enquanto eu estava inconsciente. Eu queria tanto que essa história fosse diferente do que realmente foi. Estava tentando transformar minha experiência em algo bom, apesar de ela não ser aceitável.

— O que aconteceu não foi aceitável, e não foi uma conexão verdadeira, nem nada que pudesse ser transformado em uma, mas querer se conectar é lindo e completamente válido, e possível — afirmo.

Sei que é possível, pois ela se permitiu conectar-se aqui, comigo.

Tivemos experiências compartilhadas, propósitos compartilhados, e ela me deixou ver muitas partes e camadas diferentes dela. Juntamos fragmentos e encontramos fios perdidos para dar sentido ao que significa ser a Astrid.

— De alguma maneira, acreditei que, se eu cooperasse e agradasse àquele homem, e não fizesse uma cena, e fizesse tudo o que deveria fazer, eu conseguiria o que queria.

— Você ainda quer o que achou que queria? — pergunto.

— Boa pergunta. Tenho a voz da minha mãe dentro da minha cabeça, me dizendo que o único jeito de viver uma vida com significado é com um homem bom. Mas, é claro, esse não é o caso. E estou feliz que você tenha me ajudado a me sentir horrorizada pelo comportamento terrível desse homem. Talvez eu não tenha visto com tanta clareza no momento, mas vejo agora. Minha primeira impressão dele não foi do todo. Primeiras impressões… Caramba, elas podem ser equivocadas.

— Sim, totalmente — falei.

— Minha primeira impressão de você, posso contar qual foi?

— Claro. Estou muito curiosa.

— Achei que você não fosse tão inteligente quanto é — contou ela. — Você parecia estilosa demais para ser inteligente. Não é terrível admitir isso? Foi um grande conflito, porque eu também gostei de você por causa da sua aparência. Mas considerei ser um ponto negativo seu. Eu te estereotipei.

Todos nós fazemos isso. Fazemos suposições. Eu fiz suposições sobre Astrid; ela fez suposições sobre James, e sobre mim. Às vezes, nossa primeira impressão é correta, mas muitas vezes precisamos continuar observando.

Com Astrid, há muitas camadas que importam, e a aparência é parte da história.

— Eu me sinto superficial, mas profundamente superficial — diz ela. — Talvez seja profundo, talvez não. Eu me escondi atrás da minha aparência minha vida inteira. Sempre toda arrumada. Achei que isso fosse me ajudar, e até ajudou de muitas formas. Mas me impediu de falar o que penso e, muitas vezes, de estar um caos total. Eu nunca pude ser um caos total com minha mãe ou com meu pai, ou mesmo com minhas irmãs e várias pessoas do meu passado. Nem com meu próprio filho. E, certamente, jamais com os homens. Estou sozinha há muito tempo.

Astrid seguiu na busca por novas conexões, e conseguiu com algumas pessoas do seu passado. Ela se sente menos alienada de si mesma, e conta às irmãs, e, eventualmente, ao seu filho e sua nora, sobre sua experiência traumática. A maioria dos meus clientes tem a idade do filho e da nora dela, e eu imagino como deve ser ouvir essa história da perspectiva deles. Com todas as discussões e mudanças culturais sobre consenso e gênero, Astrid me deu uma percepção sobre algumas das crenças enraizadas e lutas complexas da sua geração.

Resolvemos encerrar nosso trabalho juntas depois de ela se apaixonar por um homem chamado Axel. Eles se conheceram online, construíram um relacionamento bem rápido, e ela decidiu se mudar para Estocolmo, de onde ele era. Estava animada com a mudança e com a vida que teria pela frente. Ter um fim organizado e planejado na terapia comigo pareceu consistente com a nossa dinâmica. Ela precisava que nosso trabalho fosse uma história coerente, com início, meio e fim. E ela era uma romântica incurável. Eu não precisava resolver isso para ela, mesmo me sentindo cautelosa por ela.

Ela me contou os planos dos dois. Eles viveriam na casa dele em Estocolmo, mas nos fins de semana planejavam fugir para a casinha dele nas montanhas. Ela descreveu o telhado de hera, como iriam escorregar de trenó, colher frutas silvestres, comer carne de veado. Axel era voluntário como guia de trilhas para crianças com deficiência. Eles queriam curtir e cuidar um do outro. Esse seria seu terceiro ato revisado.

Ela me agradeceu ao fim do nosso trabalho, disse que não teria encontrado o amor se não fosse por mim. Sei que isso não é totalmente verdade; é fantasia, projeção, idealização, transferência. Mas não havia como dissuadi-la, e ela quis se apegar a essa história.

— Você me ajudou a encarar a mim mesma. Para mim isso foi uma grande mudança. Eu nunca tinha expressado meu verdadeiro eu interior antes — confessa ela. — E você fez com que eu acreditasse que era possível ser amada. Você não disse isso, mas sinto que me viu como alguém que poderia amar e ser amada.

— Isso é verdade.

— E aqui está meu lado realmente esquisito. A parte do amor que eu não previ. Precisei odiar, realmente odiar, para me permitir amar de novo. Odeio aquele monstro por ter me estuprado. Primeiro, eu me odiei. E todos os clichês. Eu me culpei, me senti nojenta. E então tudo mudou quando te contei a história e percebi o que tinha acontecido. Nunca entendi o poder da negação, todos esses anos, mas agora entendo. Demorei um tempo para ver que não sou uma pessoa desprezível e que ele fez algo terrível.

— Sim, tudo o que está dizendo é verdade, você não é desprezível, e eu fico triste por ter se sentido assim, e feliz por não se sentir mais. E ele realmente fez algo terrível.

— Ainda sinto raiva quando penso nele, e o odeio. Odeio aquele homem! Talvez isso mude. O tempo dirá, mas odiá-lo tem sido útil para mim. Me abriu espaço para amar. Me sentir mal tomou todo espaço dentro de mim. Eu estava sempre disfarçando e escondendo, não só sobre isso que aconteceu, mas coisas antigas. Bem antigas. Talvez estivesse até usando o estupro para explicar tudo. Colocando todos os problemas da vida nele. Fui injusta em fazer isso?

— Injusta com quem? — pergunto.

— Boa pergunta.

— O que aconteceu com você é horrível, e se você é capaz de fazer uma limonada com esses limões, deveria fazer o que quiser.

— Sim, vou fazer o que eu quiser. Vou, sim. Vim até você porque queria me conectar. Como você apontou, eu estava desconectada de mim mesma. E me conectar aqui e enxergar as coisas por um novo prisma me abriu espaço para me conectar com Axel de maneira que nem imaginei que fosse possível. É muito louco que eu precisei odiar para conseguir amar. Mas eu nunca pude odiar ninguém, com exceção de mim mesma, minha vida inteira. Nem meu ex-marido, certamente não meus pais, nem meus pacientes, meus filhos, ninguém. E, finalmente, eu pude odiar alguém. E você o odiou também. E isso me libertou para o amor. Obrigada por se dedicar tanto ao que aconteceu.

— Só continue cuidando de você. Toda atenção que dedica aos outros, pensando no conforto de todos, por favor, confira a si mesma, internamente, e questione-se se as coisas machucam ou parecem seguras ou são o que você quer que sejam. Continue fazendo essas perguntas para si mesma. Sua visão importa. Pense nas suas próprias pantufas.

— Ah, as pantufas! Peguei a referência. Prometo que farei isso.

Dois anos depois que terminamos nosso trabalho juntas, fui surpreendida ao receber um par de pantufas de pelo de carneiro de Astrid. E um cartão animado que incluía uma foto dela com Axel, de pé na frente da casa de campo com telhado de hera, parecendo feliz e saudável.

Essa história tem um final otimista e feliz. Bom demais para ser verdade? Fiquei um pouco desconfiada ao ver aquela foto perfeita de Astrid e Axel. Mas por quê? O terceiro ato de Astrid fora doloroso e transformador, levando-a à sua conexão há tanto tempo desejada. Percebo que, apesar de prometer a mim mesma que jamais deixaria que minha profissão tolhesse meu entusiasmo, havia me tornado desconfiada da felicidade. **Querofobia** é o termo clínico. Olhei para a foto e li o cartão novamente, e decidi confiar nas suas palavras efusivas, assim como acredito nas histórias tristes. Astrid conseguiu o que queria e estava aproveitando sua vida.

Somente a conexão?

Conectar-se é um impulso social arraigado. Ao longo da vida, nós buscamos por encontros humanos, procuramos ligações, formamos laços. Podemos ter momentos de conexão com pessoas que mal conhecemos. Podemos nos conectar com estranhos ou com partes escondidas de nós mesmos. Às vezes, a conexão é uma sensação profunda, que pode ir além das palavras.

A *perma-conexão* é o novo superalimento emocional, mas não ficamos muito confortáveis quando a desconexão surge. Fingimos que não estamos ali, evitamos, viramos para outro lado, ou enlouquecemos e nos desesperamos. Precisamos normalizar a desconexão. Por mais humano que seja nos virarmos um para o outro, também é humano virarmos as costas uns para os outros algumas vezes e nos desvincularmos de partes de nós quando algo parece insuportável. Astrid lutou para verbalizar sua história. Sua experiência traumática a havia alienado. Pode ser doloroso, solitário, entristecedor, mas acontece. Se esperarmos que desconexões ocorram, podemos aprender a consertar e nos recuperar com mais facilidade. Reconhecer conexões fracassadas pode ser um alívio libertador. Acontece com frequência — no trabalho, com amigos, com parentes, com terapeutas. Sobreviver à desconexão não significa que precisamos nos sentir isolados e inseguros, mas que precisamos aceitar as limitações e imperfeições de todos os relacionamentos. Talvez consigamos nos reconectar e, inevitavelmente, faremos novas conexões.

Conexões normalmente acontecem em uma variedade de fontes. Ninguém consegue que todas as suas necessidades sejam supridas por uma única pessoa, seja você mesmo ou outro ser humano. Quando adotamos uma visão flexível e expansiva da vida, somos receptivos a conexões muito mais amplas.

Permita-se obter conexões de fontes diversas. Seja criterioso. Não tente se conectar com todo mundo que conhecer. Conexões em excesso podem ser exaustivas e emocionalmente promíscuas. Forçar uma conexão pode parecer falso e te deixar com ressaca de vulnerabilidade. Não espere conexão total com todos que ama a todo momento.

Se você carrega algum trauma, vergonha, uma fonte de dor, é preciso coragem para se abrir e se conectar com alguém. Quando se sentir seguro e confortável, revelar algo da sua vida privada pode levá-lo a um lugar de aceitação. Quando contar sua história traumática para alguém com quem não se sentir conectado e que achou/esperou que se sentiria, esteja preparado para se sentir desconfortável. Acontece, e às vezes você não sabe se vai se conectar com essa pessoa até já estar contando a história. Nós estabelecemos conexões ao mostrar nossa vulnerabilidade e nos abrirmos, portanto não podemos sempre prever o quão conectada ou desconectada a conversa será.

Se não sentir conexão com seu terapeuta, encontre um novo terapeuta. Se sentir-se desconectado em alguns momentos, fale sobre isso e veja se vocês conseguem trabalhar essa desconexão. Rompimentos e reparações podem unir vocês. Conexões não funcionam como linhas retas. A conexão com Astrid teve altos e baixos. Nós toleramos a incerteza. Conectar-se pode significar "levar uma linha para um passeio" (o artista Paul Klee disse isso sobre criatividade em Bauhaus), costurando e juntando e unindo e descobrindo ao longo da travessia.

CAPÍTULO ONZE

O que não deveríamos querer
(*E o que deveríamos*)

Uma vez, um instrutor de esqui me contou que tirava a aliança de casamento ao dar aula para clientes mulheres, para evitar que elas dessem em cima dele.

— Elas me desejavam mais quando viam que eu não estava disponível.

O que isso diz sobre atração e regras é impressionante, suas próprias questões incluídas, é claro. Ele e a mulher acabaram se separando, e não tenho certeza do que ela achava dessa política de tirar a aliança antes das aulas. Mas esse é um exemplo de querermos o que não deveríamos querer.

O *não* é um conceito profundamente fascinante e complicado. Ele pode ser recheado de vergonha, orgulho, animação, ansiedade. Quando foi a última vez que você disse não para alguém, ou que alguém disse não para você? Como foi? Somos condicionados a dizer "não" para o que queremos secretamente e "sim" para o que não queremos de verdade. Internalizamos mensagens conflitantes de sim e não, e peneiramos desejos conflitantes o tempo todo. Estamos constantemente expondo e escondendo partes de nós, negociando as regras do desejo. Somos pressionados por todos os "você deveria" da vida: nos sentimos sobrecarregados e restritos por responsabilidades e expectativas. Quebrar as regras é uma tentação emocionante e apavorante.

O *não* também pode ser um jogo terrivelmente enganoso que jogamos sem entender completamente. Pode ser estimulante, não necessariamente para a pessoa que diz, mas para a que escuta. E pode ser erotizado, em parte porque nem sempre é inteiramente fidedigno nem inteiramente acreditado. A ambiguidade pode ser excitante e perigosa.

É complicado entender o significado de sim e não, independentemente de gênero e das dinâmicas de gênero. Mas eu realmente acho que o gênero precisa ser considerado nessa discussão. Nas palavras da jornalista Leslie Bennetts: "Apesar do termo 'slut-shaming' ser uma invenção moderna, mulheres foram tradicionalmente doutrinadas para ver seus próprios desejos como vergonhosos e não femininos. Apenas recentemente o ativismo feminista encorajou as mulheres a se livrar desses estigmas e lutar pela liberdade para explorar sua própria sexualidade, mas o processo permanece difícil e doloroso para muitas delas."

Nós quebramos as regras de sim e não nas nossas fantasias e sonhos agressivos e sexuais. De vez em quando, temos fantasias sexuais que estão em desacordo com nossos valores, escolhas, estilos de vida. Sonhos não têm censura nesse sentido, e nós podemos sonhar em fazer sexo com todo tipo de pessoa inadequada. Podemos acordar horrorizados pelas ideias indecentes em nosso cérebro, impressionados por sabermos que alguma parte de nós, na realidade, deseja algo completamente desvairado e até repugnante.

Na maioria das vezes, nós não realizamos fantasias ilícitas ou que envolvem algum tabu, e não queremos de verdade aquilo sobre o que fantasiamos. A fantasia de estupro é um exemplo clássico de querer algo no campo da fantasia. A psicoterapeuta e escritora forense Anna Motz conversou comigo sobre crenças enraizadas de prazer sexual. Se uma mulher fantasia que está sendo estuprada, ela é objeto de um desejo irracional e devorador, e não tem escolha a não ser fazer sexo. Ela pode ter prazer sexual sem procurar pelo ato ou mesmo revelar seus desejos. E, é claro, a fantasia é totalmente diferente de desejar de fato que isso aconteça. Uma fantasia de estupro não significa que você quer ser estuprada de verdade.

Algumas fantasias são mais difíceis de abandonar. Se a pessoa que você deseja não está disponível ou é inalcançável, talvez você a deseje ainda mais. Você sabe que não deve continuar obcecado por um ex, nem por uma pessoa morta, nem por alguém que o rejeitou, o magoou, mas quando alguém fora da sua alçada o rejeita, você pode se sentir estranhamente apegado.

Nós desejamos pessoas fora das nossas possibilidades porque não acreditamos que somos dignos de amor recíproco de verdade. Mas também pode ser que guardemos ideais grandiosos, visões de um potencial, junto com um senso de inadequação. O desejo do que está além dos nossos limites apela para o nosso senso de individualidade inseguro. Podemos projetar infinitas fantasias e possibilidades. A relação pode permanecer idealizada, o que pode parecer melhor e mais seguro do que a decepção e a vulnerabilidade que vêm com a realidade. Você pode preservar e até imortalizar ideais se mantiver distância, evitando a contaminação da intimidade real. Às vezes, nós queremos o que não deveríamos querer porque estamos menos confiantes, ou menos animados, com o que podemos realmente obter.

Às vezes, nossas atrações são equivocadas, perigosas, inapropriadas, em contradição aos nossos valores. Interna e externamente, podemos nos sentir estranhamente atraídos para o perigo, a destruição, pessoas ou situações que não são boas para nós, nem saudáveis. Podemos nos sentir atraídos pelo tabu, pelo proibido, pelo transgressor. Ficamos cansados de sermos bons o tempo todo. Nós ansiamos a perversão.

O "sim" também é uma palavra complicada. Você pode dizer sim a uma oferta de emprego, a um pedido de casamento, a engravidar, porque acha que deveria fazer essas coisas, mas não necessariamente porque quer. Dizer sim rápido demais, fácil demais, pode ser desanimador. Por isso, evitamos dizer sim muitas vezes, mesmo quando queremos algo. E temos dificuldade em dizer não quando nos sentimos culpados, pressionados ou em dúvida. Sabemos que não conseguiremos comparecer ao jantar de um amigo, mas não queremos dizer não, então não dizemos, e pensamos que talvez consigamos ir, talvez dê certo. E dizemos sim quando, na verdade, deveríamos dizer não.

O livro *Amanhã o sexo será bom novamente*, de Katherine Angel, explora lindamente a cultura do consentimento. Nela, deveríamos dizer o que queremos, identificar nossos desejos, dizer sim e não como uma frase completa. Dizer o que funciona, o que não funciona, o que o outro deve fazer e o que não deve. Mas vamos analisar o que pode ser que nos impeça de dizer a palavra não. O instinto de agradar ao outro, principalmente quando há diferença de poder, pode tornar o "não" muito difícil de ser dito. Você pode se desdobrar no trabalho ou em uma amizade, dizer sim para demandas exageradas, tornar-se disponível em horários absurdos e acabar se sobrecarregando. Alguns de nós vão além do que podem, mesmo a demanda sendo estressante e excessiva.

VOCÊ SABE O QUE REALMENTE DESEJA?

Você tem dificuldade de dizer não para o seu chefe, mas talvez nem queira isso. Também gosta quando lhe pedem favores, apesar de reclamar do quão inapropriado e fora dos limites a coisa toda é.

Os seres humanos podem ser tanto autodestrutivos quanto autopreservativos. A maioria de nós tem algum tipo de atração pelo perigo — em relação aos outros e a nós mesmos. Em diferentes fases da vida, podemos dirigir perigosamente, tratar mal as pessoas, roubar, trair, beber demais, comer de forma não saudável, fumar, evitar ou rejeitar algo que é bom para nós, usar drogas, dormir com pessoas inadequadas, gastar dinheiro de forma leviana, nos sentirmos atraídos por pessoas imprudentes ou perigosas, buscar conexão nos lugares errados, ou tratarmos a nós mesmos de quaisquer outras maneiras que prejudiquem nossa saúde e estabilidade. Nós queremos o que é bom para nós, e queremos o que é ruim também. É prazer e dor, vida e morte, bom e ruim, tudo envolto em uma série de contradições que tocam nosso âmago.

Buscamos conforto, proteção e segurança, e nos esforçamos ostensivamente para fazer escolhas saudáveis enquanto ainda ansiamos por outra coisa, algo completamente diferente. Com frequência, entramos em contradição conosco sobre o significado de perigo, ambivalentes sobre o que realmente desejamos e valorizamos, e isso se mostra quando há um impasse, algum bloqueio, uma obsessão profunda e mal resolvida.

Ir em busca do perigo geralmente é sobre potência, fantasia, expansão. Sentimos o desejo de vitalidade quando nos levamos ao limite, quebramos regras, testamos nossa segurança, e ainda assim de alguma maneira sobrevivemos. Nos sentimos excepcionais quando vamos contra tudo e transgredimos. Saber que temos a capacidade de nos comportar mal, e até de acabar com nossas vidas, nos excita tanto quanto nos apavora.

Para muitos, maturidade significa evitar o perigo quando possível, aquietar-se, crescer e fazer escolhas responsáveis em vez de imprudentes. Nós nos comprometemos com relacionamentos, casas, profissões e até conosco — prometendo autocuidado, fazendo ioga, realizando coisas que valem a pena. Talvez ainda nos comportemos mal em alguns momentos e apreciemos um escândalo de longe — adoramos fofocas obscenas, livros e séries de TV com roteiros deturpados. Somos fascinados por histórias horríveis que aparecem na mídia. O contraste nos faz lembrar da nossa própria segurança, como o sentimento reconfortante de estar quente e seco ao ouvirmos uma tempestade do lado de fora. Mas uma pequena parte de nós procura destruição e perigo.

É desconcertante que nos sintamos atraídos por fontes de sofrimento. Queremos prosperar e sentir contentamento, então por que somos levados à dor de maneiras tão esquisitas? Há sedução na familiaridade à antiga história de que precisamos sofrer por amor, que nossa dor guarda uma sabedoria especial para nós, que ela detém o propósito de que precisamos. Isso pode tomar forma através de uma conexão a um trauma do passado.

O trauma muda quem somos — não sabemos quem seríamos sem ele —, mas o propósito pode mudar. Podemos nos sentir desamparados e vitimizados em alguns momentos, responsáveis em outros, empoderados — tudo isso. Não precisamos deixar que nossos traumas nos definam, mesmo que sejam parte de nós. O trauma pode nos calar e nos abrir em diferentes momentos. Podemos achar que já superamos algo, e de repente isso ser reativado. Podemos sentir vergonha e perceber que ainda não superamos. Às vezes, estamos simplesmente bem; nos sentimos genuinamente recuperados, fortes, saudáveis, e em outro instante, é como se estivéssemos lá de volta, não importa há quanto tempo tenha acontecido, nem as circunstâncias. "O trauma sempre aconteceu ontem", o filósofo Francesco Dimitri escreve. Em certos momentos, podemos até sentir falta dele.

Os lados secretos de Alice

Alice e eu trabalhamos juntas intermitentemente por doze anos (minha relação terapêutica mais longa até hoje), antes e depois das minhas licenças-maternidade e ao longo da primeira dela também. Alice tem 39 anos, é feliz, casada com um sujeito bacana, e tem uma filha linda de um ano. Ela é excepcionalmente bonita. Sempre achei sua beleza surpreendente — como se o conjunto de seus traços fosse bonito por acaso e revelasse uma beleza inesperada. Hoje, ela parece incrivelmente exausta, porém saudável. Exausta por ficar acordada com sua bebê e trabalhar muito, não exausta depois de dois dias de uma farra regada a drogas.

VOCÊ SABE O QUE REALMENTE DESEJA?

Conheci Alice em um ponto obscuro e perigoso de sua vida, quando ela estava no meio de um caso amoroso secreto traumático e tumultuado com Raffa, um diretor de cinema casado de Paris. Havia violência sexual e abuso de drogas. Quando ela começou a fazer terapia comigo, temi por sua vida, e ela estava isolada. Em muitos momentos, eu era seu único apoio, embora tenhamos trabalhado bastante para cultivar uma rede de apoio para ela. Com muita dificuldade, Alice se desvencilhou de Raffa e nós passamos bastante tempo processando o que havia acontecido. Tivemos que lidar com as consequências desse caso altamente custoso e traumático, que ela havia mantido em segredo. Foi transformador e cicatrizante. Juntas, trabalhamos em busca do reconhecimento do horror, do estrago, da vergonha, do orgulho, da dor da violência e dos abusos que Raffa a infligira. Alice aprendeu a abraçar a beleza das conexões saudáveis e a possibilidade de um amor verdadeiro e duradouro. Nós ajudamos na sua recuperação.

Deixar Raffa foi somente uma das muitas maneiras que testemunhei Alice se transformar e crescer ao longo do nosso trabalho. Quando ela chegou à terapia, trabalhava para uma empresa de design de óculos, onde passava metade da semana em Londres e metade em Paris. Ela contava inúmeras histórias da inconstância da chefe, que agia feito uma diva, mas tinha uma espécie de síndrome de Estocolmo tanto no trabalho quanto em situações românticas. O desprezo que vivenciou com Raffa, e com sua chefe, alimentou seu senso de desvalorização e autoaversão ("nojo" era uma palavra que usava com frequência quando se descrevia) e intensificou seu desespero compulsivo para que gostassem dela. Ela deixou sua chefe logo depois de largar Raffa, e disse adeus a Paris e à vida que estava vivendo. Abriu uma empresa de sabonetes orgânicos, que vai bem até hoje. E envolveu-se com Simon. Durante alguns anos, ela teve dificuldade com o uso de álcool dele, a lentidão para se comprometer, a necessidade excessiva de frequentar festivais e agir como um estudante, apesar de já ter mais de trinta anos.

— Simon só precisa crescer — dizia ela.

Preocupava-se que isso nunca acontecesse. Ele parece ter chegado lá no fim das contas. Os dois estão casados e têm uma filha. E ele é responsável.

Trabalhamos muito o seu passado — a violência que sofreu do pai na infância, a mãe que nunca a protegeu. Ela não usa mais drogas, não porque tenha se tornado abstêmia, mas porque ainda está no puerpério e tem responsabilidades demais para fazer isso. Teve que lidar com amizades complexas, questões de autoestima, e tentou proteger-se e fazer escolhas saudáveis de muitas maneiras.

— Mas preciso ser sincera com você — Alice diz certa vez. — Dane-se a terapia e toda a saúde que ela promove. É como me sinto agora. Sinto saudade da escuridão.

— Tudo bem. Fico feliz que consiga ser sincera. Conte-me mais — peço.

Acho esses momentos da terapia sensacionais: a franqueza sem filtro das conversas íntimas na segurança de uma relação terapêutica. Podemos ser corajosos e verdadeiros e bizarros. E Alice e eu já passamos há muito tempo das trivialidades e conversinhas educadas. Diferente de encontros sociais rotineiros, nesse espaço não há a demanda de se editar nem que comportamentos convencionais sejam seguidos, e nós não precisamos fingir que temos tudo sob controle; estamos aqui para falar das dificuldades. Sinto que ela confia em mim para me permitir adentrar seu mundo. Ela me deixa entender seu universo interno e é atipicamente aberta. Mas é obstinada e determinada a ter suas próprias opiniões, e resiste a fazer o que os outros dizem.

— Sou uma **pedintiota** — diz ela. — Fico pedindo conselhos e depois, feito uma idiota, não os sigo.

— Gosto disso. De onde você tirou esse termo, pedintiota? — pergunto.

— Ouvi em algum lugar. Mas é bom, não é? Fique à vontade para usá-lo. Então, serei uma pedintiota agora e contarei meu dilema…

Algumas das decisões dela são imediatas e urgentes, outras a longo prazo. Ela está constantemente dividida entre duas coisas, e faz gestos de balança. Normalmente, é uma questão de ou isso ou aquilo. Também tem o hábito de fazer aspas no ar quando conta histórias sobre si. E muitas vezes em momentos sérios e genuínos, como se precisasse minimizar a importância do que diz ou quando se sente envergonhada de parecer que se leva muito a sério.

— Quero ficar com o Raffa de novo. Será que eu deveria largar o Simon e ficar com ele? Não responda — pede ela.

— Não vou responder — garanto.

— Estou completamente perdida… Minha franqueza e minha confiança são uma enganação. Não sei por que parecem assim. Parecem uma enganação para você?

— **A franqueza pode ser uma máscara**. Seja sobre o que for que está sendo franca, não é definitivo. Você tem lados diferentes.

— Sim, é isso. E, é claro, não é definitivo. Dou a falsa impressão de que o que você vê é o que você leva — afirma ela.

Pergunto como é isso para ela.

— Faz com que eu me sinta ainda mais solitária. Ninguém me conhece de verdade. Escolho o que mostrar, mas estou sozinha nessa.

Eu também não a conheço tão bem. Me senti profundamente conectada a ela ao longo de todos esses anos, e de certa forma, tenho um acesso especial. Mas meu ponto de vista não é imparcial. E, às vezes, me pergunto se ela mente para mim. Suas histórias podem parecer muito agradáveis — mesmo quando ela é exigente —, como pequenos cartões de agradecimento terapêuticos. Criamos uma linguagem idiossincrática compartilhada, cheia de expressões, termos e associações.

— Sou confusa e frustrada e não tão direta quanto achei que fosse. No momento me sinto insegura de muitas maneiras — afirma ela. — Estou em um momento esquisito.

— Me conte sobre isso.

— É o Raffa. Tomando minha cabeça. Não consigo tirá-lo daqui. Penso nele da hora que acordo à hora que durmo. Mesmo nossa relação tendo sido desastrosa, estou com saudade dele agora. — Ela boceja graciosamente e continua: — Ele era um cara terrível, muito cruel e destrutivo.

— Sim, era.

— Ele estava mais para um minotauro. Mais touro que humano. Não faz nenhum sentido. Faz tantos anos desde que estivemos juntos, desde que o vi ou falei com ele, e a coisa toda foi grotesca. Monstruosamente errada em muitos níveis. Nós já processamos tudo isso. Eu já me curei. Vejo as coisas como são agora. Mas...

— Mas...?

— Mas... Sinto que em algum lugar ao longo do caminho, talvez desde que Simon e eu decidimos nos comprometer e casar, e parar de usar drogas e ter um bebê. Desde que ele aprendeu a ser mais gentil comigo, mais empático, mais confiável, menos objetificante. Nós passamos por muitas coisas e cuidamos dessas feridas antigas. Sabemos disso. Sabemos que é bom e saudável. E Simon é um pai muito amoroso. Sou grata por isso, realmente sou.

— Você pode ser grata e também ter outros sentimentos.

— Fiz todas as coisas certas… mas fico relembrando a primeira noite que Raffa e eu passamos juntos. Eu tinha 27 anos, morava num cubículo em Paris, saía o tempo todo. Sabia que ele era casado e não podia acreditar que ele estava dando em cima de mim. Olho para trás e vejo como dei meu primeiro passo no caminho do precipício. Foi um passinho, e no instante em que cheguei um tiquinho mais perto, dei um passo para trás. Estava curiosa e apavorada de deixar que algo acontecesse. Sempre fui muito crítica com as pessoas que tinham casos extraconjugais. E Raffa era tão obviamente narcisista e drogado. Tudo errado. Nunca tinha feito nada desse tipo antes. Mas não conhecia ninguém no mundo como ele. E ele correu atrás de mim com tanta determinação. Aquilo me deixava desconfortável, mas eu também adorava. Ele era tão completamente maluco, e por mais descontrolada e imprudente que nossa relação fosse, acho que sinto falta daquela sensação de vivacidade. Da paixão. Eu realmente não deveria pensar nessas coisas. O que há de errado comigo?

— O que aconteceu com Raffa foi profundamente traumático. Ele era complexo, perigoso, excitante de muitas maneiras. Mas havia abuso físico e psicológico também. Seja gentil consigo mesma. Sua linguagem é tão dura, *grotesca, desastrosa*. Talvez você esteja tentando se distanciar desses sentimentos, o que não vai funcionar, mas, além disso, é compreensível que tenha momentos em que sinta falta de algumas coisas — afirmo. — Mas ele era abusivo e perigoso.

Fico tensa nesse momento, tendo que reiterar o abuso a que ele a submeteu. Não quero glamourizá-lo nem conspirar com sua reminiscência do encantamento por ele. Não quero validá-la sendo compreensiva demais. Mas também não quero calar seja lá o que ela esteja vivendo.

— Mas por que eu sinto saudade dele? Será que sinto mesmo? Nem tenho certeza disso. É mais o fato de estar pensando nele e naquele período da minha vida de novo.

— Estou curiosa para saber como você está se sentindo agora. Acabou de se lembrar de ser abordada com uma intensidade passional, e o perigo… isso tudo pode parecer empolgante. E você tem uma bebê pequena agora e um marido. Aquela vida em Paris era extremamente diferente. Não significa que você precise fazer algo ou estar com ele. Mas você pode reconhecer a vontade. O que acha que a despertou agora?

— Não faço ideia. Achei que já tinha me recuperado e seguido com a minha vida. Gosto da minha vida. Não entendo. — Sua voz fica mais baixa. — Dei duro para conseguir o que queria: um bebê, um marido, um trabalho de que gosto, uma vida saudável e feliz. E realmente consegui tudo isso! Você me ajudou a alcançar esse lugar e a dar uma reviravolta na vida. E sou muito grata, mas parte de mim tem dificuldade de aproveitar o que tenho.

— Claro que sim — retruco. — Isso acontece. Nós buscamos, desejamos, queremos tanto e, então, conseguimos o que achávamos que queríamos. O bem-estar e a satisfação podem nos iludir.

— Você diz "nós". Isso significa que você entende o que estou dizendo? — pergunta ela. — Por favor, me diga que você às vezes sente falta da escuridão? Você já esteve lá?

Eu já estive lá. Hipervigilante, como tantos sobreviventes de traumas e abusos, Alice percebe tudo, mesmo quando está escondido. Ela tem uma astúcia inabalável. É alguém que guardou segredos a maior parte da vida, e é quase impossível guardar segredos dela.

— Claro, entendo o que está dizendo — respondo. — Já estive na escuridão. Não na mesma que a sua, mas na escuridão, sim. Às vezes, acho que você se estigmatiza e se sente completamente sozinha nas dificuldades em que enfrenta, quando não está. É claro, você é única, mas não está sozinha.

— Eu realmente me sinto sozinha. Não conheço ninguém que esteve em uma relação fodida como essa que tive com Raffa. Eu me sinto única, mas não de um jeito bom.

— Você é única — repito. — Mas não por isso. Sinto muito que você se sinta sozinha.

Ela fica amuada com o que digo, e eu me pergunto se parte do seu vínculo de trauma é porque ele a faz sentir-se interessante. O trauma pode estar perversamente ligado a questões de autoestima quando você acredita que seu abuso o torna especial. Guardo meus pensamentos para mim para ver onde o discurso dela vai dar.

— Fazer sabonete orgânico parece quase ridiculamente simbólico para o quão limpa me tornei — afirma. — Acho que um pouco do meu pensamento em Raffa tem a ver com meu desejo de sujeira. Eu venho da sujeira. Sou suja. Não sei se é meu ego desenfreado que sente saudade de Raffa ou minha baixa autoestima…

— Talvez os dois… Vamos observar os lados diferentes. — Posso ser direta às vezes, ainda mais com ela, devido à consistência da nossa relação.

— Provavelmente. Minha sofrerioridade é cruel. Não consigo decidir se sou melhor que todo mundo ou completamente inadequada. E estou sofrendo. Ou quero estar sofrendo. Quero ser especial de alguma maneira. Eu só meio que não confio muito na limpeza da minha vida. O sabonete orgânico, as roupinhas de bebê, a minha versão gordinha e sóbria, é isso mesmo?

— Você está realmente com dificuldade em confiar que está realmente limpa, na sua saúde. E talvez seu passado traumático e a dor tenham te tornado especial de alguma maneira, por mais complicado que isso possa ser. O que você acha da sujeira?

— Melhor que a limpeza. Não só porque é mais excitante, mas porque parece, de alguma forma, mais verdadeira. Mais familiar. E certa. Mas me sinto uma louca ao admitir isso. Eu quis estar bem e em segurança, e agora estou lutando contra isso.

— Veja se consegue parar de se repreender por um minuto para tentarmos entender melhor. O que está dizendo faz sentido. Você não é louca. A sujeira pode parecer familiar. Há um termo francês para isso, **nostalgie de la boue**, "nostalgia da lama", talvez até da depravação.

— É claro que os franceses entendem. Adorei. Depravação… é isso. Não percebi que era algo de que eu poderia sentir falta quando deixei para trás. Charlotte, por mais que você tenha me ajudado a me desvencilhar do Raffa, você não me alertou o suficiente.

— Em relação a quê?

— Falamos do assédio e em fazer escolhas saudáveis, e de como eu poderia olhar para trás com compaixão para minha vulnerabilidade e para as minhas feridas. Achei que me sentiria orgulhosa por abandoná-lo. Você não me alertou… simplesmente aplaudiu minha saúde, minhas escolhas corajosas e me apoiou, mas nunca me falou que eu viveria um luto pelos tempos terríveis também. Você não me disse que eu me sentiria assim, tantos anos depois.

Se eu a tivesse alertado, será que ela sofreria menos?

Antes de engravidar, Alice era esbelta, sarada e estilosa de um jeito boêmio levemente caótico. Usava vestidos longos e largos sem sutiã. Apesar de provocativa, ela também tinha uma espécie de sensualidade natural. Ela se lembra de ser precoce e hipersexual na adolescência e no início da idade adulta, e achava, como muitas mulheres jovens, que ser desejada sexualmente era sua maior vantagem. Agora, ela está mais pesada e macia que antes. Essas qualidades lhe dão todo um ar de saúde.

Percebi que, durante o período em que eu a atendo, nós duas passamos por inúmeras fases. Ela é um pouco mais velha que eu, apesar de parecer que temos a mesma idade. Éramos solteiras de vinte e poucos anos quando ela começou a fazer terapia. Nós duas ficamos noivas em momentos próximos, nos casamos e tivemos nossos bebês. Tivemos intervalos sem terapia, mas sempre voltamos ao processo. Ao longo do nosso trabalho, cada uma de nós se desenvolveu e cresceu.

Seguimos juntas em um movimento contínuo para a frente por muito tempo. Nossa aliança parece sólida e duradoura. Mas, de repente, fico impressionada com tudo o que mudou. Ao vê-la sob a luz, detecto rugas leves e linhas de expressão que não me lembro de ter visto antes. Vejo cabelos mais grossos em sua cabeça e penso se está ficando grisalha. Tenho o pensamento extremamente óbvio, porém chocante: *Nós duas envelhecemos muito.*

— Simon é tão confiável — diz ela, abrindo os olhos.

— Como é isso para você? — pergunto.

Ela puxa a manga do seu casaco de maneira impaciente.

— Ah, por favor. Minha vida agora, de certa forma, é tudo o que eu sempre quis. Fico dizendo isso, mas é verdade. Supostamente. Após tudo o que passei, lidar com minha infância, a insegurança agonizante e tudo o que aconteceu com Raffa, e depois o drama com Simon, seus problemas com o compromisso, sua recuperação do alcoolismo, implorar para que fosse morar comigo, finalmente conseguir fazê-lo crescer. Agora ele é realmente bom para mim. É carinhoso. Temos uma casa boa. Ele me ama do jeito que sou.

É um bom pai. Até lava a louça! Trabalhamos tanto para chegar até aqui, e agora chegamos.

Chegamos, após todos esses anos de terapia. Alice tem o que os psicoterapeutas chamam de "voo para a saúde", quando a pessoa se sente mágica e impressionantemente curada, e talvez esse seja um voo para a doença. De repente, ela se sente incomodada e sintomática e levada de volta para algo que achou que já tivesse superado. Os altos e baixos de deixar algo para trás e se apegar, de mudar e continuar igual. Incentivo Alice a ir adiante, a reavaliar suas experiências e não se sentir amarrada a um significado fixo.

— Preciso ser mais corajosa comigo mesma e admitir que odeio algumas coisas que amo. O fato de Simon ser doméstico. Amo isso, mas me brocha um pouco. Peço a ele para ser vulnerável e se abrir comigo, mas às vezes o acho realmente fraco e irritante quando ele é emotivo. Essa coisa toda do homem moderno, acho que é um pouco brochante para mim.

— Isso é sincero — pontuo.

— E a maternidade é difícil, por mais que eu adore a Sophie — acrescenta ela. Uma afirmação totalmente razoável. — Meu papel na vida agora não é muito divertido, acho. É satisfatório e estável, mas tão cheio de obrigações e responsabilidades. O sexo parece uma tarefa doméstica com Simon, e nós só fizemos duas vezes desde que Sophie nasceu. É normal isso?

— Pode ser. Depende de como vocês dois se sentem em relação a isso. Às vezes, leva tempo mesmo. Você gostaria de transar mais com ele?

— Não sinto atração por ele, e tampouco me sinto atraente. Duvido que ele goste do meu corpo hoje em dia e do fato de eu ainda estar amamentando. Meu Deus, como nós mudamos! Costumávamos ir a festivais e ficar dias sem dormir. Discutíamos por ele querer transar o tempo todo e tomar cogumelos. Eu estava sempre tão irritada por ele ser infantil, mas agora que ele está sóbrio, agora que ele de fato cresceu, ele é tão sensato! Sinto falta de querer domá-lo.

— Isso é compreensível — falo. — Apesar do fato de que você estaria, obviamente, frustrada se ele estivesse se comportando de forma desleixada ou se recusando a ser um adulto responsável.

— Verdade. Mas eu genuinamente me enganei achando que só quero coisas saudáveis e segurança. E eu quero essas coisas, sim. Eu estava um caco quando comecei minha terapia com você. Quando estava tendo meu caso com Raffa, ele me batia e gostava de me causar dor. Lembra? — pergunta ela.

— É claro que me lembro — respondo.

Soo defensiva, e estou. Em geral, tenho uma boa memória para detalhes, e jamais esqueceria algo como isso. Percebo que ela está obcecada por se lembrar, preservar, apegada aos detalhes do passado. Minha capacidade de me lembrar de detalhes é o local de armazenamento do seu antigo eu.

— Eu me esforcei muito para resolver alguns dos meus problemas, então por que estou voltando a eles de forma tão obsessiva agora?

— Primeiro de tudo, você esteve extremamente ocupada fazendo coisas, tomando atitudes e alcançando vários marcos. Foi tanta coisa acontecendo que talvez você tenha ignorado pensar em Raffa enquanto isso. E agora está tendo um mínimo segundo de brecha. Em todo esse tempo em que nos conhecemos, você já teve uma crise, um conflito, um obstáculo para chegar a um marco que quer alcançar, e tudo sempre foi sobre a próxima coisa. Agora que está com tudo organizado você se volta para o Raffa... Parece interessante.

— Há algo dentro de mim que precisa revisitar essa história, já que não vou revivê-la, imagino. Acho que preciso trabalhar isso aqui. E ter espaço para deixar tudo isso respirar de novo... **La douleur exquise**... Posso? Sinto que já deveria ter superado isso. Faz tanto tempo — afirma ela. — Não deveria sequer querer falar dele ainda.

— Ah, a **Megera do não deveria** está de volta. Ela está muito rabugenta e falante hoje — falo.

— Ai, meu Deus, é verdade. A Megera do não deveria está de volta! Ela simplesmente aparece e é a pior convidada do mundo. Não traz nada e me julga por tudo. Está me seguindo o tempo todo, apontando o dedo para mim. — Alice solta uma risadinha.

A Megera do não deveria é uma personagem que Alice e eu inventamos alguns anos atrás — ela chega de algumas fontes e experiências diferentes do passado de Alice.

— Vamos simplesmente dar um tchauzinho para ela agora e dizer que ela pode ir embora. A Megera do não deveria não te oferece nenhuma ajuda, simplesmente diz o que você está fazendo de errado. — Alice acredita na Megera do não deveria e sofre bullying dela o tempo todo, e eu gosto de me meter e defendê-la. Não tenho medo dela, e assim posso oferecer à Alice outra perspectiva.

Alice dá um tchauzinho com a mão. Eu também.

— Ah, que sensação boa — afirma Alice. — Que alívio... Está bem... Sem pressão para já ter superado o passado.

— Sem pressão. Você pode ir aonde quiser.

Alice passa o resto da sessão revisitando o passado de sua vida. Ela volta a certas memórias e descrições da escuridão desse relacionamento sombrio, mas intoxicante. Descreve o envolvimento sexual, o terror, a excitação, a solidão.

— A pandemia é uma merda. Você acha que está me deixando ainda mais obcecada?

— As regras, a perda de liberdade, a perda da aventura, da animação, da diversão. Estão cobrando um preço de você. Penso em acédia, o conceito grego de torpor ou tédio. Ele realmente se aplica a esse período. Você não só está vivendo uma pandemia, mas também pode estar sentindo ainda mais falta de uma espécie de um potencial jovial por causa da maternidade, além dela.

— Tem razão — diz ela. — Você fica me falando que sou única, mas também normal. Não tenho certeza do que isso quer dizer.

— Talvez eu queira lembrá-la de que você é, sim, singular, mas também é humana — afirmo.

— Singular... que conceito! Com Raffa, eu tinha uma incerteza constante se eu era singular ou dispensável. De volta à sofrerioridade.

— Esse vai-e-volta, esse "sou isso ou sou aquilo?", é parte do que te manteve presa a ele.

— Sim, e ainda estou, ainda decidindo quem eu sou no meio disso tudo. Pelo menos, posso voltar a essa época com você. No resto da minha vida, espera-se que eu viva no presente ou no modo futuro. Aqui posso viajar de volta ao passado, sem julgamentos. Sinto muito por reclamar da terapia. Você sabe o quanto eu valorizo esse espaço, e você.

— Você pode valorizar a terapia e também achá-la difícil. Abra espaço para sentimentos diferentes, pare de se pressionar para escolher um único sentimento para as coisas — falo.

Quando ela vai embora, imagino a vida para a qual ela retorna. Um lugar bonito e bagunçado, uma filha carente de um ano de idade que ela adora e de quem se ressente, um marido de quem reclama e com quem também conta. Imagino o que acontece com seu senso de individualidade quando ela entra por aquela porta, aonde ela vai, em quem se transforma, o que ela ignora e o que perde.

Na semana seguinte, Alice parece jovial em todos os sentidos, insistente em um tipo de leveza.

— Parei de amamentar — conta ela, quase se gabando. — E adivinha?
— Conte.
— Fumei um baseado pela primeira vez depois de tantos anos — diz ela, com um olhar travesso.
— Como foi? Você parou de amamentar de repente ou foi gradual?
— De repente — responde. — Fui de amamentar diversas vezes ao dia para nenhuma, de uma vez só. Foi assim.
— Isso pode ter efeitos hormonais. É uma grande mudança — lembro.
— Estou me sentindo ótima. E um pouco como uma garota adolescente, contando isso a você, mas fumar um baseado costumava ser... tão divertido, e agora fico tão... exigente. Eu estava tão distante desse universo, tive que achar um novo traficante, o que não foi fácil, mas um amigo me arrumou. A coisa toda foi tão planejada, e eu disse a Simon que ele precisava me conceder esse baseado sem me julgar. Então, fui para o nosso jardim fumar, e Simon e Sophie ficaram lá dentro, assistindo a *Peppa Pig* juntos. Eu podia ver os dois abraçados de onde eu estava. Enquanto eu fumava, entrei numa espécie de estado de sonho, e tudo pareceu tão vívido e interessante... ao alcance das mãos, de alguma maneira. Foi a melhor sensação, de ver minha juventude retornando para mim, ouvir Lou Reed com Raffa, ficar chapada na minha varanda toda noite quando morava em Paris. Minhas observações importavam de novo, um pouco do jeito que acontece aqui, com você, mas em nenhum outro lugar. Enfim, fiquei ali sentada me sentindo totalmente encantada comigo mesma. — Ela ri. — Aproximei meu polegar e meu indicador e olhei para minha pequena família linda. Meu marido maravilhoso e minha bebê amada. Eles estavam ali, apertados entre os meus dedos. Quase não pareciam de verdade. E, então, meu baseado começou a ficar menor, e menor, até que espremi os dedos e não conseguia mais ver Simon e Sophie. Imaginei que eles

simplesmente tinham desaparecido. Puf! Sumiram! Desapareceram! Nada de responsabilidades. Nada de contas. Nada de vida adulta. Tudo tinha ido embora. Eu me senti... tão livre. E jovem de novo. Uma volta ao vasto potencial. Vestidos curtos, salto alto, drinques e cigarros e batom. Foi glorioso. Mas olha que curioso. Eu não senti saudade de poder fazer boas escolhas. Senti falta das escolhas ruins. Do perigo. Queria me livrar do meu marido e da minha filha e voltar, de alguma maneira, àquele cenário esquisito com Raffa, onde ele me objetificava, apertava minha bunda, me dava palmadas até doer, me chamava de puta. Senti saudade de fazer merda. E de ser maltratada. Não das coisas boas. Fiquei nostálgica com as coisas ruins. Então, continuando nosso debate da semana passada, eu ainda estou aqui, querendo a escuridão.

— Vamos continuar pensando nisso, no desejo pela escuridão e pela degradação. Parece te excitar e te fazer sentir viva, mesmo só pensar nisso. Além disso, Alice, é tudo sobre você.

— O que isso significa? — Ela me olha possivelmente ofendida.

— Talvez você sinta falta de tudo ser sobre você. O período com o Raffa, como você disse, era assustador e entusiasmante. Você fez escolhas perigosas, mas as consequências foram suas, e somente suas. Você falava que não se importava com a mulher dele, que ela nem passava pela sua cabeça. Você era a protagonista da história da sua vida e de todas as aventuras e infortúnios, a história era totalmente sua. Talvez seja algo sobre isso, a centralidade do seu papel, que está te seduzindo de volta agora.

— Acho que é verdade que eu não sou mais a personagem principal da minha história. Preciso me sacrificar como mãe. Preciso servir. São tantas funções, tanto trabalho. Outras pessoas e suas necessidades. E nem sempre me sinto vista por tudo o que faço. A maior parte do que faço o dia inteiro, e até durante a noite, mal é percebida. E sim, sinto falta do espaço para autodestruição quando podia ser inteiramente egoísta no meu sofrimento e a dor afetava somente a mim. Sabe o que aconteceria se eu tivesse um colapso agora?

— O quê?

— Provavelmente nada. Primeiro, quem iria notar? Se eu batesse com a minha cabeça contra a parede, Simon me diria para parar de fazer barulho. Tenho muito a perder. Não posso me permitir a liberdade de ter um colapso. Sinto saudade da vulnerabilidade, quando estar emocionalmente ferida importava mais do que manter uma bebê em segurança. Não sei se sinto saudade do Raffa, ou do Simon, de quando éramos inconsequentes.

Uma sirene alta toca lá fora, e nós fazemos uma pausa.

— Vamos voltar ao que você disse há um instante. Sobre sentir saudade da vulnerabilidade, quando estar emocionalmente ferida importava mais do que manter uma bebê em segurança. Isso é poderoso. Imagino se você sente saudade de si mesma, acima de tudo.

— Não sei. Preciso pensar sobre isso. Por que você fica falando isso?

— Você parece saudosa de como costumava ser, e talvez você esteja protestando contra a mudança que sente em si mesma, em seu corpo, em seu novo papel de mãe, ao se apegar à dor do passado. É uma forma de se conectar e de se ater ao seu antigo eu.

— Faz sentido. Eu realmente sinto saudade dela, da Alice jovem. Sinto saudade de mim. — Ela faz uma pausa e olha para baixo, para os próprios pés. — Para onde ela foi? Na verdade, isso me deixa muito triste. Estou oficialmente velha, é isso? — pergunta ela.

— Você está envelhecendo como todo mundo, mas não é velha. Você se sente velha?

— Me sinto desesperadamente velha e, de repente, tão distante da minha amada juventude. Uma imagem me vem à cabeça. Meu eu jovem está de pé do outro lado do rio, me dando tchau, desaparecendo, como um imigrante sendo deportado de vez. O ponto de não retorno. Nunca mais vou poder ser ela, ou vê-la, ou vivenciá-la novamente. — Alice faz uma pausa. — Meu Deus, Charlotte, estou realmente triste.

Também me sinto triste e tocada pela imagem que ela descreve.

— É uma cena bastante comovente. Posso imaginar a tristeza se a vida fosse assim. Mas não necessariamente tem de tomar um rumo tão cruel. Você pode abrir mão de alguns aspectos da sua juventude e se ater a outras partes.

Sinto que estou tentando me persuadir de algo aqui. Estou querendo animá-la de um jeito forçado demais.

— Pare de tentar me convencer. Foi você que disse que eu preciso recontar a história do meu tempo com Raffa. Ele estava comprometido a não se desenvolver e a não crescer. Eu me ressentia disso e o julgava, mas também admirava isso nele. Acho que ele é meu monstro sagrado.

— Seu monstro sagrado. Caramba.

— Posso repetir umas partes do trauma sobre as quais já falamos, a crueldade do nosso relacionamento, mesmo você já tendo ouvido tudo antes?

— Claro que sim.

Ela se lembra de vários momentos de degradação e objetificação, tudo com uma mistura de horror e admiração.

— Estou determinada a contar a história inteira. Da maneira certa, e entendê-la também, para que eu possa deixá-la para trás e explicar tudo isso. Já revivi na minha cabeça a noite em que nos envolvemos um milhão de vezes. Estou sempre tentando desvendar o segredo daquela noite, o pequeno mistério escondido que é capaz de explicar tudo o que aconteceu na minha vida depois. Procuro um significado, como se houvesse um, querendo descobrir por que tudo foi como foi, embora nunca haverá uma explicação adequada. Todos os momentos que se seguiram foram repletos de merda e coisas incríveis, tudo misturado.

— Você está me contando a história do seu jeito, e está encontrando o seu caminho. Não precisamos lembrar nem explicar tudo. Vai descobrir o que precisa.

— Vou continuar me atrapalhando, e então... Talvez haja algo sobre retornar ao meu lado jovem... Eu era tão madura quando criança. Para onde toda essa maturidade foi? Talvez eu tenha que ser imatura em algum momento, por ter sido madura demais quando era jovem. Estou me repetindo terrivelmente aqui, do jeito que Raffa costumava fazer, com suas manias, seus filmes e sua vida. Ele tocava as mesmas músicas milhares de vezes seguidas, ao ponto da loucura, às vezes. E contava as mesmas histórias. A repetição é parte do que está me incomodando, mas também está me fazendo refém, de certa forma. Achei que já tivesse processado tudo isso. Não sei por que me sinto tão perdida e confusa de novo. Sinto como se tivesse uma idade diferente só de falar essas coisas. É como se eu estivesse de volta ali, em alguma parte realmente imatura de mim.

— E, novamente, imagino se uma parte de você sente saudade disso, de ser menos madura, mais jovem. Você acabou de dizer o quão tragicamente velha está se sentindo. Como se sente quando pensa na Alice que era com o Raffa?

— Tão jovem e bonita. E agora, olho para os meus peitos caídos, para o meu corpo, e vejo outra coisa. Não me reconheço. Quando isso aconteceu? Aquela época com Raffa, aquela época da minha vida, significou muito para mim.

— Me diga o que significou — peço.

— Eu me sentia onipotente, mesmo que não fosse. Havia um potencial infinito. Eu era cheia de promessa de vida, até quando as coisas pareciam péssimas. Havia possibilidades em todo canto, e podia fazer escolha atrás de escolha, e fiz algumas terríveis muitas vezes. Mas pelo menos eu podia fazê-las.

— E agora? Sente que não tem essas escolhas?

— Não como antes. Fiz muitas escolhas significativas, algumas até boas. Agora tudo que tenho para escolher é que tipo de iogurte comprar no supermercado. É aqui que estou hoje em dia: tão estagnada, atarefada e entorpecida. Eu era poderosa nos meus vinte anos, ainda que fosse uma espécie de apelo sexual transitório. Eu era bastante desamparada, de fato, mas ainda fico em choque de como deve ter sido ser eu naquela época. Ou de estar comigo. Lembro-me do meu corpo e do meu rosto. Meu Deus, será que eu sabia o quanto eu era bonita?

— Não sei. Sabia? Me diga você.

— Eu sabia que era atraente em alguns momentos. Sentia o mundo parar quando entrava em certos lugares. Sentia o efeito que causava em alguns homens. Mas também tinha dificuldade para admitir o quão incrível eu era. Era bonita, inteligente, divertida, mas jamais poderia dizer que sabia que tudo isso era verdade, principalmente tudo junto. Lembro-me de fingir, algumas vezes, ser mais crítica e duvidar mais de mim mesma do que a realidade. Era mais fácil para as pessoas me dizerem como eu era amável e bonita quando descobriam que eu era um caos, que tinha sido abusada, aqueles para quem eu contei, sobre o Raffa ou sobre meu pai. Era quando as pessoas me elogiavam. É fácil se lamentar sinceramente que uma mulher espancada se despreze. É quando você quer dizer que ela é bonita. E que ela realmente importa. Quando ela está prestes a se matar. Mas, quando uma mulher jovem se sente bonita simplesmente porque é, e gosta de si mesma, de alguma forma isso a torna insuportável. É muito mais fácil torcer pela vítima do que pela mulher que gosta de ser exatamente quem é. Nos sentimos ameaçados tão facilmente.

— Você tem uma mente tão interessante — respondo. — E isso ilustra um pouco da sua busca por confusão e tristeza, e sua ambivalência sobre permitir-se ou não ser você mesma.

— Sim, confusão e tristeza pareciam melhores do que simplesmente me deixar estar contente e normal. Minha vida era caótica, porém encantadora quando me lembro agora. Uma vez, o Raffa foi jantar na pocilga que era o meu apartamento, e tivemos que usar papel higiênico como guardanapos. Havia um cheiro permanente de rato morto. Tudo parece romântico agora. Como você diz, eu era a protagonista da história da minha vida, portanto, fosse ruim, trágica ou maravilhosa, eu era a estrela.

— E agora?

— Não sou mais a protagonista. Sirvo constantemente aos outros. E não há espaço algum para mim. Quando pego minha gilete para raspar a perna, encontro os pelos da barba de Simon nela. Quando pego minha escova de dente, sinto que está molhada e sei que alguém a usou. Quando pego uma garrafa d'água pela metade que abri mais cedo, sinto o gosto da saliva da Sophie. Minha sensação de privacidade, de fuga, de possível espontaneidade vai ficando cada vez menor. Não há espaço para gavetas secretas ou esconderijos nas estantes. Não tenho mais espaço para guardar segredos. Acho que o que sinto falta é de ter algo meu, só meu, mesmo que seja meu trauma.

Entre as sessões, tenho um momento de hesitação entre atravessar uma rua engarrafada ou esperar o sinal abrir para mim. Dou alguns passos para atravessar. Paro, ando, paro. Um carro quase me atropela. Se eu tivesse me comprometido a atravessar a rua rapidamente alguns instantes antes, ou a esperar na calçada até o sinal abrir, qualquer decisão seria tranquila. Mas a hesitação, a indecisão, foi o que causou insegurança. Embora momentos de dúvida pareçam cautelosos, não comprometer-se ao sim ou ao não, mesmo nesses pequenos dilemas do dia a dia, pode nos colocar em situações de perigo e vulnerabilidade.

Na semana seguinte, Alice me diz que ainda está sendo incessantemente assombrada por sua história com Raffa. Penso numa frase que sempre gostei, de que o propósito da terapia é "transformar fantasmas em ancestrais". Penso se conseguirmos mesmo isso — se Alice conseguirá aceitar seu tempo com

Raffa como parte da sua história, sem se sentir amedrontada, arruinada, assombrada, como ela diz.

— Sou constantemente consumida pela vivacidade de quem eu sou na fantasia do meu eu jovem. Acordo às 3h da manhã sentindo palpitações, lembrando de mim mesma naquela época com tanta clareza. O Raffa fazendo xixi em mim. Ele fazia isso. Gostava de fazer isso. Não sei se agora estou fantasiando sobre isso ou simplesmente lembrando, ou ambos.

— Fale de como você se vê nesses momentos — sugiro.

— Tenho total controle de mim mesma, e sou tão atraente. Sou devorada sexualmente, tão desejada, de um jeito irracional. E devoro de volta. A vida é tão repleta de luxúria e impulso e prazeres obsessivos. Por que estou revivendo essas cenas tantas vezes, todos esses anos depois, a cada semana? É muito maluco. Faz doze anos, mas ainda parece tão presente. Sinto o fio quente de xixi vindo do Raffa, se espalhando pela minha barriga, pelo meu corpo. Tão insano, tão degradante — afirma ela.

— Talvez parte de você também deseje que essas memórias não fossem de doze anos atrás.

— Sinto saudade do Raffa — diz ela.

— Talvez você também sinta saudade de alguma parte de si mesma. Um luto por si mesma, de certa forma, aquela imagem de você se despedindo da sua juventude. Você está tentando mudar de lugar e recuperar pistas desses momentos, então está cavando e se mantendo atrelada ao passado.

— Sim. Fico dando voltas e voltas, sentindo como se essas coisas estivessem acontecendo comigo agora. Tenho conversas imaginárias com Raffa, e consigo me lembrar da rotina que tínhamos. O gosto do pão que ele trazia para mim da padaria local, o cheiro do seu casaco, o canto do quarto onde eu descobri que ele tinha dormido com uma prostituta. Estou basicamente me sentindo nostálgica. Dolorosa e insuportavelmente nostálgica, por toda brutalidade e intensidade que vivi. Nesses momentos, estou simplesmente passeando como um zumbi pelas coisas. É basicamente tédio. Acho que é isso. Quero sentir mais.

Isso nos mostra uma entrada, um fio que podemos conectar com sua vida atual. Ela quer sentir mais.

Voltamos ao abuso que Alice vivenciou com seu pai. Pensamos em como a violência com o Raffa pode ter despertado a fantasia de que ela poderia refazer, desfazer, conquistar seu passado com seu pai. Como, com Raffa, ela estava determinada a consertar o que havia de errado, a tornar as coisas melhores.

Passamos bastante tempo do nosso trabalho juntas falando sobre suas aventuras sexuais e infortúnios, sua relação com a dor e o sofrimento, e de como parte do seu desejo de ser degradada e machucada na cama tem a ver com transformar o trauma da sua infância em um triunfo da vida adulta. Em vez de se sentir como a criança espancada, impotente, vitimada e vulnerável do seu passado, ela queria ser a adulta no comando de si mesma, alguém no controle da situação, fazendo a escolha consciente de ser machucada e degradada. Ela se sentia a cargo das suas fantasias e da brincadeira com Raffa, quando era objetificada e dominada. Suas percepções ao longo do tempo começaram a diminuir seu desejo de ser degradada. Em certo momento, ela tentou que Simon interpretasse certos cenários violentos, mas ele não queria ser sexualmente violento nem dominador com ela, e sua sede por isso também desapareceu. Mas agora voltou.

Continuo impressionada com o fato de ela se conhecer tanto e estar disposta a encarar seu mundo interior. Digo isso a ela.

— Estou com raiva da terapia de novo — diz ela. — E de toda a segurança e proteção que você me ajudou a cultivar em mim mesma. Sinto falta da doença. Não sou mais tão pervertida nem autodestrutiva. Simplesmente não é tão divertido ser saudável. E talvez a terapia tenha matado um pouco da alegria da autodestruição também. Estou consciente e atenta demais para escolher outra coisa. Posso falar sobre isso, mas sei que não devo estragar tudo.

Eu entendo. Quem não tem o desejo ocasional de algo sombrio e assustador e possivelmente perigoso, mesmo que a gente saiba que não deve?

— Sinto saudade de ser objetificada. Por mais errado que seja, por mais que eu concorde com o empoderamento feminino, sinto muita saudade de me sentir desejada pelo meu corpo. Pela minha beleza. Agora sou desejada pelo meu todo. Foda-se isso.

— Você sente saudade de ser desejada pelo seu corpo, e disse recentemente que não gosta do seu corpo agora. Acho que isso está conectado.

— Provavelmente está. Estou tão brochada comigo mesma.

VOCÊ SABE O QUE REALMENTE DESEJA?

— É isso, bem aí: brochada consigo mesma. Isso é, de fato, sobre você, não sobre o Raffa — concluo.

— Sinto saudade de ter um corpo digno de objetificação. Sinto raiva e atração pela paixão do Raffa por mim. Ele era muito atraído por mim fisicamente. Tudo sobre ele, e nós dois juntos, era errado. Tão profunda e catastroficamente errado. Sei disso, e entendo que foi terrível e traumático de tantas formas. E aqui estou eu. Uma adulta. Com um bebê e um marido que me ama. Só para dizer, pela milionésima vez, eu não deveria sentir nada disso. Mas sinto saudade de ser objetificada e perseguida e assombrada e devorada pelo cara errado.

O anseio que mais reverbera dentro dela é o "desejo desenfreado", como ela diz.

— O fato de que Raffa não conseguia se conter... Eu amava aquilo. E também era tão errado.

— O que o "errado" evoca em você? — pergunto.

— Sinceramente? Tesão — responde ela. — Amo o fato de que ele simplesmente não conseguia resistir. Com Raffa, todos os limites eram transgredidos. Isso é excitante, mesmo que seja totalmente errado.

Falamos sobre como suas fantasias sexuais estão em contradição com outras áreas da sua vida — normalizamos o politicamente incorreto dos seus desejos. Ela pode se permitir querer certas coisas ideologicamente e ainda assim ter vontades libidinosas conflitantes.

— Acho que finjo que não quero mais sexo violento. Mas ainda fantasio em apanhar na cama. Também quero ter direitos iguais, e detesto violência, e jamais gostaria que nada disso acontecesse com a minha filha — explica Alice.

— Eu entendo, de verdade — pontuo.

Eu me vejo dizendo isso muitas vezes. Em exagero, tenho certeza, principalmente com Alice. Às vezes, é tudo que posso oferecer — compreensão profunda e verdadeira, reconhecimento das complexidades e nuances da situação.

Durante as semanas que se seguem, nosso trabalho muda para outros tópicos, de alguma forma conectados ao tema, muito ligados à sua percepção de que, agora que está deixando a juventude para trás, glorifica o que viveu. Ela caminha em direção à aceitação de que a felicidade e a tristeza não são estados permanentes, e de que satisfação sempre foi incrivelmente difícil para ela.

Alice volta ao assunto "Raffa" numa tarde de inverno.

— Nunca contei a ele sobre meus sentimentos verdadeiros. Não de verdade. Nem eu entendia meus sentimentos, tão conflitantes, então não fui capaz de explicar. Estava confusa. Hoje entendo. Então escrevi uma carta para ele. Você pode ler antes de eu enviar, por favor?

— Claro, Alice, lerei com prazer. Mas tem certeza de que quer mandar uma carta para o Raffa? Entrar em contato com ele novamente me preocupa.

— Quero, sim. Não tenho dúvidas de que devo enviar a carta para ele. Vou fazer isso. Preciso dizer o que ele significa para mim. Leia, por favor.

— Está bem.

Caro Raffa,

Eu te amei e te odiei por tanto tempo. Talvez nunca consiga superar, apesar de ter seguido a vida. Apesar de ter te deixado. Além da vez em que fiquei enojada quando uma amiga em comum mencionou que te encontrou, não sei nada de você, mas imagino que esteja o mesmo, só que mais velho. Às vezes, fico pensando se você ainda consegue ter ereções. Ou usar drogas. E quantos casos extraconjugais teve. Se ainda está com a coitada da sua esposa. Às vezes, eu lhe desejo sofrimento, e também felicidade nos meus momentos mais generosos. Você me destruiu bizarramente, mas também não consigo me arrepender do que vivemos juntos. Obrigada por tornar minha vida melhor e pior.

Uma vez você me levou para ver O embarque para Cythera, *no Louvre. Não sei se você se lembra disso, talvez tenha feito isso com todas as suas namoradas... talvez tenha senilidade precoce de tanta droga, ou esteja psicótico... sua memória talvez não esteja tão boa... Enfim, nós olhamos para a pintura e você disse que era impossível saber se os casais estavam chegando ou partindo da ilha do amor. Nem sequer sabemos se é o amanhecer ou o anoitecer nem qual a estação do ano, e Watteau nunca respondeu a essas perguntas. A* **ambiguidade hipnotizante** *é tão poderosa, e eu consegui aceitar que sempre terei sentimentos confusos sobre você. Você é péssimo e maravilhoso. É meu monstro sagrado. Isso é o mais resolvida que consigo ser sobre isso tudo. Por favor, não me escreva de volta. Quero que esse seja o fim dessa história.*

Com amor e ódio,
Alice

VOCÊ SABE O QUE REALMENTE DESEJA?

Quando termino de ler a carta, meu coração está disparado. Meu pai me fez olhar para essa pintura tantas vezes, desde quando eu era uma adolescente morando em Paris. É uma obra de arte pela qual fiquei obcecada, e amei que meu pai me mostrou as múltiplas possibilidades de significado quando olhamos para ela. "Aceite não saber", ele disse.

Meu pai nunca foi abusivo, e é incrivelmente dedicado e amoroso. Sinto a necessidade de dizer isso porque me surpreende que o monstro sagrado da Alice a tenha levado para ver essa mesma obra e dito algo parecido. Fico impressionada pelo lado doce e generoso de Raffa. Monstros podem ser amáveis.

Preciso me concentrar muito nesse momento para separar minhas associações intensamente pessoais com essa obra da história de vida da Alice. Terapeutas, às vezes, são mais bem-sucedidos quando trabalham com algo que não é familiar. Quando ouço algo com o qual não consigo associar, fico ligada, modesta, curiosa, e faço o que posso para aprender. Sei bem o que não sei. Com Alice, sou familiarizada demais com um pouco do que ela está descrevendo. Não só com a pintura, mas também com muitos outros detalhes das suas experiências de vida.

Fico insistindo nas nossas diferenças — principalmente na sua infância e com seus pais, drasticamente diferentes dos meus. Entendo a coisa do monstro sagrado. Algumas das suas dificuldades são familiares para mim, e eu preciso ficar atenta. Por mais bem-intencionada que eu seja, o excesso de identificação pode ser repressor, impaciente, desconectado, impositivo e improdutivo. Quando achamos que sabemos o que alguém está vivenciando, nos impedimos de aprender e descobrir coisas. Isso acontece o tempo todo nas amizades, nas famílias e, às vezes, na terapia. Presumimos que sabemos o que está por vir, e falhamos em ver as coisas por outro prisma.

A identificação com a forma como Alice conheceu essa pintura me arranca desse lugar de excesso de associação. É um lembrete vívido de que essa é a história dela, e não a minha. Não posso achar que sei o que é melhor para ela, que quer e precisa confrontar Raffa, e essa é a sua maneira de fazer isso.

— Alice, essa é uma bela carta — digo. — Estou tocada pelo que escreveu e pela potência das suas palavras.

— Escolhi escrever essa carta e enviar para o Raffa, e adorei fazer isso. Obrigada. Sinto que processei algo. E talvez enviar a carta para ele seja um pouco perigoso mesmo, mas é um risco que estou disposta a correr.

E então ela me diz algo bastante espetacular:

— A mudança é difícil. Dores de crescimento se chamam assim por um motivo. Crescer dói. Então, como continuamos crescendo quando a dor acaba?

O paradoxo e você

Todos nós somos contraditórios em alguns aspectos. Identificar paradoxos e reconhecer sentimentos confusos pode nos ajudar a entender como nos relacionamos com os outros e com nós mesmos. Tendo certa dose de humor, algumas vezes podemos até admitir as maneiras que muitas vezes somos hipócritas. É um grande alívio ser verdadeiro consigo próprio e com outras pessoas de confiança sobre nossos lados secretos sem censura.

Às vezes, o paradoxo aparece com o sucesso: muitos buscam o sucesso, mas também têm dificuldade quando é alcançado. Essa ambivalência surge na terapia com frequência. Abraham Maslow chamou a isso de complexo de Jonas: "Nós tememos nossas melhores possibilidades", ele escreveu em *The Farther Reaches of Human Nature* [Os maiores alcances da natureza humana]. Há emoção nas "possibilidades supremas que vemos em nós mesmos em tais momentos de pico. E, ainda assim, trememos simultaneamente de fraqueza, espanto e mediante essas mesmas possibilidades. Com muita frequência, fugimos das responsabilidades ditadas ou sugeridas pela natureza, pelo destino, às vezes mesmo por acidente, assim como Jonas tentou em vão fugir do seu destino".

E, por fim, essa parte é especialmente encorajadora: "Consciência, percepção e 'trabalho' é a resposta aqui. Esse é o melhor caminho que conheço para a aceitação dos nossos maiores poderes e quaisquer elementos de grandeza ou bondade ou sabedoria ou talento que possamos ter omitido ou nos esquivado."

Podemos jogar um jogo torturante com nós mesmos, onde tentamos conseguir o que queremos, mas também nos autossabotamos. A maioria faz isso em algum momento, em nossas vidas amorosas ou profissionais, onde buscamos algo importante para nós e ao mesmo tempo nos impedimos de alcançar tal coisa. Na terapia, normalmente me refiro a isso como dirigir com o freio de mão puxado.

A ambivalência do sucesso é importante, porque toca profundamente em questões de autoestima e valorização própria, e para muitos de nós, histórias familiares de dificuldades parecem mais confortáveis do que confiar no sucesso. Precisamos levar em consideração o que é necessário para se obter o sucesso, incluindo abrir espaço para o fracasso e mágoas ao longo do caminho.

Considere transformar fantasmas em ancestrais. Fantasmas podem te distrair de se permitir ser bem-sucedido. Pense em um momento em que você tomou uma decisão saudável por fora — de forma comportamental —, mas por dentro teve o que os psicoterapeutas chamam de vínculo de trauma, em que sente uma vontade poderosa de voltar à fonte do mal, à relação que te prejudica, como, por exemplo, o chefe tóxico que te traumatizou. Essa sua parte ferida pode, por um lado, querer seguir em frente, mas olhar com nostalgia e ambivalência profundas para o abusador, como na história de Alice. Pode ser útil dar nome a esses desejos e crenças obscuros e pensar no que você diria para o fantasma.

Não transforme um tropeço em um tombo. No complexo de Jonas, parte do que acontece, para a maioria de nós, é que quando sentimos que nós perdemos, desistimos rapidamente. Ater-se à sensação de sucesso, mesmo quando as coisas não saem do nosso jeito, é parte da resiliência, aquele conceito tão na moda.

A história de Jonas termina bem. Ele passa um tempo na barriga da baleia e, quando é cuspido, encontra um novo caminho mais iluminado.

CAPÍTULO DOZE

Controle

Todos nós temos problemas com controle ao longo das nossas vidas, seja com comida, drogas, dinheiro, nossos corpos, regras, outras pessoas, como somos vistos, nossa relação com o tempo... Há sempre algo que gostaríamos de poder controlar, ou sobre o qual ter um controle melhor. Os bebês podem se apegar aos objetos mais estranhos. Na fase oral, eles aprendem sobre as coisas ao experimentá-las, literalmente; colocam qualquer coisa na boca, não importa o quão absurda, perigosa ou ilógica. Então, quando alguém fica entre os bebês e seja lá o que eles estejam apegados, existe a ansiedade de separação. Crianças pequenas, adolescentes e adultos, todos querem o controle de diferentes formas. Apesar de regredirmos e agirmos de forma infantil de vez em quando, passamos nossas vidas tentando não ser tão dependentes quanto os bebês.

A descoberta do tempo pela criança é a descoberta dos fins. Todo dia termina, os aniversários vêm e vão, o ano escolar chega ao fim, a festa acaba, é hora de ir dormir. Gostaríamos de poder fazer com que as coisas tivessem um fim mais rápido, ou imploramos para estendê-las. "Ainda vai demorar? Já chegamos?", pergunta uma criança inquieta, e em outros momentos implora: "Por favor, podemos ficar mais um pouquinho?" E sempre há o desejo por mais, para postergar o inevitável: "Só mais uma vez, só mais uma história?" Ao mesmo tempo, as crianças aprendem a gostar da expectativa do próximo evento, de uma ocasião divertida, das férias, de um plano pelo qual esperar.

Tolerar a espera faz parte de descobrir a recompensa adiada. Mas esse é um desafio em todos os estágios da vida.

O desejo por controle tem a ver com segurança e domínio. Gostamos de pensar que podemos supervisionar o que acontece e queremos a segurança de uma sensação de certeza. Podemos reagir intensamente quando nos sentimos dependentes ou controlados por outros. "Vou para o meu quarto porque eu quero, não porque você mandou!", grita a criança provocadora que finalmente aceita o castigo, mas em seus próprios termos. "Vocês são tão controladores!", berra o adolescente raivoso quando os pais determinam um horário para chegar em casa. O *micromanager* do trabalho pode transformar o escritório em um ambiente tóxico. O companheiro controlador pode tornar cada encontro uma negociação voraz. Talvez abramos mão do controle com prazer em algumas áreas da vida, principalmente quando escolhemos guias e parceiros confiáveis. Que alegria abrir mão de algo e dizer com sinceridade as palavras: "Você é quem sabe." Mas queremos decidir quando e como abrimos mão do controle.

Lutamos para controlar o tempo. Alguns amam planejar, outros evitam ao máximo. Pode ser um almoço com um amigo na semana seguinte ou um plano marital para envelhecer juntos. Os planos nos dão uma noção do que vem depois e a sensação de que podemos moldar e influenciar nosso ambiente. Podemos ansiar por um plano ou podemos nos ressentir e resistir. Saber o que nos espera pode ser revigorante ou previsível. A tensão entre o desejo por segurança e a sede por empolgação paira sobre a questão do controle. Será que nos apegamos ao nosso emprego estável, que parece garantido e financeiramente seguro, porém sem graça, ou nos arriscamos e trabalhamos de forma independente? Podemos tolerar o namoro tempestuoso e ardente que é sexualmente emocionante, mas emocionalmente inseguro?

Nós sentimos certo nível de controle quando comandamos nossos horários, fazemos planos e estamos a cargo de todos os detalhes. Em alguns momentos, fantasiamos que somos atemporais e imortais. Mas a limitação do tempo ameaça essa ilusão de inúmeras maneiras. Não podemos estar em dois lugares ao mesmo tempo. Não podemos fazer tudo.

Talvez evitemos fazer planos porque estamos determinados a proteger nosso tempo ou esperar uma oportunidade. Quando estamos estagnados, em conflito, amedrontados, socialmente ansiosos, comprometer nosso tempo de qualquer maneira pode soar assustador, mas a indecisão sobre os planos também pode ser extremamente frustrante. Uma pessoa se sente aliviada por um plano que parece opressor para outra. Quando nossas preces parecem estar sendo atendidas e sabemos cada passo do nosso caminho adiante, logo podemos descobrir que controle e previsibilidade em excesso podem ser totalmente limitadores. Há um ditado que diz: nós fazemos planos e Deus ri. Eventos inesperados desorganizam o que previmos. Sempre há um nível de incerteza na vida.

Nós lutamos contra a idade e contra o passar do tempo não só por nós mesmos, mas também por tudo e todos ao nosso redor. Não importa o quanto achamos que estamos no comando, estamos constantemente lidando com a ameaça da perda que nos rodeia. Perdemos pessoas que amamos, perdemos nossa juventude, perdemos coisas, perdemos tempo. Precisamos abrir mão de tanto, e isso pode parecer insuportável. Nas palavras de Marie Bonaparte: "Em todos os corações humanos há um horror ao tempo." Sabemos que somos mortais, mas aceitar esse fato é outra história, e é disso que o tempo nos lembra. A efemeridade da vida ameaça nossa sensação de controle. É um excelente e valioso desafio desvendar uma forma de ficar confortável com esse desconforto. No final, o tempo alcança todos nós.

Podemos escolher fazer uma pausa, mas é difícil colocar isso em prática. Sabemos que estamos sobrecarregados, ansiosos, com sono atrasado, e todo mundo diz para vivermos o momento, sermos conscientes e calmos, mas vivemos num mundo frenético que transborda de sons e distrações. Olhamos demais para telas e esquecemos de estar presentes.

A terapia pode ser um espaço onde nós buscamos, e às vezes encontramos, o que T. S. Eliot chamou de "o ponto imóvel do mundo que gira". Nós paramos e pensamos onde estamos, como chegamos aqui, para onde queremos ir. Retrabalhar nosso passado pode nos ajudar a viver de forma mais entregue. Em uma sessão, é perfeitamente normal e útil relembrar e reviver momentos de anos anteriores com intensidade e sentimentos fortes. É comum voltarmos a tempos passados e enxergarmos coisas em uma nova perspectiva. Essas memórias, então, se tornam fontes ricas de significado e descobertas no presente.

Freud afirma que a passagem do tempo é parte do que torna a vida rica e plena. "A limitação da possibilidade de uma fruição eleva o valor desta fruição", escreve ele. Pense em férias, festas, caviar, romances curtos e leves, ocasiões especiais, itens de edição limitada, bolsas francesas com listas de espera de anos... Nós estimamos o que é raro e escasso, e se tivermos demais, com muita frequência, as coisas podem começar a parecer recompensas desvalorizadas. Mas, para muitos de nós, a ansiedade da finitude pode tornar quase impossível aproveitar o momento.

Eu me tornei extremamente ciente do tempo no meu trabalho com George, um jovem que veio fazer terapia comigo em um estado de pânico e sofrimento. Penelope, sua amada esposa de trinta e cinco anos, mãe das suas duas filhas pequenas, estava morrendo de um tipo raro de insuficiência cardíaca. Apesar de jovem, o fim da sua vida estava próximo. O futuro planejado por George havia sido roubado. Ele estava com medo e tentava se preparar para essa perda horrorosa. Psicoterapeutas chamam de **luto antecipatório**. O tempo estava se esgotando. O tempo estava roubando dele. O tempo era inescapável.

Em nossa relação juntos, nós começamos brigando contra o relógio, mas isso despertava ansiedade e era fantasioso e impossível. O tempo rouba as coisas dos jeitos mais cruéis. Mesmo não sendo pessoal, parece persecutório. Tentamos negar o tempo também, mas não funcionou. Quando entendemos e aceitamos as limitações de tempo, George desapegou de algumas de suas ilusões e descobriu uma espécie de riqueza criativa que o ajudou a lidar com a dor. Ele descobriu como confiar e acalmar a si mesmo. Começou a aceitar a profunda inaceitabilidade da perda.

O tempo de George

É uma dessas manhãs nubladas e cinzentas do inverno de Londres, quando o céu parece fechado e implacável. Na minha caminhada para o trabalho, me sinto ameaçada pelo ar frio e pesado, como se quisesse me perseguir. Estou mal-humorada e sonolenta. Meu bebê me manteve acordada quase a noite toda, apesar de eu não conseguir dormir de toda forma. Estou nervosa com o tamanho da minha lista perpétua de afazeres. Mas, dentro do meu consultório, sentada diante de George, entre nós há luz e vida. É nossa terceira sessão, e desde o momento em que nos conhecemos, ele demonstra uma familiaridade doce e feroz.

— É muito doloroso, Charlotte — afirma George.

Sua voz é cativante. Eu sempre o levo a sério, esteja ele falando sobre um sanduíche ou um conceito filosófico. Tem a mais leve sugestão de um sotaque grego, mas mora no Reino Unido desde a adolescência e usa seu inglês com mais eloquência do que a maioria dos falantes nativos. Ele é alto e esbelto, com um rosto forte e animado, como um retrato de El Greco.

Olho para ele e inclino a cabeça. Só percebo que fiz isso porque ele inclina a cabeça de volta, e nossos olhos se encontram. Não preciso perguntar o que é doloroso. Sei o que ele vai dizer. Ele usa as palavras com agilidade acrobática, mas nós nos comunicamos tanto não verbalmente quanto com a linguagem. Ele é pianista, e sua musicalidade vem através dos gestos — o jeito que fecha e abre as mãos, tamborila os dedos, batuca, faz golpes para cima, desenha círculos enormes no ar enquanto fala. Agora, suas mãos estão firmemente entrelaçadas. Ele está se segurando o máximo que pode.

— Os médicos começaram a usar a palavra "paliativo" para Penelope.

Ah, meu Deus. Ele estava temendo e prevendo esse momento. Falamos sobre suas sensações ao ouvir essa palavra. Ele me explica a etimologia: vem da palavra em latim para "disfarce". Agora a palavra "paliativo" soa interessante. Como ele se sente?

— Só tenho que aproveitar ao máximo cada momento que ainda tenho com Penelope — diz ele. — Desperdicei tanto tempo. Nós namoramos por quase uma década aos vinte anos, e eu enrolei para pedi-la em casamento por muito tempo. Evitava me comprometer por inteiro. Nós postergamos ter um bebê durante anos. *Por que a pressa?*, eu dizia. Ela estava pronta séculos antes de mim. E agora isso está acontecendo. Caramba. Como é possível? — Ele respira fundo. — Para mim, foi difícil vir aqui hoje, tirar esse tempo.

Tudo parece corrido na vida de George nesse momento, incluindo a terapia. Ele luta para vir aqui, e luta para ir embora.

— Fico feliz por estar se proporcionando esse espaço.

— É o único lugar onde posso ser eu mesmo. Você me dá permissão. Lá fora, sou puxado em todas as direções. Estou repleto de sentimentos que não posso demonstrar.

Me sinto privilegiada por ter acesso ao seu mundo interior. Pergunto sobre se conter em todos os outros lugares.

— Não quero sobrecarregar a Penelope com a minha tristeza. Não é justo fazer isso com ela — explica ele. Mas isso tem um preço. Esconder seus sentimentos aumenta a distância entre os dois, e o abismo cresce mais a cada dia. — Estou recuando de algumas maneiras, mas também vou ao alcance dela e fracasso ao tentar alcançá-la.

A respiração dele fica baixa e agitada. Ele descreve seu dilema:

— Olho para ela e sei que ela vai partir em breve. Não consigo suportar isso e não quero que ela veja meu desespero. Tento disfarçar o máximo que consigo.

A terapia é o que o está sustentando, ele diz.

— Graças a Deus sempre terei isso aqui.

Em nossa primeira sessão, concordamos que nosso trabalho não teria data para acabar. Será que foi minha maneira de dar a ele algo sem fim? Excepcionalidades já são um aspecto da nossa dinâmica. Eu havia planejado dizer não para qualquer cliente novo. George e eu concordamos que eu iria recebê-lo e indicá-lo para um outro profissional. De alguma forma, senti que era importante atendê-lo, clinicamente justificável. Não trabalhar com ele também o seria. Fiz uma escolha, e acho que foi simplesmente porque nós funcionamos bem juntos. Em outras áreas da minha vida, eu estava evitando ficar preocupada e sobrecarregada, mas consegui encontrar total disponibilidade dentro de mim para abrir espaço para George.

— Constantemente, escondo meus sentimentos, não só da Penelope, mas de todos. Escondo meu sofrimento das meninas. Nossos parentes também estão muito frágeis. Preciso me manter firme no trabalho. E os médicos da Penelope estão ali para ela, não para mim. Alguns amigos me perguntam como estou, e eu não consigo responder a verdade, então repito o mesmo mantra todas as vezes: *Estou aproveitando nosso tempo ao máximo*. Mas não consigo me abrir.

— O que acha que iria acontecer?

— Uma enxurrada gigantesca. É isso o que iria acontecer. Se eu começar a falar, vou entrar em colapso. Não, eu me *afogaria* nas lágrimas. E preciso continuar boiando.

— Que imagem. — Embora ele diga que se abre comigo, levo muito a sério seu alerta de dilúvio emocional.

— Meus amigos sempre perguntam nos momentos errados, quando há interrupções constantes, pessoas por perto. É tudo tão corrido. Você sabe como é com crianças pequenas, todas as conversas são truncadas. Simplesmente não dá tempo. Para nada. Estou atrasado no trabalho também. E temos tantas contas para pagar, e as meninas têm suas tardes de brincadeira em grupo com horários conflitantes, a rotina da creche. Não consigo dar conta de tudo.

Seu ritmo acelerou, e vejo um fio de suor em sua testa.

— Você está sobrecarregado, George. Pura pressão. Permita-se fazer uma pausa. Pelo menos por um momento, aqui. — Essa é minha maneira de tentar fazer com que ele desacelere sem precisar dizer essa palavra.

— Uma pausa. Hum, isso é difícil para mim.

— Eu entendo — respondo. É difícil para mim também. — E na música, o que você acha das pausas na música?

— Na música… Uau, que interessante. Na música, os descansos me ajudam a ouvir o que estou tocando. O silêncio é cheio de significado. As pessoas ouvem quando você para. Sou muito bom em escolher o momento certo para o silêncio e em permanecer nele. Mas, na minha situação atual, não posso. Olhei para o céu a caminho daqui, e as nuvens pareciam tão animadas. De repente, não conseguia suportar pensar que, em breve, Penelope e eu não vamos mais olhar para o céu juntos. Quase voltei para dizer a ela olhar para as nuvens.

— E?

— Liguei para ela. Eu já estava atrasado para chegar aqui. Enfim, ela estava meio dormindo e acho que a ligação a incomodou, pedindo que fosse até a janela e olhasse para as nuvens. Ela me disse que tudo o que conseguia ver era um céu cinza. Estou fazendo tudo errado. Talvez não devesse tê-la deixado lá sozinha para vir aqui. Nosso tempo está acabando, e eu deveria ficar com ela o tempo todo enquanto ainda está viva.

VOCÊ SABE O QUE REALMENTE DESEJA?

O mesmo céu que eu achei opressor, ele achou animado. Perspectiva! Eu estava mal-humorada e contrariada na minha percepção do céu hoje. Sua euforia soa tensa e triste, e ele está afogado em culpa.

— Estou completamente fora do tom. Estou em todos os lugares e em lugar nenhum. Me sinto tão sem controle — diz ele. — E não consigo me desapegar. — Ele olha para mim com uma espécie de desespero. — Como vou conseguir passar por isso? E se não conseguir? Não tenho escolha. As meninas precisam de mim. Mas e se eu não conseguir sobreviver?

— Como você disse no início da sessão, é muito doloroso. É normal que ache que não vai conseguir passar por isso, é claro. É uma situação desafiadora, e você já está sobrevivendo, mesmo que pareça insuportável. Está fazendo um ótimo trabalho — digo.

Falo para ele com a voz o mais doce e gentil possível que nosso horário terminou.

— O quê? Já? Não! — Ele não acredita.

— Vejo você na semana que vem, no mesmo horário.

— Em poucas palavras, você pode me dizer novamente o que disse sobre a minha ansiedade e explicar como eu deveria lidar com a minha situação? — pede.

É humanamente impossível responder a essas perguntas em poucas palavras, e nós precisamos parar! Isso é mais do que o que chamamos de "momento maçaneta", quando um cliente joga uma bomba bem na hora em que está saindo. Isso é simplesmente uma súplica por um pouco mais. Não quero que ele se cale nem tenho a intenção de desfazer a discussão importante que tivemos com uma recapitulação apressada ou dicas simplórias e descuidadas. Ele me colocou em uma situação delicada ao procrastinar e tentar me fazer passar do nosso tempo. O que faço? Não posso continuar. Vou continuar.

— Vamos retomar desse ponto na semana que vem. Não quero fazer um desserviço te dizendo algo apressado, pois já estouramos nosso tempo.

— Só mais um minuto?

— Sinto muito, George. Sei que há muita coisa acontecendo, mas precisamos mesmo parar aqui — afirmo.

Tenho outra sessão logo após a de George, e sei que o próximo cliente vai chegar pontualmente. Estou desesperada de sede e meu copo d'água está vazio.

— Tudo bem. Por favor, Charlotte, será que você pode então me mandar um e-mail me dizendo algo que eu possa fazer entre as sessões? Desculpe. Sei que já extrapolamos nosso tempo. Desculpe. Muito obrigado.

Estou praticamente expulsando-o pela porta a essa altura. Provavelmente não terei tempo de correr até a cozinha para pegar água antes da próxima sessão.

— Vou te mandar um e-mail — respondo rápido enquanto o conduzo para fora.

Ele pega o telefone para checar seu calendário com a nossa próxima sessão, que já confirmamos. Faz mais uma pergunta e recebe um "sim, sim, sim, está bem" tenso em resposta. Mais minutos se esvaíram antes de ir embora. Meu outro cliente chega. Seguro a sede por mais cinquenta minutos.

Naquela tarde, passo uma quantidade desproporcional de tempo compondo um e-mail cuidadoso para George com sugestões de autocuidado que ele pode usar entre as sessões. Ele me agradece profundamente. Permanece em meus pensamentos, e talvez seu pedido de mais tempo e ajuda seja sua maneira de se apegar a mim. Embora eu esteja dando tudo de mim, não é suficiente.

Seu modos e carisma me despertam sentimentos de entusiasmo misturados com uma tristeza profunda. Penso nas descrições que fez de Penelope, sobre como ela era antes — uma violoncelista impetuosa, marcante, ousada, secretamente tímida. E de suas duas filhas, de três e cinco anos. Será que a de três terá alguma memória da mãe? O quanto a de cinco entende o que está acontecendo? Lamento quando penso em Penelope. Sua doença é um lembrete da fragilidade absurda da vida. Parece loucura que a medicina não consiga salvá-la. Essa situação torturante está acontecendo sem um bom motivo, e eu sinto a agonia de George. É sombrio, inaceitável, desesperadamente injusto, e ainda assim ele está tão vivaz. Por que será que os lembretes da morte podem, de alguma forma estranha, impulsionar a vida?

Muito depressa, nossa relação parece se formar e desabrochar em algo vívido, dinâmico e repleto de significado. É como se fôssemos mais longe e mais profundamente em algumas poucas sessões do que em meu trabalho com alguns pacientes ao longo de anos.

Eu me pergunto se George sempre foi assim ou se a vitalidade que sinto nele é resposta à perda iminente — um surto de força de vida. Há certa exuberância em sua tristeza, e o amor profundo que ele sente por Penelope torna a doença dela ainda mais chocante. Percebo que ele sente necessidade de honrá-la, e isso é grande parte do nosso trabalho. Ele me conta sobre sua risada irônica, suas anedotas cômicas, seu amor por robalo, seu carinho peculiar por Marvin Gaye. Ele me faz ver a beleza e a dor da existência, reparar pequenos detalhes que eu normalmente deixaria passar despercebidos. Quando as demandas da maternidade ou do casamento me chateiam, penso em George e paro de considerar tudo como sendo como garantido e de agir como uma chata mimada, até em pensamento. Meu trabalho com ele me instiga a valorizar o que tenho e a manter a consciência sobre os momentos comuns do dia a dia.

Com todas as incertezas da vida, quero que a terapia seja um espaço estável de confiança com que ele possa contar, toda semana, onde possa se encontrar por inteiro. Ao dar uma relação segura e carinhosa na qual ele pode se expressar livremente, eu encorajo George a descobrir partes de si que categoricamente evita ou nega em outros lugares. George começa a revisar algumas das suas visões de mundo. Sente que o tempo passou e que seu poder e liberdade se esvaíram. Está quase insuportavelmente nostálgico, mas também arrependido ao descrever seu antigo eu e a vida que imaginou que teria com Penelope. George está em um estado de luto pela perda da mulher saudável por quem se apaixonou. Vive o luto do fim da vida da esposa, mas também o seu eu do passado — a visão que tinha de si mesmo como um protetor masculino vigoroso está desaparecendo conforme a doença dela avança.

As circunstâncias o puxam em todas as direções; sua família precisa dele, está tendo dificuldades financeiras, tem que manter tudo em ordem, e internamente há certa fragmentação de seu senso de individualidade. E ele é perfeccionista na expectativa de que, de alguma forma, vai conseguir fazer tudo certo.

Comigo, ele consegue expressar os sentimentos que esconde dos outros, o que permite que explore o que significa ser ele e entender como vai separar as partes de si que estão em crise. George acha que salvou Penelope de sua família disfuncional quando os dois se apaixonaram, e salvou seu senso de individualidade ao resgatá-la. Ele ainda acha que pode resgatá-la agora, que pode salvá-la. Como, ele não sabe, mas não consegue abrir mão dessa determinação. Nós exploramos as origens dessa sua identidade de homem forte, da fantasia de que pode prover, proteger e resgatar. Seu pai, um acadêmico, incentivou George a ser erudito e trabalhar muito. Sua mãe morreu quando tinha oito anos, e seu pai parecia distante e consumido pelo trabalho. George carrega mágoa pelo pai não parecer se importar com ele o suficiente. E culpa-se pela morte da mãe, uma ferida emocional que o marcou profundamente. A doença de Penelope reabriu essa ferida.

No luto adulto, nós revisitamos experiências de perda precoces. Retornamos à perda da sua mãe. George é considerado um pianista talentoso desde os quatro anos, quando a mãe o incentivou a fazer aulas, e havia um piano de cauda na sala, onde ele praticava diariamente.

— Eu era um reizinho — lembra. — Filho único. E ela amava música clássica, ir a concertos. Lembro-me da imagem dela toda arrumada, usando joias elegantes e com cheiro de casaco de pele e perfume. Quando eu tocava piano para ela, ela me fazia sentir como se eu fosse capaz de conquistar qualquer coisa.

Alguns anos depois, ela ficou doente. Ele acreditava que, se tocasse bem, poderia ajudá-la a ficar viva.

Continuou com suas aulas de piano e praticou assiduamente, e sua mãe ficava cada vez mais doente. Ele barganhava, negociava e tentava tocar melhor e aprender mais. Esforçou-se para aprender *Träumerei*, de Schumann, uma peça solo de piano, e quando finalmente conseguiu, tocou para ela, e ela pareceu impassível à sua performance. E então, morreu.

George se lembra de pensar que, se tivesse tocado com mais expressão, teria conquistado a mãe. Havia sido mecânico em sua performance, não havia modulado. Mesmo quando me conta esse episódio agora, é como se acreditasse que uma performance brilhante poderia ter estendido a vida da mãe. Ainda estremece ao ouvir *Träumerei*.

— Olhando para trás, foi só quando conheci Penelope que me senti completamente capaz de novo — confessa ele. — Era finalmente o homem que sempre quis ser: forte, poderoso, respeitável, competente. Ela gostava de tudo em mim. Gostava até do cheiro do meu sovaco suado após o sexo. E das minhas mãos. Ela se apaixonou pelas minhas apresentações de piano.

Sehnsucht, música clássica romântica nostálgica, era sua favorita. Gostava do que eu compunha também. Inclinava a cabeça para trás e fechava os olhos, absorvendo tudo. Eram tão bons quanto sexo, esses momentos.

Ele também sente falta disso.

— Éramos tão sexuais, tão físicos. Ávidos por beijos, e tão generosos. Ela me queria o tempo todo. Eu me sentia tão grande, simplesmente grande. Era a sensação que eu tinha: de que era enorme. E depois, vê-la transformar-se em mãe, nossos bebês crescerem em seu ventre, eu a amava ainda mais quanto mais sua barriga crescia. Não a achava sexualmente atraente enquanto estava grávida, mas eu ficava deslumbrado.

Fica impressionado ao se lembrar do quão recentemente ela gerou vidas, mesmo enquanto sua vida chegava ao fim.

— Talvez a gente nunca mais faça sexo de novo — diz ele.

Ela já está tão fraca, e nenhum dos dois quer. A relação deles transformou-se em algo parental em termos de dinâmica, o que logo dessexualizou o casamento.

— Do que sinto mais falta é de quando éramos só nós dois, loucamente apaixonados, antes das crianças. Sinto saudade de como ela me olhava e de como eu olhava para ela. Do que sentíamos em relação ao outro e de como nos descobrimos ao ficarmos juntos. Ela depende de mim, mas está tão distante, e apesar de tentar fazer tudo para ela, mesmo assim estou decepcionando-a — diz ele.

Pergunto se ele também se sente decepcionado por ela. Algo difícil de admitir tão perto da perda, e ele fica aliviado com o convite a expressar seus sentimentos de estar sendo abandonado pela esposa.

— Ela está me deixando. Está me deixando e vou ter que criar nossas meninas. Sozinho. E sozinho no luto por ela também. Fico pensando se consigo fazer essas coisas sozinho, seguir adiante. Posso ficar com a bondade, ou morrerá junto com ela?

Nós contemplamos o legado emocional de sua esposa, e uma onda de horror se instaura.

— Ela ainda está aqui! Como posso falar dela desse jeito? Mas também não posso contar com ela. Não sei o que sentir. — Ele começa a chorar e limpa suas lágrimas com a manga da camisa. — Não consigo descobrir como pensar na Penelope. Ela está aqui ou já foi embora? Não posso salvá-la. Tudo o que posso fazer é me lembrar dela — ele repete.

Nesse momento, percebo que George está desesperadamente decidido a não ser como seu pai, distante, insensível e fechado. Ele não é seu pai, mas também é impossível ter uma atitude cem por cento correta nessa situação. Digo isso a ele. Não pode controlar o que está acontecendo.

Sua vida está repleta de dor, e há muito mais por vir. Nosso trabalho juntos me satisfaz, de uma maneira quase suspeita. Psicoterapeutas podem cair na armadilha do "cliente perfeito". George traz certa musicalidade ao nosso trabalho juntos. Sinto na nuca pequenos arrepios. Eu me perco nos ritmos, encantada. Ele é inteligente e talentoso, e investiga suas declarações com vontade, vasculhando detalhes escondidos. Emocionalmente expressivo, ele descreve a tristeza, mas também consegue rir, não de um jeito defensivo, e sim otimista — um contraponto ao seu rancor e desespero. O humor de George invade seus pensamentos e dá às suas observações uma dimensão generosa.

Só de observá-lo, ouvi-lo, sinto que nosso trabalho é importante, como se eu estivesse fazendo algo sensacional e transformador com ele. Nossa conexão é claramente uma espécie de idealização mútua. Ele me conta que se sente "abraçado" pelas minhas palavras. A proximidade entre nós traz uma sensação de empolgação e ansiedade. Ansiedade essa que sinto ter relação com a escassez — estou espelhando a ansiedade dele. Em nosso trabalho nessas horas de terapia, dou a ele algo importante, com certeza, mas não é nem perto de ser suficiente.

Interrompo meu encantamento sempre que chegamos ao final de nossas sessões.

— Teremos que parar por aqui — ouço-me dizer toda semana, alguns minutos após o horário certo.

— Não! — resmunga ele, vaiando, e dá um soco teatral no ar. — Como já chegamos no final?

É como se ele movesse céus e terra para estar aqui, e eu o expulso logo que ele começa a falar. É uma minirejeição toda vez que tenho que o mandar embora. É difícil para ele encontrar tempo para si toda semana, mas nossos cinquenta minutos por sessão parecem inadequados. É um microcosmo refletindo a terrível e real falta de tempo que sente com Penelope.

Meu supervisor me ajuda a perceber como nossa relação é marcada pela ansiedade que George sente, como se precisasse me entreter e controlar as sessões para me manter por perto. Seu carisma, seu uso sedutor da linguagem, sua necessidade de ser extraordinário sugerem um medo de que eu não estarei mais disponível caso ele não se dedique por completo. E eu também sou meu melhor com ele. Somos os dois perfeccionistas nessa relação, que é baseada em um senso de glória e medo de inadequação. George está vivendo um padrão familiar aqui, aplicando o ethos de trabalho incutido por seu pai de que ele precisa dar tudo de si para obter qualquer coisa. Seu trabalho árduo não salvou sua mãe, não está salvando Penelope, mas ele continua reencenando essa crença. De alguma maneira, ainda é o garotinho tocando Schumann para a mãe. E em resposta, fico um pouco inebriada demais, querendo apoiá-lo e cuidar dele. Quero contrabalancear a experiência de quando sua mãe não se comoveu com seu esforço. Eu estou profundamente comovida!

Nós dois estamos com medo de perder tempo. Durante meses, essa urgência permeia nosso trabalho. Há uma espécie de terror de que o tempo se esgote ou que já tenha se esvaído. A efemeridade da vida me desperta um desejo apressado e permeado de pânico de me lembrar de cada momento com George.

As anotações que faço sobre nossas sessões têm uma intensidade frenética. Anoto as descrições de Penelope comendo lula empanada, a data de nascimento das duas meninas, as músicas que eles dançavam, a adoração mútua por frutos do mar com limão. Quero preservar e honrar sua história com Penelope, e nosso tempo juntos, nosso trabalho, parece significativo, até monumental, de um jeito que não é nada comum. O que escrevo é cheio de detalhes específicos, como se tudo fosse excepcional. Há uma grandiosidade quando penso que todos esses momentos têm uma importância suprema, portanto preciso documentá-los de forma primorosa.

George me conta que reconhece o som dos meus passos quando está na sala de espera.

— Ouço você andando pelo corredor. Tic-toc, tic-toc.

Imagino se ele conecta meus passos com o som do relógio. Será essa sua sensação? O tempo se esvaindo em cada passo? Ele sente que a caminhada até a sala rouba tempo da nossa sessão? Isso sem falar das maneiras óbvias e até loucas que o tempo adentra nosso trabalho, como, por exemplo, quando ele se incomoda com o tic-tac literal de um relógio, um substituto do digital. Ele não suporta.

— Não me incomodo com metrônomos, contanto que eu esteja compondo ou dando aula — ele explica. — Mas esse relógio, o som do tic-tac, é como um soldado me gritando para marchar. Anda! Anda! Anda!

Ele pergunta se podemos resolver esse problema, e eu aceito, dando o devido drama ao momento: tiro as pilhas do relógio bem ali, durante nossa sessão! Isso proporciona um alívio temporário. Mas, mesmo sem o barulho do tempo passando, ainda temos a restrição de tempo, e sou obrigada a ser o adulto responsável e acompanhar a hora. Olho para o meu relógio de pulso e sinto uma onda de culpa quando ele percebe. Por que é grosseiro que eu acompanhe a hora, como se estivesse bocejando na cara de alguém, quando isso faz parte da minha função? É a minha forma de manter a autoridade no espaço de terapia.

— Sinto muito, mas precisamos parar por aqui — digo para George. Sinto como se eu estivesse sempre parando, terminando. Sempre me desculpando pelo fato de o tempo passar.

Quando o relógio digital está de volta ao consultório na semana seguinte, ele expressa certo alívio pelo barulho alto ter desaparecido. Pergunto se ele quer que eu posicione o relógio de maneira que nós dois possamos ver.

— Meu Deus, não! — exclama ele. — Só quero esquecer o tempo. Uma das coisas boas de estar aqui é que posso ser a criança e não preciso ficar checando a hora.

De certa forma, ele está certo. Minha pergunta se ele quer ver o relógio durante a terapia pode ser minha tentativa de compartilhar o fardo de anunciar o momento do fim da nossa sessão; é compreensível que ele não queira essa responsabilidade. Conforme nosso trabalho avança, George vive um conflito de querer ou não que o tempo passe, uma manifestação da sua **cronofobia**. Não há esperanças de que Penelope possa se recuperar, e ele se vê acelerando para a morte e o pós-morte dela, e então se sente mal por não desejar acompanhar a passagem do tempo. Ao mesmo tempo, também é tomado pela culpa de não aproveitar cada momento passageiro. Está em uma espécie de espaço liminar — uma área que é como uma sala de espera. Ele passa tanto tempo em salas de espera, tanto literal quanto psicologicamente, paralisado em algum lugar entre a vida e a morte.

Há muita espera enquanto o tempo se esgota. Ele espera pelos exames dela, imagens, tratamentos, telefonemas e documentos e arquivos e prescrições médicas, e tudo parece sem fim, entediante, fora de controle, e ainda assim o tempo com sua mulher é curto demais, devastadoramente reduzido pela doença. É brutal esperar pela morte de uma pessoa amada. Quando não há esperança de recuperação, é completamente natural ficar quase ansioso pela morte da pessoa e, ainda assim, sofrer com isso.

George se sente isolado, em parte porque Penelope ainda não demonstra desespero, portanto ele sente que também não pode fazê-lo.

— Talvez ela esteja em negação — ele supõe. — Mas parece otimista de que conseguirá viver por muito mais tempo. Não acho que ela tenha perdido as esperanças, então não posso mostrar a ela que eu já perdi as minhas. Portanto, tenho que fingir.

— Não há nenhuma esperança de que ela possa ser curada ou viver por mais tempo? — pergunto.

— Não, e não é porque estou sendo negativo. É porque realmente não há cura e ela está cada vez mais doente, essa é a realidade. Mas me sinto mal por saber disso, por não acreditar em uma cura milagrosa, por simplesmente esperar que ela morra. E me sinto especialmente mal quando fico impaciente e penso *anda logo com isso*. Não quero que ela morra, mas às vezes quero, não porque desejo vê-la morta, mas porque sei que esse momento está chegando e só quero que acabe. Isso é terrível? Não acredito que estou dizendo isso, sentindo isso.

Sua ambivalência sobre esperar pela morte dela é completamente compreensível, e digo isso a ele. George se sente responsável, apesar de ser um **pensamento mágico** acreditar que sua atitude vai decidir se o tempo corre, para ou volta.

Falamos sobre o pensamento mágico que o fez acreditar que tocar piano poderia determinar o futuro da sua mãe.

— Não importa o quanto você fosse bom no piano, sua mãe teria morrido de qualquer forma. E, a propósito, talvez você tenha tocado *Träumerei* brilhantemente — completo. — Mas o fato de ter aprendido a tocar Schumann só para ela é muito comovente.

Pergunto sobre seu perfeccionismo e sua ideia sobre a reação da mãe à sua performance.

— Você já pensou que talvez ela estivesse doente demais para absorver o momento, que talvez fosse demais para ela? Ou que talvez ela estivesse sofrendo profundamente pela ideia de te perder ao ouvir você tocar a peça de Schumann? As peças de piano solo dele evocam mesmo a força total dos sentimentos. É uma cena altamente melancólica. Ouvir seu filho tocar essa música, saber que estava morrendo... talvez ela não tenha conseguido dizer o que estava sentindo. Você supôs que a resposta dela tinha a ver simplesmente com sua habilidade ao piano, e talvez houvesse muitas outras coisas aí.

Penso em um musicista clássico que conheço, que um dia descreveu Schumann como uma alegria para se ouvir e um "pé no saco para se tocar", e de repente me dou conta da pressão que George colocou em si mesmo para aprender essa peça desafiadora para a mãe quando tinha apenas oito anos. E agora ele coloca essa pressão gigantesca sobre si mesmo para controlar uma situação impossível.

George tem poucas memórias da mãe, mas sua última lembrança é de quando a visitou no hospital. Ele não sabia que nunca mais a veria de novo.

— Aprecie cada momento — disse ela.

Ele se lembra da força dessas palavras. E se lembra também de se afastar dela antes de se sentir pronto. Uma parenta falou que era hora de ir almoçar, que eles tinham que ir embora.

— Não gosto muito dessa tia desde então — afirma ele. — Ela me levou para longe dela. Eu tive que ir almoçar em vez de passar mais tempo com a minha mãe.

— Ah, George — digo. — Sinto muito que ela tenha te levado embora nesse momento. Gostaria que você pudesse ter ficado mais com sua mãe, mas ainda assim teria sido pouco o tempo. Era inevitável que não fosse suficiente, não pela maneira como você viveu aqueles momentos, mas porque ela morreu muito jovem.

— Isso é verdade. Ela morreu muito jovem, e eu era muito pequeno. E agora isso está acontecendo de novo, uma variação do mesmo tema. — Ele solta um resmungo triste, mas rapidamente recupera sua compostura determinada. — Aprecie cada momento. Que mensagem.

— E então? Como você se sente quanto a essa mensagem agora? — questiono.

— O que quer dizer? Acho brilhante. Ela estava certa. Apreciar a vida. Ela me ajudou tanto.

Sinto a necessidade de lidar delicadamente com esse assunto. Mensagens no leito de morte podem ser traiçoeiras e colocar muita pressão nos vivos se encaradas como instruções. Nós dedicamos muita atenção e absorvemos as palavras de pessoas que estão morrendo, presumindo que há uma sabedoria profunda e que não temos escolha além de obedecer e segui-las à risca.

Pessoas no leito de morte podem ter percepções incríveis e cristalinas, mas, seja qual for a intenção (e às vezes não sabemos — uma pessoa morrendo pode se sentir arruinada, furiosa, assustada, inconsolável, desesperada, medicada, confusa, delirante), suas observações podem nos bagunçar completamente, principalmente devido ao nosso desejo por uma finalização e uma resolução. Por causa disso, podemos colocar muito significado nesses momentos do fim da vida. Queremos que o final seja bonito e tenha um significado eterno, mas precisamos de um pouco de distância para considerar e reconsiderar como utilizar esses comentários finais.

"Apreciar cada momento" é uma ideia linda. Mas, se for vivida literalmente, vira uma função impossível. Alguns momentos importam mais do que outros. Podemos selecionar e priorizar, mas não podemos nos apegar a tudo.

Sugiro que a forma como os parentes de George não falaram e ainda não falam sobre a morte de sua mãe o tenha deixado sozinho com essas memórias, sem ter com quem metabolizar a fala dela no leito de morte, sozinho com o luto. Sim, ele diz que se sentiu sozinho até conhecer Penelope, e que agora se sente sozinho de novo, exceto comigo.

Ele começa a considerar dizer a ela que acha que desperdiçou muito tempo aos vinte anos, e isso é parte da sua culpa agora. Culpa de sobrevivente por Penelope estar doente, e culpa por desobedecer à instrução da mãe para apreciar cada momento.

— Eu esbanjei muito tempo. Fiz muita coisa errada. Desapontei minha mãe. E desapontei Penelope. Quero compensar agora. Quero apreciar cada momento. Não consigo dormir. Fico só olhando para a Penelope, tentando memorizar seu rosto. E se eu esquecer seus olhos, o formato do seu nariz, o toque da sua pele, o seu cheiro? Vou me lembrar do som da sua voz? Já sinto saudade de tanta coisa. Fiz tanta besteira durante tantos anos, bagunçando tudo, às vezes ficando bêbado, não dando a ela o devido valor, esquecendo que a vida é fugaz. Vou me arrepender de não apreciar cada momento. Sei que vou olhar para trás e odiar o fato de não ter apreciado cada momento.

Ele está avidamente concentrado em lembrar e capturar experiências do passado e cada momento do presente, como se a história de Penelope e seu senso de individualidade fossem se desintegrar sem o fio coeso da memória vívida. Descreve o cheiro do cashmere, maçãs, lareira, ar do outono seco. De todos os sentidos, o olfato é o mais profundamente evocativo. Uma associação olfativa nos faz viajar no tempo. Amo ouvir essas histórias e me juntar a ele ao valorizar esses detalhes. Mas é a repressão e a culpa agonizantes que sinto que preciso confrontar.

— Você é muito romântico em seu empenho, e de certa forma, isso é lindo e comovente, mas é simplesmente muita pressão. Você está determinado em suas intenções de apreciar tudo o que tem, mas, não importa o que aconteça, você não pode guardar as sensações de cada minuto da vida — digo. — E você não foi o único a desperdiçar tempo aos vinte anos achando que não havia urgência para se casar e virar pai. Não fazia ideia do que viria pela frente. Mas não pode compensar o que perdeu tentando controlar o tempo agora.

Percebo que conspirei com suas fantasias de apreciar cada momento, registrando os detalhes como se pudéssemos memorizar tudo. Ele acredita que celebrar essas memórias pode parar o curso do tempo. É claro, ninguém pode saborear todos os momentos da vida. Nunca nos apegamos o suficiente a ponto de parar o tempo. Não importa o quão precioso seja, nós vamos perder algumas coisas. Esquecemos de prestar atenção. Ficamos distraídos. Ou notamos e perdemos mesmo assim. George ter achado no passado que a presença de Penelope estava garantida por muitos anos não é o motivo de ela estar morrendo agora. Em seu estado de luto antecipatório, a pressão para aproveitar é tão extrema que ele tem dificuldade para aceitar o passado, repreende-se por imaginar a vida que tem pela frente e tem dificuldade de confiar que pode simplesmente viver experiências comuns.

Os detalhes que ele me traz, eu observo e tento preservá-los automaticamente, como se fosse a guardiã, a arquivista, a historiadora da vida dele. E estou perdendo o critério. Nas palavras de Charles Rycroft, psicanalista britânico e ensaísta cultural, a psicoterapia serve como "o assistente autobiográfico". Mas a autobiografia nunca está completa.

Amo as memórias que ele compartilhou comigo e sempre as guardarei — seu tempo com Penelope em um barco modesto na Grécia, o cheiro da pele queimada de sol, protetor solar, sal, o barco de madeira —, mas também preciso abrir mão de alguns dos momentos da vida de George e me permitir discernir e selecionar os detalhes mais importantes em vez de tentar captar e guardar todos eles.

— Acumular memórias não impedirá que ela morra. Você não pode enganar a morte. — Me sinto brutal quando digo isso, como se estivesse virando um balde de água fria em sua cabeça.

Ele coloca a cabeça entre as mãos.

— Eu estou perdendo ela. Apesar de não ser capaz de deixá-la ir, ela está indo embora. Preciso aceitar isso.

Ele não pode controlar o que está acontecendo congelando o tempo. Não pode mudar o passado ruminando os momentos desperdiçados. Ele começa a olhar para sua luta contra o relógio. Começa a se permitir aceitar o horror do que está se esvaindo.

— Na música, existe uma coisa chamada *tempo rubato*. Você pode acelerar ou desacelerar. Há ritmo e liberdade expressiva. Eu amo isso. O tempo é tudo na música. Você controla o tempo, mas também lhe obedece. Arte em movimento. — George se ilumina quando fala sobre música, o trabalho a que dedicou toda a sua vida. — Acho que é paradoxal nesse sentido, mas eu perdi essa aula. Fantasiei sobre viajar no tempo. Ah, se eu pudesse. Voltaria à euforia de me apaixonar por Penelope quando éramos saudáveis, jovens e tão fisicamente amorosos. E talvez voltasse até um pouco mais, à primeira infância, quando havia um suprimento aparentemente infinito de amor da minha mãe e eu não conhecia o tempo, antes de ela ficar doente, antes de eu começar a tocar Schumann.

Apaixonar-se distorce nossa noção de tempo. Marie Bonaparte escreve: "Quem ama, por mais miserável que sua condição possa ser, é transportado para a terra da fantasia." E acrescenta: "É por isso que todos que amam juram amor eterno."

George esqueceu-se do tempo quando ele e Penelope se apaixonaram, e isso faz parte da euforia do amor na juventude. Ele não desperdiçou seus vinte anos. Ele a amou e ela o amou, e postergou mudanças até entender o que queria. Completamente humano.

Há sessões em que, em vez de falar sobre a doença de sua esposa, George fala sobre outros períodos de sua vida, qualquer um que lhe vier à cabeça. Ele se lembra do tempo de faculdade, dos verões da infância, tudo em busca do que significa ser ele. Talvez esteja lembrando para si mesmo sua identidade de outras épocas, procurando um fio coerente em seu senso de individualidade. Ao relembrar o passado, é como se o tempo nos desse uma trégua, temporária ao menos. Eu me sinto intensamente conectada a ele, e nós nos debruçamos em uma espécie de espaço de brincadeira. A cronologia é nossa, e juntos podemos ir a qualquer lugar que quisermos, de volta no tempo, à sua infância, sua adolescência, a qualquer fase da vida que escolher.

Fico tão envolvida em estar conectada a ele que nossa relação nos transporta para longe do tempo, longe do que está acontecendo em sua vida, talvez imaginando como podemos refazer suas experiências da infância ou desfazer sua dor. É como se fôssemos a mãe e o filho simbióticos em algumas dessas sessões.

— Você me entende — afirma ele. — Você me entende melhor que qualquer outra pessoa. Eu me sinto uma criança, no melhor dos sentidos. Ah! — Ele deixa escapar um suspiro de satisfação, de contentamento, e seu rosto tem uma expressão otimista.

Nossa dinâmica extasiante nos leva aos primeiros momentos de sua vida e nós falamos sobre questões emocionais históricas. Mas também precisamos falar sobre a situação presente, o significado da doença da sua mulher e o que isso representa em sua vida. Ao reconhecer e falar de seu desejo em ser uma criança, de me deixar cuidar dele, de controlar e viajar pelo relógio, de fugir da responsabilidade da vida adulta, o tempo se torna uma fonte de criatividade.

— Tem essa distância que sempre surge quando alguém está morrendo. Nunca pensei nisso com a minha mãe — ele reflete. — Ela era a principal autoridade para mim, e estou começando a perceber como ela foi se distanciando cada vez mais, e sua doença a levou embora do mesmo jeito que está levando Penelope também. Fico tentando alcançá-las e não consigo. Simplesmente não consigo.

Esse parece um momento de realização.

— Quanto mais eu tento controlar o tempo, mais fora de controle me sinto. Não sou responsável pela morte — diz ele. — Ou pela passagem do tempo. Sabe, em uma versão da mitologia grega, Cronos, o deus do tempo, devora seus filhos.

— Isso é fascinante — comento. — Cronos come seus filhos, e ele também fez com que existissem em primeiro lugar. Então, o tempo cria e devora. O tempo é o que uniu você e a Penelope. Você descreveu o acaso de quando se conheceram. Como foi o momento perfeito para vocês dois. Como ambos se sentiram salvos por essa relação. O tempo torna tanta coisa possível, ainda que também nos devore.

— Sim! O tempo cria, mesmo que também destrua. Foi o que fez com que nos conhecêssemos, o que fez nossas filhas serem quem são. E agora Penelope está morrendo, e eu não posso protegê-la nem salvá-la. Mas, ao mesmo tempo, estou salvando-a de algumas formas: suas filhas sempre vão carregar seu legado, e algumas das minhas memórias também. Ela está comigo, dentro de mim, mas não posso guardar tudo. Ela está escapando pelos meus dedos. Essa é a realidade.

Novamente sou lembrada do quanto os bebês ficam transtornados quando são separados de um objeto ou da pessoa a quem são apegados. Eles choram e reclamam. Com o tempo aprendem que as pessoas que amam voltam e que a separação não significa uma perda permanente, que as relações persistem apesar da separação e dos recuos. Mas às vezes há a perda, pura e simples. O bichinho de pelúcia que sumiu pode não ser substituído. Haverá novos, mas serão diferentes. A separação pode ser permanente, sem reencontros. A perda é uma parte dolorosa e inegável de amar e viver.

— Sou um absurdista — ele me conta. — Não gosto do caos, mas também não acho que exista alguma ordem inerente e um propósito na vida. Acredito que nós criamos o propósito. É como aprender e compor música. Não existe simplesmente uma música definitiva que encontramos, mas infinitas variações de um som. Incontáveis ritmos e melodias. E melodias ainda não ouvidas também, que podem ser até melhores. Não acho que Penelope tenha ficado doente por um motivo. Mas aconteceu, e acho que nós insistimos em criar um propósito. E o propósito que criei, que estou criando, é que é bom, excepcionalmente bom se sentir notado, se sentir ouvido. A terapia é um repositório para as memórias e notas misturadas. Obrigado por me ouvir. Por realmente me ouvir e por me ajudar a encontrar as melodias. Eu me escuto aqui. E há muitas notas, não só as tristes, mas as exuberantes também. Posso te contar sobre dançar com as meninas, os bons tempos misturados à tristeza. Sabe, eu me preocupei com o jeito que os outros me veem. Se pareço feliz, o que há de errado comigo, não é para estar permanentemente devastado? *Como o George pode estar feliz com tudo o que está acontecendo, será que não ama sua mulher?* Mas também me preocupo que as pessoas ouçam minha história e pensem que sou uma música triste. *Aquele pobre homem perdendo a esposa, com duas filhas pequenas.*

Ele para seu solilóquio e reflete por um instante.

— Desde que comecei a vir aqui, parei de me preocupar com a narrativa dos outros sobre a minha situação. Conheço a minha história. Não quero pena, e minha vida não é uma melodia de uma nota só, mas não posso controlar como os outros me veem se não me conhecem de verdade. Sei que você se sentiu triste por mim, mas não me considera uma tragédia, mesmo que ache que minha história tem elementos trágicos. Você ouve a música inteira. Não posso poupar minhas filhas da dor de perderem a mãe, o que odeio. Mas me sinto aliviado pela variedade de experiências. Desperdicei momentos, comemorei outros. Estou dando atenção a isso aqui, ouvindo como tudo isso se junta, e você está me ouvindo. Isso faz com que eu siga em frente. Sei que você não é minha mãe, nem minha esposa, nem nenhum tipo de substituição, mas é aqui que me sinto vivo agora.

Sem fazer grandes interpretações ou desafios, ajudei George a seguir em frente simplesmente ouvindo-o, vendo-o e ajudando-o a se ouvir e a se ver. Às vezes, meu papel é bastante simples. Nossa conexão não pode compensar sua perda. O limite de tempo nas nossas sessões é o princípio de realidade dos nossos limites, a diferença entre uma mãe que fica acordada a noite toda e uma sessão marcada que só está disponível no horário combinado. Quero que ele viva a vida de forma mais plena, não que viva a terapia de forma plena e a vida de forma parcial. Mas, agora, a terapia o lembra de estar vivo e não ser invisível.

Por fim, não posso proteger George da dor de vivenciar uma perda. Penelope morre antes de seu aniversário de trinta e seis anos. A mente graciosa de George trabalha com força total, e, embora ele continue sentindo profundamente a falta dela de forma que não tinha previsto, eu o ajudo a se sentir menos sozinho nessa luta, ou melhor, nossa relação psicoterapêutica me permite, de um jeito paradoxal, viver junto com ele sua experiência de solidão. De alguma maneira, ele sobrevive. Chega ao outro lado dessa experiência trágica e profundamente dolorosa enquanto dá a si mesmo o dom de permanecer aberto à vida e a novas experiências. Ele deixa o tempo fluir e carregá-lo em sua maré.

O controle e você

Um amigo contou a seguinte piada na festa de aniversário da esposa: "Para os psicoterapeutas, se você chega atrasado, é hostil; se chega cedo, é ansioso. Se chega na hora, é obsessivo." Sua esposa é Laura Sandelson, uma colega de profissão e amiga querida. Ela é incrivelmente pontual. O que tornou a piada engraçada é o quão equilibrada, consciente e saudável ela é em relação ao tempo. É confiável, mas também consegue discernir sobre como passa seus dias e seus anos. Das maneiras mais simples, assim como das mais complexas, ela aprendeu a lidar bem com o tempo. Há uma sensação de domínio e conforto que surge com uma relação saudável com o tempo. Ela é atenciosa com os outros, e sua lealdade é um traço amoroso e estável, mas ela sabe priorizar. Não desperdiça seu tempo tentando agradar às pessoas quando isso é às custas do seu contentamento. O tempo é um limite para todos nós, mortais. Aprender a fazer escolhas consistentes com o que nos é dado ajuda a viver a vida o mais próximo possível da maneira que desejamos. É uma calibração eterna e exige constante adequação.

Nenhum ser humano é imune ao passar do tempo e à perda. Mesmo quando tentamos viver de forma consciente e aproveitar os pequenos momentos, nada dura para sempre. Todos nós lutamos contra isso em algum momento. Há uma ligação inquebrável entre controle e tempo. Isso se desenrola de diversas maneiras: quando um ente querido falece, ou mesmo quando perdemos uma fotografia ou um item de que gostamos, ou saímos de um emprego, e com isso nosso senso de individualidade também se perde. Estamos incessantemente lidando com a perda e com questões de controle. Podemos tentar de forma compulsiva alcançar mais e mais sucesso, na esperança de marcar a passagem do tempo com realizações. Planejamos de forma ansiosa, ambiciosa. Evitamos e procrastinamos. Lutamos para nos desapegar. Em menor escala, nossa tolerância com a frustração é testada todos os dias, quando aguardamos na fila, somos colocados na espera em uma ligação, lidamos com o SAC, pedimos a alguém que se apresse. Até o ritmo de caminhar com outro ser humano tem a ver com o tempo. É um desafio sincronizar-se à velocidade dos outros, acompanhar um caminhante rápido ou desacelerar para alguém que está de salto alto, uma criança aprendendo a andar, um parente mais lento.

Questões de controle do tempo surgem nas brigas de relacionamentos; um está sempre correndo, e o outro costuma embromar. Um tem o hábito de se atrasar, e o outro é ansiosamente pontual. Um assiste à TV demais e o outro luta para fazer pausas. Casais e amigos também brigam sobre para quem o tempo é mais valioso, um ponto sensível na divisão do trabalho. Sentimos a tensão entre o tempo e o controle de maneiras mais drásticas quando ficamos furiosos com nossos companheiros e lamentamos o tempo que dedicamos ao relacionamento. Ele roubou anos da minha vida! Prometi a ele todos os anos por vir! E como escolhemos gastar nosso tempo molda emocionalmente nossas relações também.

Em momentos de desespero comum e transitório, a perda do controle do nosso tempo pode ser massacrante. Quando temos um prazo e nossos filhos estão gritando porque precisam de nós e a casa está uma bagunça e nós estamos correndo para servir o jantar, nós nos sentimos limitados e frustrados. Quando queremos ajudar um amigo, mas estamos sob pressão no trabalho e o tempo parece contra nós, nos sentimos presos. Quando queremos passar o tempo fazendo as coisas que amamos e temos tarefas administrativas intermináveis, nós nos sentimos desamparados. Nenhum objetivo, grande ou pequeno, jamais parecerá ao alcance nesses momentos. Para outros, o trabalho diário é tão brutal e estressante que não há espaço mental para pensar apropriadamente em sonhos e desejos. E, para muitas pessoas, ambições secretas de se concentrar em algo como pintura ou projetos de caridade são sempre inalcançáveis, pois nunca há "tempo" para isso.

O tempo rouba de nós, a torto e a direito. Nós vemos isso quando o espelho nos mostra algo que não se encaixa com a imagem que temos de nosso rosto. O tic-tac do relógio rouba dos jovens também, que têm ilusões de invencibilidade e de uma quantidade infinita e interminável de tempo adiante. O relógio biológico atormenta relacionamentos com a pressão para procriar logo, em vez de esperar. Apesar dos homens terem mais tempo para procriar, a sensação de que não há pressa pode ser uma ilusão perniciosa. A fantasia de um tempo interminável pode impedir que as pessoas se comprometam, façam escolhas, vivam plenamente, valorizem a vida enquanto ela acontece, pois há a crença de que um dia a vida se transformará em outra coisa. A vida está acontecendo agora. E a vida vai acabar.

O tempo também cura, é claro. Pode ser nosso amigo, assim como nosso inimigo. Pode suavizar rixas terríveis. Pode abrir espaço para a sabedoria, perspectiva, perdão, entendimento. Na medicina, qualquer tratamento depende de "tempo de ação".

E a sabedoria vem com a experiência de vida. Um dos motivos pelos quais decidi ser psicoterapeuta foi meu desejo por uma profissão para a vida inteira. Tive o privilégio de conhecer lendas da área em seus oitenta, noventa anos: Otto Kernberg, Albert Ellis, Jerome Bruner, Irvin Yalom. Uma vez segurei a porta para Betty Joseph quando ela chegou ao Instituto de Psicanálise para dar uma palestra. Tinha oitenta e poucos anos na época e usava salto alto. Caminhava lentamente, mas com vigor e força. "Posso segurar a porta sozinha, mas obrigada", comentou. Fiquei constrangida com o comentário dela, mas hoje em dia adoro. Ela era ousada e determinada. Tinha a vasta sabedoria de sua vida longa, mas sua mente permanecia aberta. Falou sobre bulimia e mídias sociais. É assim que quero envelhecer, se tiver a sorte de chegar lá. A idade é respeitada na psicoterapia. Lembro-me de me sentir insegura por ser muito nova quando comecei meu treinamento. A juventude não era vista como vantagem. Às vezes, a passagem do tempo pode ter seus benefícios. Nunca temos controle total, mas, seja qual for o tempo disponível, temos escolhas.

Posfácio

Entender o que queremos e o que não queremos nos dá clareza nas nossas escolhas. Podemos selecionar e priorizar a partir de um conjunto de desejos. Podemos viver nossas vidas com mais leveza e alegria.

É difícil e ao mesmo tempo essencial nos perguntarmos o que queremos, e nunca parar de perguntar. Viver para essas perguntas.

Muitas vezes, ficamos assustados com nossas vidas internas. Temos medo de nos afogarmos nas profundezas das emoções. Tememos a pressão intensa de desejos conflitantes. Temos vergonha dos nossos segredos, e orgulho de versões fantasiosas da vida e de nós mesmos. Presos nas garras da sofrerioridade, às vezes evitamos nomear o que realmente importa. Talvez sejamos incríveis e a vida simplesmente aconteça para nós, ou somos um desastre irremediável. Quando entramos na zona do sofrimento, podemos ficar presos em nossas vidas não vividas...

Nossas vontades secretas não são tão perigosas quanto nossas tentativas de controlar o acesso. Quando encaramos a nós mesmos e prestamos atenção com sinceridade e intimidade, nos sentimos vivos. Fazemos escolhas próprias. Abandonamos os velhos ressentimentos e abrimos espaço para novas experiências e descobertas. O mundo é cheio de ganhos e gastos e desperdícios. Podemos passar pela vida como zumbis se estivermos desconectados do nosso verdadeiro mundo interior. Permita-se participar plenamente da sua vida. Não fique esperando uma vida imaginária acontecer. Olhe para a vida que está vivendo e insista em vivê-la com a maior plenitude possível.

VOCÊ SABE O QUE REALMENTE DESEJA?

Temos um medo irracional da sensação de responsabilidade por nossas vidas, mas é aí que reside o poder e a eficácia e a autoridade. É onde temos liberdade, mesmo que ela pareça opressora. Cabe a nós vivermos nossa vida, essa vida única, surpreendente e preciosa. Apontar obstáculos e culpar os outros só nos deixa as cinzas. A vida não é o que imaginamos, mas sempre podemos fazer algo, mesmo que seja olhar para o céu, reparar em um detalhe, expressar amor.

Orgulho e vergonha são gêmeos problemáticos que não podemos ignorar por completo, mas repare nas formas que eles nos intimidam. Considere as maneiras que omitimos e exercemos os desejos. Temos profundezas gigantescas, não importa a distância que olhemos. Independentemente das outras pessoas entenderem ou não seus próprios mundos interiores, podemos ter uma noção das eventualidades de ser humano. Confie na sua própria autoridade sobre suas experiências nesse sentido. Seja curioso. Se conseguir reconhecer sentimentos difíceis, já estará apto a sobreviver a eles. Preste atenção ao que é ser você, mas também olhe ao redor. Se perceber que está ficando obcecado com as coisas que deseja, dê um passo para trás e destile os desejos maiores. Você ainda pode querer as coisas, mas pense sobre o que aquilo realmente representa. Observe o que está por trás do desejo.

Muitas coisas não saem como gostaríamos e estão fora do nosso controle, mas é uma descoberta incrível perceber que, quando mudamos nossa abordagem e atenção, podemos fazer escolhas próprias. Quando realmente batalhamos pelo que queremos, normalmente é desafiador e repleto de surpresas. Demanda perseverança. O que queremos de verdade geralmente é assustador e apavorante. E sempre há mais. Há mais a se entender, mais a aprender, e muito mais desejos. A sessão chega ao fim, o livro termina, e vale a pena olhar para trás e ver tudo o que temos, por tudo o que passamos e todas as experiências que vivemos. Pode ser que somente anos depois, na terapia, um momento faça sentido ou pareça significativo de um novo jeito. O melhor que a terapia pode fazer é encorajar. Tenha muita curiosidade sobre a experiência humana.

O artista Georges Rouault escreveu: "Um artista é como um escravo de galé, remando na direção de uma terra distante que nunca vai alcançar." Todos nós temos uma terra distante que nunca vamos alcançar, mas podemos obter tanta riqueza da vida ao aceitarmos que estamos sempre remando. Expanda seus pontos de vista para considerar as histórias de desejo. Aprender nunca tem fim, e as particularidades das experiências da vida são memoráveis. Continue se perguntando o que quer e, enquanto olha para a terra distante, repare e aprecie o lugar onde está, de onde veio, e tudo o que significa ser você.

Glossário

Esse glossário é uma compilação de termos, definições e discussões de conceitos e expressões. Peguei emprestado algumas ideias da arte, da filosofia, da literatura, neologismos que cunhei. Nas relações terapêuticas, a linguagem e as metáforas que surgem podem ser profundas, lúdicas e às vezes divertidas. Há momentos em que os termos da terapia ajudam, quando a linguagem comum não dá conta e palavras familiares simplesmente não são suficientes para expressar os sentimentos e experiências mais intensos. Em outros momentos, ao longo do trabalho com um cliente, uma linguagem própria se desenvolve, um dialeto de significados codificados que enriquecem imensamente o processo colaborativo.

Afânise: Perda do desejo sexual. O termo vem do desaparecimento de uma estrela. Pode soar como uma punição e rejeição para o outro. Acontece por inúmeros motivos. A perda de qualquer desejo pode parecer um fracasso, uma espécie de morte, mas é algo ao qual se sobrevive.

A franqueza como máscara: A honestidade é maravilhosa, mas não significa que seja tudo. Estar aberto e ser autêntico pode ser enganoso mesmo em sua apresentação ousada e sem filtros. É se esconder mantendo-se à vista. Pode até ser verdade, a franqueza, mas pode desviar as pessoas do rastro de dificuldades que ocultamos.

Ambiguidade hipnotizante: Nós amamos e odiamos alguém, algo, talvez nós mesmos, e é a única coisa em que conseguimos pensar. E amamos e odiamos o fato de ficarmos tão aficionados naquilo. Nossa mente tenta trabalhar e categorizar o que é uma coisa, e quando nossos sentimentos contraditórios se recusam a ficar organizados em uma única caixa, podemos ficar obcecados. A obsessão pode ser uma tática de procrastinação e postergação, e uma forma de autopunição para evitar a participação na vida real. Tolerar as mensagens confusas também pode parecer recompensador e pleno. As características podem se confundir com o reforço intermitente, mas a ambiguidade é mais estética do que viciante.

Amizades mascaradas: Uma relação cheia de ambivalências, com frequência oscilando entre amizade e inimizade, e normalmente com rivalidades inconfessas que se mostram em diferentes momentos. Pode haver amor verdadeiro e carinho em amizades mascaradas, mas é comum que haja uma fantasia subliminar de contar vantagem que é repleta de condicionais edificantes. *Mas se* a outra pessoa fosse assim, ou *um dia* aquela pessoa vai se dar conta e apreciar certas coisas... O julgamento e a cisma de certeza podem ultrapassar a empatia.

Burnout **de Rumpelstiltskin**: O duende Rumpelstiltskin é profundamente mal compreendido. Ele não estabelece limites e é vago sobre o que quer. É um agradador e resgatador, oferecendo suas habilidades e serviços à princesa sem talento, transformando palha em ouro. Mas é mortalmente frustrado por suas necessidades não supridas. Em uma história trágica de *burnout* (esgotamento) profissional e objetivos não muito claros, Rumpelstiltskin negocia somente em momentos de desespero e de enxurrada emocional e ressentimento aflorado, e só depois de oferecer seus serviços. Seu temperamento trabalha contra ele mesmo. Ele é visto como vilão e não recebe crédito algum por seu trabalho árduo. Por fim, quando admite o que quer, ele desmorona. Expressar os sentimentos que tentou ignorar o dilacera, e ele se divide em dois.

Rumpelstiltskin é um conto de fada sobre esperar que as pessoas lhe deem o que você quer quando você nem sequer entendeu exatamente o que quer de fato. Se transformar palha em ouro, não espere que as pessoas fiquem suficientemente agradecidas sozinhas... Defenda seus interesses.

Comparanoia: A paranoia tem a ver com uma perspectiva intensamente distorcida que amplia os contrastes. Quando estamos preocupados com comparações, tendemos a exagerar e minimizar. Quando estamos comparanoicos, ficamos preocupados com comparações e contrastes angustiantes de como imaginamos a vida dos outros. Construímos histórias sobre como os outros nos veem, o que os outros têm que nós não temos. Exigimos evidências frequentes da nossa posição e status, e nosso roteiro não é nada além de uma fixação de ir em busca de confirmação da nossa suficiência através dos outros. A areia movediça dos julgamentos é inconstante e pode nos distrair de pensar com clareza sobre nossos valores, prioridades e intenções. Comparações constantes sobre quem tem mais nos roubam.

Compersão: O oposto de *schadenfreude*, ou talvez seu oposto complementar, compersão é a sensação exuberante de alegria pelo que os outros possuem, o prazer de ver os outros florescerem e prosperarem. Um brilho quando gostamos de testemunhar o sucesso dos outros. Um equivalente relacional de gratidão, a compersão é a consciência emocional da beleza da vida, principalmente quando a compartilhamos com as pessoas que amamos.

Congruência: O alinhamento entre seus valores e suas prioridades. Nem todo desejo que você tem se acomodará confortavelmente nos seus valores, é claro, e nem toda escolha que fizer estará em harmonia com seu contexto e propósito, mas a congruência é um estado de equilíbrio e ajuste constante para calibrar o que importa para você em diferentes momentos da sua vida.

Cortina da rejeição: O risco de rejeição impede que muitos de nós abordem o que queremos da vida. A ameaça de cometer erros, de humilhação, de rejeição, é dolorosa demais para arriscar. A terapia pode ser um terreno de teste para olhar atrás da cortina e entender de dentro para fora.

Crise de identidade *versus* Estagnação de identidade: O conceito de desenvolvimento de Erik Erikson enfatiza a expansão que pode vir junto à crise de identidade, principalmente durante a adolescência. Apesar de dolorosa e perturbadora, uma crise de identidade abre espaço para o crescimento e a mudança. Podemos vivenciar crises de identidade após a adolescência e em todas as fases da vida. Por mais desconfortável que sejam, podem despertar descobertas autênticas e novos aprendizados. Quando não desenvolvemos autoconsciência e agimos de forma automática, podemos afundar na reclusão da identidade, indo com a maré e desempenhando papéis limitados sem participação ativa ou propósito. A estagnação de identidade pode se tornar uma vida de desespero silencioso. Desconectados do nosso eu interior, podemos ignorar o entorno e permanecer dissociados. A sacudida de uma crise envia alertas e nos confronta com as nossas falhas. Podemos aceitar o medo da mudança e as incertezas em nossas histórias de identidade, ou podemos nos ater ao roteiro estático e desgastado. Permita-se se atualizar!

Cronofobia: Medo do tempo. Alguns de nós querem que o tempo acelere ou desacelere, ou nos vemos habitando nossa vida não vivida, um momento importante do qual lutamos para nos recuperar ou uma situação imaginária que desejamos que aconteça um dia. A terapia nos ajuda a reunir esses pensamentos sobre idade e identidade e revisar como podemos passar nossos dias de forma a priorizar o que importa para cada um de nós.

Desejo: Querer ou ter vontade que algo aconteça. Desejo e destino são quase a mesma palavra etimologicamente. O desejo vem do latim *desiderare*, "ansiar ou ter vontade de algo". Que, em si, deriva de *de sidere*, "das estrelas". Artistas, filósofos e poetas normalmente são intensamente íntimos com o poder do desejo. Eles o retratam com tanta emoção, de forma tão fervorosa. Essa abordagem do desejo oferece uma grande estratégia para contemplarmos como podemos viver de forma mais plena. Nossos maiores desejos na vida são como as estrelas que podemos ver sem alcançar completamente. Será que desejaríamos essas coisas por inteiro? Algumas fantasias são melhores como fantasias, e podemos encontrar alegria e satisfação e significado verdadeiros ao longo do caminho.

GLOSSÁRIO

Desejos contrabandeados: Um conceito simbólico do que acontece com os desejos profundos que ignoramos: vontades secretas que podem estar fora de vista, mas não estão fora da nossa mente. Os desejos contrabandeados agem de forma disfarçada. Nós os ilegalizamos porque estão em conflito com a maioria das nossas escolhas de vida. Mas alguns desses desejos acabaram banidos da nossa lista porque tínhamos outras demandas naquele momento. Redescobrir buscas antigas, participar de novas experiências, ampliar os parâmetros, tudo isso prepara nossa mente para as curvas e reviravoltas dos desejos, para o que está disponível e o que está fora do alcance, para as mensagens sociais e culturais do que aceitável e do que deve ser descartado. Alguns dos nossos desejos banidos vão para o subconsciente e começam a operar dissimuladamente.

Lutamos para falar sobre nossos desejos quando eles são um tabu, o que é também parte do porquê os guardamos em segredo. Também podemos sentir medo de falar as nossas vontades porque não queremos descobrir a impossibilidade de realizá-las. Por que se importar em admitir que queremos liberdade quando ela parece inalcançável? Em vez disso, há uma agitação, uma espécie de desconforto, que se manifesta.

Desfamiliarização: A desfamiliarização muda a perspectiva. Quando ficamos estagnados, e isso ocorre com todos nós, costumamos afunilar nossa perspectiva. Isso nos impede de enxergar o que estamos olhando e de escutar o que estamos ouvindo. Uma sensação de estranhamento e alienação do que olhamos inúmeras vezes sem realmente ver. Artifício literário que pode adicionar suspense a um drama, essa técnica ajuda a ressuscitar nossa capacidade de imaginação. É particularmente bom para ajustar nossas perspectivas quando estamos emocionalmente atrelados a alguém familiar demais. Quando pensamos que conhecemos bem, temos dificuldade para entender. A desfamiliarização injeta ar e separação no nosso ponto de vista, convidando-nos a sermos reapresentados. Pratique isso com um amigo ou um companheiro, ou no seu reflexo no espelho. Separe dez minutos para deliberadamente não reconhecer e olhar com presença. Você encontrará algo autêntico e surpreendente. Concentre-se e descubra onde a sua curiosidade pode te levar.

Despotencializado: O poder e a promessa de possibilidades. A infância é um momento em que imaginamos muitas opções e possibilidades. Quando fazemos escolhas, desistimos de infinitas alternativas. Mas, se evitarmos as escolhas, perdemos a essência da vida, esperando que o propósito surja do nada.

Douleur exquise: O encanto da dor. Às vezes, nós nos deliciamos com o sofrimento e a luta, tanto emocional quanto fisicamente. A dor pode ser prazerosa.

Eloginsultos: Muitas vezes passamos mensagens confusas. Nós nos comunicamos uns com os outros de todas as formas peculiares possíveis. Fazemos investigações enquanto parecemos estar sendo amigáveis. Oferecemos críticas com um aspecto supreendentemente lisonjeiro. Os eloginsultos muitas vezes precisam de tempo para serem processados, pois com muita frequência somos pegos de surpresa no momento em que recebemos um. A intenção de quem faz um eloginsulto pode ser ambígua e, às vezes, é negada pelo afeto quando as palavras são ditas. Diferente de elogios irônicos, os eloginsultos costumam ser uma mistura genuína de exaltação e crítica. Cabe a nós descobrirmos o que fazer com eles.

Falsa modéstia: Esse termo familiar é psicologicamente esclarecedor para demonstrar nossa estranheza com as questões do ego. Por um lado, nós desejamos nos exibir, mas somos covardes de admitir isso. A falsa modéstia normalmente vem em forma de reclamação falsa, que se transforma em ostentação. É difícil demonstrar com ousadia ou admitir de forma direta o que está, de fato, errado. A falsa modéstia é um sintoma de como somos alimentados socialmente por mensagens controversas. A maioria de nós busca reconhecimento ou afirmação, e não sentimos que podemos nos gabar ou tampouco chamar atenção para algo que queremos que as pessoas saibam. Portanto, em vez de nos mostrar, nós contrabandeamos o autoelogio de uma forma que esperamos que vai alertar as pessoas sobre o quão maravilhosos somos, disfarçadamente. Não é um disfarce muito bom, e em geral o tiro acaba saindo pela culatra, mas é pura insegurança expressada de maneira ruim.

Fantasias de E se?/Se eu pudesse e **Um dia**: Fantasias de *E se?/Se eu pudesse* olham para trás e são cheias de avisos para as outras versões imaginárias da vida. Cenários de *Mas se* podem ser sobre o passado, mas também podem assombrar nossa abordagem do presente e do futuro.

Fantasias de *Um dia* olham para o horizonte vago do futuro e são cheias de intenções e, muitas vezes, milagres.

Histórias de *E se?/Se eu pudesse* e *Um dia* têm a ver com depositar responsabilidade em qualquer lugar, menos no presente. E, na verdade, assumir a responsabilidade pela sua vida agora e ver o que é possível é bastante valioso.

Femascular: O desempoderamento das mulheres. Comparável a castrar, é surpreendente que essa palavra ainda não exista.

Folga da conversa: Esse é um termo para o que pode acontecer quando sua mente divaga enquanto você está com outras pessoas. Você pode parecer estar presente, mas está sonhando acordado ou pensando em outra coisa, mesmo que balance a cabeça como se concordasse com o que está sendo dito. Para onde você vai nesses intervalos? Está protestando ao simplesmente perder a atenção? Rebelando-se? As folgas da conversa parecem um mecanismo de defesa interessante para tornar as situações mais suportáveis, talvez uma forma de criar um espaço de negociação para o conflito entre o que devo e o que quero. Se você sentir que seu terapeuta está momentaneamente ausente em uma folga da conversa, diga algo, fale sobre o que está acontecendo. Pode ser que seu terapeuta negue que isso esteja acontecendo, mas ficará mais focado. Há uma chance de ele admitir que se distraiu um pouco enquanto você está falando, e isso também pode ser algo útil para se refletir, pois diz muito sobre o que quer que esteja acontecendo na contratransferência do terapeuta nessa relação. Fale sobre isso.

Força do ego: Uso esse termo (emprestado de Freud) para me referir à resiliência cultivada, o vigor em nosso senso de individualidade. A força do ego faz parte da nossa competência emocional e capacidade de crescer e aprender com nossos desafios. Nossa força do ego enriquece nossas vidas com propósito e ajuda a nos desenvolvermos cultural, social e emocionalmente no entendimento de nós mesmos em relação aos outros. A força do ego é uma forma de tratarmos a sofrerioridade (veja abaixo) e conduzir a uma resolução ao assimilar as partes importantes com a aceitação de limitações e falhas, integrando, ajustando e encontrando todas as nuances de uma situação. Um ego forte o suficiente confronta mensagens contraditórias, aprende com os erros e se comunica com clareza.

Escolher praticar o autorrespeito ajuda a estabilizar a força do ego. Enquanto a autoestima normalmente envolve julgamento e pode ser volátil, o autorrespeito pode se desenvolver com princípios. Não é baseado na aprovação dos outros. Como Joan Didion descreve, é "para nos libertar da expectativa dos outros, dar-nos de volta a nós mesmos".

Quando temos respeito próprio e força do ego, temos capacidade para ajudar os outros, mas não a ponto de ficarmos obcecados em agradar. Há dignidade e racionalidade em um ego sólido. Não são fantasias grandiosas e metidas de superioridade, nem tem a ver com negação e egoísmo.

Desencorajar a existência do ego (e culpar o ego por qualquer problema do mundo — "ego inflado demais" ou "ego é ruim") prejudica as pessoas vulneráveis, envergonhando-as por pensarem demais em si mesmas, por pensarem que importam. A pressão para negarmos o ego cria uma propaganda falsa e alimenta as dinâmicas de poder de formas traiçoeiras. Se você já ouviu um discurso constrangendo o ego (e o ego em questão talvez não seja o seu, mas um discurso geral sobre a nobreza), repare por que essa pessoa se sente assim. Diferente do narcisismo e da megalomania, o ego fala sobre veracidade e segurança. É respeitoso o suficiente para manter agradadores compulsivos sob controle. O gado passa a mensagem adiante, e talvez acredite nas virtudes equivocadas de uma vida sem ego. Mas por que tanta negação? EGO SIGNIFICA EU.

Gado: Pessoas zumbis conformadas, que seguem qualquer coisa do grupo em que estejam inseridas, sem critério ou consciência.

Hecceidade: Significa "individuação". Lembro-me do momento, na universidade, em que um palestrante filósofo explicou seu brilhantismo: "É a essência!", exclamou ele. "É o que faz todos e cada um de vocês exatamente quem são, e não outra pessoa. Não se esqueçam disso. Por favor! É extraordinário o fato de todos sermos inimitáveis. Uma palavra brilhante." A paixão dele foi suficiente para acordar qualquer aluno sonolento. O conceito filosófico medieval é traduzido do grego de Aristóteles *to ti esti* (τὸ τί ἐστι) ou "o que é". Eu simplesmente passo a mensagem adiante: toda vida é inimitável e única.

Imposição de papéis: Ser alocado para exercer um determinado papel social dentro de um grupo. O papel pode ser baseado em necessidades ou fantasias, e às vezes é projetado por um grupo e sentido por um indivíduo. A força do ego é válida para mantê-lo conectado ao seu eu não representado no grupo. A imposição de papéis acontece constantemente, e é importante estarmos atentos a como somos facilmente distorcidos e remodelados em encontros humanos. Molde-se à sua maneira.

Limerência: Estado obsessivo e passional de apego. O termo foi cunhado pela psicóloga Dorothy Tennov. As características podem incluir ruminação, vertigem, absorção, euforia, fantasia e atração intensa por outra pessoa. Normalmente, é o que acontece no primeiro momento em que nos apaixonamos. "O ar parece mais fresco, os pássaros cantam, e ah!, a maravilha perfeita da vida!" é como a pessoa se sente em um minuto, mas também há aquela onda de insegurança, e é tão tóxica que, para alguns, é como fumar crack, com componentes altamente viciantes. Qualquer um que vivencie a limerência deveria receber um memorando dizendo: "Aproveite, mas cuidado: não tome nenhuma grande decisão de mudança de vida com base no que sente nesse momento." E sinto em dizer que essa sensação não dura para sempre. Você pode protestar, e muitos o fazem, e insistir que esse é um estado permanente. Não é. Pode se transformar em amor. Pode esfriar gradualmente. Independentemente de qual seja sua evolução, a limerência é a) incompleta, b) temporária ou c) ambas. A única maneira que a limerência pode durar para sempre é se você permanecer no nível da fantasia, e a aproximação da vida real é pouca ou inexistente, o que a torna a opção a).

Luto antecipatório: Sentir pesar por algo antes de sua morte. Nesse estágio, nós tentamos ansiosamente nos preparar para a perda inevitável que se aproxima, e é a maneira da mente tentar se antecipar ao luto, tentar controlar o incontrolável. Muitas vezes ainda ficamos chocados e surpresos com a morte quando ela acontece. O luto antecipatório vê adiante, mas não ultrapassa o que está por vir.

O luto antecipatório pode ser um estado mental para alguns — quando ficamos piegas e tristes com o fim de semana antes de o domingo chegar —, preparando-nos para a nostalgia e a separação. Preparar-se para as tristezas da vida pode impedir experiências autênticas, e como mencionado, olhar adiante não nos coloca lá na frente. Contudo, é extremamente útil como um lembrete provocativo de limites, perda e arrependimento. A consciência da mortalidade pode nos ajudar a viver, e antecipar a perda nos lembra do que temos.

Masturbação mental: Cunhado por Albert Ellis. A masturbação mental ocorre quando nós exigimos que algo *tem que ser feito* de uma determinada maneira quando simplesmente não é o caso. Eu compareci às conversas semanais ao vivo com Ellis em Nova York em 2005. Ele tinha oitenta e poucos anos, e seu estilo ranzinza e afrontoso era algo interessante de testemunhar. Voluntários corajosos subiam no palco e revelavam suas questões, e ele gritava intervenções para eles. Lembro-me de uma mulher jovem que parecia bastante vulnerável. "Você está em negação e está fazendo masturbação mental!", ele rugiu para ela. Em outra ocasião, ele disse "Masturbação é procrastinação: você só está se ferrando!", e fez com que todo o público cantasse com ele essas palavras. Ele achava que a masturbação mental, assim como a masturbação sexual, prendia as pessoas aos seus próprios mundos, distante das experiências, da realidade e das relações.

Matrescência: Desafios de identidade da maternidade. O termo vem da antropologia. Depressão pós-parto e ansiedade são somente exemplos de como a adaptação à maternidade pode ser difícil.

O processo de se tornar mãe pode significar parir uma nova identidade junto com um novo bebê. Ah, assim imaginamos, mas eu também quero manter um pouco do meu eu pré-maternidade, a mulher apaixonada e aventureira. E o meu eu profissional, que é importante também, e será, então também preciso manter essa parte. Ou não. Quero me dedicar à maternidade por inteiro, adequadamente e com toda minha entrega. Espere, esqueci até de mencionar meu parceiro! Ah, são tantos eus, e um bebê chorando. E por todos os eus diferentes, você pode achar que nenhuma dessas versões se encaixa em você de forma apropriada. E você pode estar passando por isso e encontrar-se prosperando. Ou enraivecida. Seja seu melhor momento, seu pior momento, ou ambos, ou nenhum deles, é uma grande questão, tão grande e sísmica quanto passar pela puberdade, se não maior. "Adolescência" é um termo cotidiano — e obviamente conhecido. Por que a "matrescência" não é?

Megera do não deveria: Esse é o nome dado por uma das minhas clientes a uma voz interior específica, mas que se aplica a muitos de nós. Nomes podem nos ajudar a localizar e administrar maneiras desagradáveis e persistentes de falar sobre nós mesmos. A Megera do não deveria aparece sem ser convidada, julga tudo, não faz nada para ajudar e dá broncas o tempo todo. Coloca todos para baixo, é inconformada e desconfiada de entusiasmo e otimismo, revirando os olhos para qualquer sinal de alegria. É como se a Megera do não deveria precisasse tirar o vento das suas velas. Ela chega aparentemente para manter você fora de confusão, mas também para garantir que não seja influenciado nem se gabe de si. Aparece para impedi-lo de dar certos passos errados, mas também de gostar de ser quem é. A essa altura, você deve achar que ela é sua crítica interior. Sim, elas estão relacionadas, mas o que marca a Megera do não deveria é a desaprovação específica de alegria e prazer e a censura de pensamentos e sentimentos. Ela não dá nenhuma sugestão que possa funcionar, ou guiar, exceto para encorajar sua vergonha paralisante e hesitação em ser você mesmo, mesmo na sua própria mente.

A Megera do não deveria foi inspirada durante uma das minhas sessões pelo termo de Karen Horney, Tirania do Deveria, um conceito brilhante que ela cunhou nos anos 1940. A negação do ego é um problema real. Nós devemos ser perfeitos e maravilhosos, mas também evitar aproveitar nossas conquistas ou admitir qualquer coisa que possa revelar um ego. Acho que um ego saudável é valioso e essencial para entender e conseguir o que se quer, e a força do ego é algo que vale a pena cultivar. Isso significa que você tem um reconhecimento saudável do seu valor, entende seus pontos fortes e aqueles em que precisa melhorar, e é capaz de argumentar a seu favor.

Momentos decisivos: Conceito maravilhoso do fotógrafo Henri Cartier-Bresson, os momentos decisivos são repletos de autonomia e autoridade. Celebrando a nossa existência e autossuficiência, esses instantes são o antídoto para quando nos sentimos estagnados e imobilizados.

Os momentos decisivos são ocasiões de escolha consciente e intencional. Não são os momentos em que tudo melhora magicamente ou é instantaneamente aperfeiçoado. São marcados pela nossa decisão de fazermos uma escolha e ajudarmos a formar os roteiros das nossas histórias de vida.

Não podemos guardar cada detalhe. Perdemos e abrimos mão e não percebemos muito do que acontece, mas é sobre o que fazemos com o que acontece conosco. Um momento decisivo pode aparecer quando você decide fazer terapia, parar de beber, se dá conta de algo sobre um relacionamento ou uma amizade, toma uma decisão de vida. Esses momentos também podem vir quando você faz uma pausa e olha com atenção para uma conquista, um sentimento, um pensamento, uma realização. Por que eles importam? Simplesmente porque insistimos que eles importem. Quando tomamos decisões por nós mesmos, mesmo que internas e particulares, podemos sentir uma sensação de êxtase de domínio e empoderamento. Como as fotografias, que capturam uma perspectiva fugaz e passageira e um segundo de vida, os momentos decisivos transformam em ocasiões o que poderia ser comum e insignificante. São vívidos e específicos. Preservam instantes do tempo que poderiam facilmente ter sido ignorados ou esquecidos. Às vezes, eles simplesmente vêm ao nosso encontro; em outras, precisamos ir atrás deles.

Nostalgie de la boue: Desejo por depravação e degradação. Significa "nostalgia da lama" em francês, e foi cunhado pelo poeta Emile Augier. Um pato colocado em um lago com cisnes vai desejar voltar para o seu laguinho e, em algum momento, retorna. Muitos de nós sentimos falta da lama de diferentes formas, seja a lama de escuridão e horror ou a lama no sentido de retornar a algo mais comum e natural.

Objetos encontrados / *Objets trouvés*: Outro termo emprestado das artes, objetos encontrados são itens que normalmente não são considerados o material comum para arte. Na relação terapêutica, nós organizamos esses objetos encontrados e unimos as coisas de formas inesperadas, e isso pode ser reparador e criativo. Abre espaço para a assimilação e a aceitação, e as experiências que pareciam totalmente negativas podem acabar contendo tesouros. O processo envolve uma espécie de colagem narrativa, onde o terapeuta e o cliente reúnem e colam os pedaços perdidos. Também é sobre *décollage*, que significa descolar, eliminar. Não precisamos guardar todos os detalhes. Podemos destruir e raspar e abrir espaço de formas valiosas. A *décollage* é extremamente útil para trabalhar o trauma, e nos permite selecionar os detalhes que queremos, em vez de achar que precisamos acumular todos os momentos. Ao longo do tempo, o terapeuta e cliente podem conectar diferentes acontecimentos, juntando e ajustando e ligando diferentes peças juntas. Algumas vezes, os objetos encontrados são eventos dolorosos que, com o tempo, se tornaram fontes de humor. E pode ser que você remonte uma fonte de dor e descubra um personagem do seu passado que seja tanto banal quanto ameaçador. E agora, essa pessoa pode se tornar parte da história do que significa ser você, de um jeito que você tenha autoridade e possa remodelar e recompor certos detalhes.

Pedintiota: Pessoa que pede conselhos e depois, de maneira idiota, ignora-os ou descarta-os. Todos podemos ser pedintiotas de vez em quando, e é útil nomear e ter controle sobre essa atitude. Talvez, você possa dizer: "Serei uma pedintiota e vou contar sobre o meu dilema, e eu juro que quero sua opinião, mas não espere que eu realmente siga suas recomendações." Conversas com pedintiotas podem ser desgastantes e frustrantes para participantes pegos de surpresa. Já **Intrometiotas** oferecem conselhos não pedidos, dizendo o que o outro deve fazer mesmo quando ninguém pediu sua opinião.

Essas questões chegam à terapia de formas interessantes, permitindo que as pessoas lidem com essa característica em si mesmas e nos outros, ao reconhecerem quando conselhos são desejados e quando, na realidade, é melhor fazermos nossas próprias escolhas. A terapia é um espaço de testagem para trabalhar os dilemas e encontrar percepções, não um serviço de conselhos. O conceito está ligado à nossa relutância e à nossa ambivalência em relação a obter ajuda e confiar na autoridade.

Pensamento mágico: Acreditar que os pensamentos e sentimentos determinam os eventos externos. As crianças normalmente acham que fizeram com que certas coisas acontecessem, e resíduos de crenças e superstições podem se infiltrar facilmente em mentes adultas. A aceitação radical de circunstâncias nos ajuda a lidar com qualquer coisa que nos aconteça e a ver pelo que somos responsáveis e o que está fora do nosso controle. Como adultos, entender nossos pensamentos mágicos arraigados nos ajuda a reorientar nossas expectativas. Podemos revisitar situações sobre as quais nos sentimos culpados e abandonar esse fardo. Que alívio que nossos mundos interiores não mandam em tudo! Perceber ilusões de poder pode nos ajudar a nos sentirmos confortáveis com nossos pensamentos mais profundos.

Percepção como defesa: Criei essa expressão porque finalmente me permiti ver que eu estava fazendo isso. Alguns de nós gostam de pensar, sentir e fazer conexões, e essa pode ser uma excelente desculpa para não mudar. Podemos ser psicologicamente cientes, receptivos a feedbacks e interpretações, expressivos. Chegamos a todo tipo de percepção. Estamos cientes de alguns padrões, hábitos e problemas. Mas nada muda. Isso é a percepção como defesa. Talvez acreditemos que a autocompreensão é suficiente. Às vezes, precisamos fazer mais do que compreender, se continuamos cometendo erros.

Na terapia, é você que está falando sobre o que acontece na sua vida, e seu terapeuta o encontra na sessão, mas não se pode esperar que ele saiba ou descubra como você pode estar imobilizado e se escondendo atrás da sua percepção. É fascinante pensar sobre isso e trabalhar essa questão.

Querofobia: Aversão à felicidade. Podemos sentir suspeitas em relação à *joie de vivre* e acharmos estranhamente desafiador confiar em coisas alegres e boas. A reação pode esconder uma certa culpa por sentir-se feliz, ou um sentimento de dúvida que nos assombra, como se o sentimento de alegria indicasse a chegada iminente do sofrimento, ou, de alguma maneira, ele fosse mais honesto. Um cliente, quando discutíamos essa palavra, descreveu a imagem de querubins lançando flechas em qualquer coisa que parecesse positiva.

Reatividade: Descreve nosso desgosto ao nos dizerem o que devemos fazer. Quando nos sentimos coagidos a fazer uma escolha, giramos na direção oposta, muitas vezes em detrimento do que realmente queremos. A reatividade desperta nosso lado rebelde, nosso desejo de liberdade. Pergunte-se o que seu ego quer e considere o que ajudaria a encarar essa parte sua.

Reforço intermitente: Nós lutamos com a incerteza e a escassez, mas também ficamos viciados em apostar contra a casa e, de vez em quando, ganhar pequenos prêmios. Isso prende a maioria de nós em relações românticas não saudáveis. Nós nos sentimos torturados pelo nosso interesse contínuo nessa pessoa inconstante. Nós nunca nos sentimos completamente seguros nessas dinâmicas de extremos. É algo familiar e traiçoeiro; procure a placa de saída e busque apoio!

Régua de Lesbos: Este é um conceito da *Ética*, de Aristóteles. É uma espécie de forma de medição flexível da ilha de Lesbos, que os construtores usavam para ajustar as curvas irregulares. Aristóteles argumenta que nós não podemos simplesmente aplicar regras e teorias sem prestar atenção às questões e aos detalhes de uma situação específica. A Régua de Lesbos é essencialmente sobre flexibilidade e ajustes a particularidades. Acho que isso se aplica à terapia também. Não podemos insistir somente em linhas retas. Cada relação terapêutica tem suas idiossincrasias, e enquanto os limites e formatos contêm e guiam o processo, eu tento encontrar cada indivíduo de uma maneira aberta e sem pretensões, abarcando a incerteza da conversa, abrindo espaço para descobertas e vivências novas. Aprendi sobre a Régua de Lesbos na universidade, quando estudei filosofia, e, para mim, trazer esse conceito para minha abordagem terapêutica é essencial, pois ele captura a importância da criatividade na forma que abordo os seres humanos. Gosto de orientações, princípios e fundamentos estruturais. Mas a terapia deveria ser um espaço onde podemos divagar e cocriar algo pessoal. Não pode ser atada a um manual ou um roteiro preestabelecido. Ela precisa permitir surpresas e reviravoltas. Isso faz parte da força criativa da terapia.

Ajustar-se às curvas é uma abordagem linda e prática da vida. A Régua de Lesbos também é útil como um guia para pensar sobre nossas vontades. Em vez de demandas absolutas, a Régua de Lesbos nos guia a ajustar, dedicar-se e pensar de forma flexível nas situações.

Schadenfreude: Olhar malicioso para o sofrimento de outra pessoa. Ocasionalmente, todos nós sentimos isso — quando sabemos da luta ou do fracasso de alguém, ou quando descobrimos as tristezas das pessoas —, e demonstrar honestidade sobre isso, pelo menos consigo mesmo, é uma abordagem saudável.

Sehnsucht: Uma palavra alemã popular traduzida equivocadamente por "anseios da vida". *Sehnsucht* é intenso, passional, desejoso, e frequentemente sentido por algo inatingível e profundamente romântico. É também um tipo romântico de música clássica. C. S. Lewis amava esse conceito e o definiu como "anseio inconsolável"; inverteu o comum "pensamento ilusório" para sugerir que *Sehnsucht* seria o "pensamento na ilusão". Freud escreveu sobre *Sehnsucht*: "Acredito, agora, que eu nunca estive livre do anseio pela bela floresta perto de casa, na qual... eu costumava fugir do meu pai, quase antes de aprender a andar." Aos 66 anos, Freud sentiu que seus "anseios estranhos e secretos" eram "talvez... de uma vida de um outro tipo".

Sehnsucht é um conceito útil para pensar sobre a nostalgia intensa que algumas pessoas vivenciam em vários estágios da vida. O anseio é por algo quase irrecuperável, muitas vezes irrepreensível, e há uma força e influência enormes em ansiar por algo romantizado na infância. *Sehnsucht* fala sobre a ideia de uma vida ideal, e muitos de nós, mesmo que não nos lembremos especificamente de alguma parte da nossa infância, temos momentos de realização e momentos de desejar uma vida utópica alternativa.

Sofrerioridade: Uma combinação de superioridade e inferioridade, e o sofrimento que causam. O termo descreve um senso de orgulho e singularidade misturado aos sentimentos de vergonha e inadequação. É inspirado em inúmeros casos que já vi no trabalho, nas minhas próprias experiências, e baseado em uma conversa que tive com a jornalista Arielle Tchiprout. Nós compartilhamos experiências e empatia, e concordamos enfaticamente que seria útil que houvesse um termo conciso ou palavra que capturasse esse estado da mente. Muitos de nós estamos em busca de glória, e nos sentimos terríveis e frustrados quando a vida fica aquém das nossas expectativas (ou nós ficamos, o que é bem pior). Temos anseios secretos e fantasias das vidas que queremos, e a sofrerioridade pode interferir. É muito comum que seja uma perspectiva de "isso ou aquilo", em vez de "ambos ou e". Ou você é melhor do que o resto ou você não é bom o suficiente. É difícil considerar que possa ter, na verdade, certas forças que o distinguem de algumas maneiras e certas falhas profundas que o distinguem de outras. Os complexos de superioridade e de inferioridade de Adler oferecem um campo de trabalho valioso para pensar sobre essas questões, mas com uma distinção notável e central: a sofrerioridade normalmente é um segredo. As grandes crenças muitas vezes são transferidas ou sacrificadas por obrigações humildes. Parte da dificuldade e do conflito vem de nunca admitirmos, ou mesmo considerarmos, o que pode ser possível e desejado. Assim, o medo da superestimação normalmente não é corroborado. Experiências autênticas e possibilidades reais são caminhos adiante, assim como explorar o que significa ser você e o que você quer da vida de verdade. Você não precisa decidir se é incrível ou terrível. Provavelmente é ambos e muito mais no meio do caminho. Todos nós somos. O que precisa decidir é perguntar para si mesmo o que quer de verdade.

A sofrerioridade pode ser uma forma de procrastinação e de evitar a responsabilidade pelo que é possível agora. Você pode se desapegar das suas fantasias de glória, das promessas de vida, mas não fez uso delas até então. Você se culpa e se arrepende, fica aficionado e obcecado, e procura a causa no passado. Se aquele mísero instante fosse diferente, a vida agora seria gloriosa. Também pode ser uma noção de não estar ao alcance das expectativas dos outros, principalmente se nossos entes queridos nos encherem de grandes sonhos. Na espiral negativa da sofrerioridade, ser autocentrado (e não autoconsciente) é desagradável: você se sente um nada e, ainda assim, só consegue pensar em si mesmo. Isso pode ser um menosprezo extremo do ego, e as histórias que lhe são contadas sobre o ego podem te manter em silêncio e paralisado. Talvez você julgue os outros quando não está imaginando o desdém e os ataques a você. É um perfeccionismo torturante impedir-se de descobrir seus próprios desejos e enxergar o que é possível. Fique atento à sua sofrerioridade.

Suficiência: Uma noção subjetiva do que é bom o suficiente. Estado de adequação. O conceito se aplica ao nosso senso de individualidade, nossas expectativas com relação aos outros, os limites do que damos e do que recebemos. Os aflitos com a sofrerioridade têm dificuldade para confiar na suficiência. As pessoas sofredoras podem até fazer o papel do detetive obstinado, em uma busca frenética para provar e confirmar a suficiência. O Detetive da Suficiência olha nos lugares errados e acumula pilhas de material não confiável, chamando-os de Evidência. O feedback e a cultura do consumo constantemente promovem a ideia de "mais" — podemos nos abastecer em excesso sem nos sentirmos plenos, com dados e informações, comida e bens materiais, mídias sociais, busca compulsiva por garantia. O Detetive da Suficiência segue cada pista falsa e perde tempo com vítimas não confiáveis. O caso nunca será resolvido porque a suficiência psicológica não pode ser codificada e medida dessas maneiras. Em algum nível, conquistas e realizações irão influenciar na forma como medimos se estamos indo bem. Mas, se servirmos e agradarmos aos outros para provar nossa própria suficiência, acabaremos lutando desesperadamente em areia movediça emocional. Nós nos enrascamos quando tentamos terceirizar a verificação da nossa suficiência à opinião dos outros. Nossa fome de reforço positivo se desespera, e quanto mais bobagem comemos, menos nutridos nos sentimos. Esperamos por mensagens como se fôssemos drogados, e o efeito vai ficando cada vez mais fraco. Opiniões destrutivas nos deixam determinados a provar nosso valor. Nossa sensibilidade à rejeição pode induzir a um estado paranoico de ameaça e insegurança, junto a marcas antigas do nosso senso de suficiência e atitudes enraizadas sobre nosso papel e valor. A satisfação e a alegria com o que temos e quem somos vêm do respeito próprio, de confiar na nossa autoridade, de aceitar erros e limitações.

Tempo rubato: Tempo roubado. Refere-se à arte do tempo flexível na maneira que nos expressamos e tocamos música.

Transferência: Os sentimentos que trazemos à nossa experiência de ser terapeuta.

Vaginismo: Vaginismo é quando o corpo tensiona subitamente em reação à pressão para penetração vaginal.

O vaginismo emocional é uma metáfora poderosa para pensarmos sobre as idiossincrasias de como nos relacionamos com nosso eu interior e com outras pessoas. Em alguns momentos, nós nos fechamos. Em outros, nós nos sentimos inesperadamente rejeitados. De forma metafórica, às vezes todos nós vivenciamos o vaginismo emocional ao não permitirmos que os outros adentrem nosso mundo interior ou ao sermos enxotados pelos outros.

Vida não vivida: Existe a vida que você vive, mas também há uma vida não vivida, onde você guarda suas fantasias de tudo o que poderia ter acontecido e ainda pode acontecer. Você nunca consegue viver todas as possibilidades, mas a vida não vivida contém ideias de alternativas sedutoras: encruzilhadas onde você tomou a direção errada, talentos não desenvolvidos, aventuras incompletas, estradas em que você quase pisou. O passado e o futuro distorcem as regras do tempo na sua vida não vivida. Cheio de fantasias e cenários desenhados, você inventa cenas ideais sem o fardo da prova. Nietzsche captura essa atração: "Nas nossas vidas não vividas, somos versões sempre mais satisfeitas e muito menos frustradas de nós mesmos." Mas acreditar que sua vida não vivida é melhor cria ressentimentos contra a vida que você está vivendo.

Pense nos desejos que guardou na sua vida não vivida à custa da vida.

Vínculo de trauma: Descreve nosso apego peculiar a relações profundamente dolorosas. É nossa lealdade esquisita aos monstros sagrados que corroeram nosso senso de individualidade. Mesmo quando sabemos, em algum nível, que estamos em uma dinâmica tóxica, podemos nos sentir atraídos ao que nos faz mal. Ater-se ao potencial de mudar as coisas é pensamento ilusório. O vínculo de trauma nos mantém esperando por milagres. Podemos nos libertar abrindo os olhos.

Vitória pírrica: Qualquer coisa que seja uma vitória pírrica tem um custo alto demais. Ganhar a batalha e perder a guerra. Ou perder a batalha e ainda assim perder a guerra. Engajar-se em certas batalhas é perder por todos os lados. Vitórias pírricas podem ser compulsivamente negativas e onerosas. Somos sugados por elas sem obter total clareza do que queremos, ou do que significa o progresso. Reconhecer as vontades conflitantes ajuda a esclarecer e reprogramar a rota da direção da viagem.

Se você se encontrar preso em um duelo pírrico, considere os custos, dê meia-volta... e mude para um dueto pírrico, onde você pode dar um passo para um novo ritmo.

Notas

EPÍGRAFE
Winnicott, D. W., *The Maturational Processes and the Facilitating Environment: Studies in the Theory of Emotional Development* (Routledge, 1990).

INTRODUÇÃO
Bergis, Luke, *Wanting* (Swift Press, 2021).

1. AMAR E SER AMADO
Shaw, George Bernard, *The Complete Prefaces, Volume 2: 1914-1929* (Allen Lane, 1995).
Tennyson, Alfred, *In Memoriam A. H. H.*, http://www.online-literature.com/donne/718
Yalom, Irvin D., *Staring at the Sun* (Piatkus, 2020).
Lunn, Natasha, *Conversations on Love* (Viking, 2021).
Miller, Arthur, *The Ride Down Mt. Morgan* (Methuen Drama, 1991).

2. DESEJO
Tolstoy, Leo, *Anna Karenina* (Penguin Classics, 2003).
Williams, Tennessee, *Spring Storm* (New Directions Publishing Corporation, 2000).
Lehmiller, Justin, https://www.sexandpsychology.com/blog/2020/7/17/how-we-see-ourselves-in-our-sexual-fantasies-and-what-it-means/
Dutka, Elaine, "For Hines, 'Noise/Funk' Redefines Tap" (Los Angeles (CA) Times, 12 de março 1998).
Twain, Mark, *The Complete Works of Mark Twain: All 13 Novels, Short Stories, Poetry and Essays* (General Press, 2016).
Torres, C. M. W., *Holding on to Broken Glass: Understanding and Surviving Pathological Alienation* (America Star Books, 2016).

Wise, R. A., McDevitt, R. A., "Drive and Reinforcement Circuitry in the Brain: Origins, Neurotransmitters, and Projection Fields", *Neuropsychopharmacology* (março 2018);43(4):680-689. doi: 10.1038/ npp.2017.228. Epub 6 de out 2017. PMID: 28984293; PMCID: PMC5809792.

3. ENTENDIMENTO
Jung, Carl, *Flying Saucers* (Routledge, 2002).
Miller, Alice, *The Drama of the Gifted Child* (Basic Books, 2008).
Wright, Frank Lloyd, https://franklloydwright.org/redsquare/
E para saber mais sobre o apagamento das mulheres que trabalharam em seus projetos: https://www.architectmagazine.com/design/culture/the-women-in-frank-lloyd-wrights-studio_o
Williams, Tennessee, *Camino Real* (New Directions, 2010).

4. PODER
Rückert, Friedrich, "The Two Coins" (interpretação do terceiro *Maqamat* de al-Hariri de Basra), conforme citado por Freud, Sigmund, *Beyond the Pleasure Principle* (Penguin Modern Classics, 2003).
Wilde, Oscar, *Lady Windermere's Fan* (Methuen Drama, 2002).
Russell, Bertrand, *Power: A New Social Analysis* (Routledge, 2004).
Keltner, Dacher, *The Power Paradox: How We Gain and Lose Influence* (Penguin, 2017) e https://greatergood.berkeley.edu/article/item/power_paradox Solnit, Rebecca, *Whose Story Is This?* (Granta, 2019).

5. ATENÇÃO
Plath, James, ed., *Conversations with John Updike* (University Press of Mississippi, 1994).
Aesop, *The Complete Fables* (Penguin Classics, 1998).
Winnicott, D. W., *The Maturational Processes and the Facilitating Environment: Studies in the Theory of Emotional Development* (Routledge, 1990).
Sontag, Susan, Discurso no Vassar College, 2003.

6. LIBERDADE
Perel, Esther, https://www.estherperel.com/blog/letters-from-esther-2- security-and-freedom
Podcast *Next Visions*, segunda temporada, episódio 1, "Belonging and Reinvention", com Charlotte Fox Weber e Erwin James, https://medium.com/next-level-german-engineering/next-visions-podcast-season-two-406043d6b36e
Sartre, Jean-Paul, *Critique of Dialectical Reason: Volume 1* (Verso, 2004).
Fromm, Erich, *The Fear of Freedom* (Routledge, 2001).
Koch, Christof, *Consciousness: Confessions of a Romantic Reductionist* (The MIT Press, 2017).
Rich, Adrienne, *Arts of the Possible: Essays and Conversations* (W. W. Norton & Company, 2001).

7. CRIATIVIDADE
Pound, Ezra, https://www.theparisreview.org/authors/3793/ezra-pound

Auden, W. H., *The Age of Anxiety* (Princeton University Press, 2011).
O'Brien, Edna, https://www.nytimes.com/1984/11/18/books/a-conversation-with-edna-obrien-the-body-contains-the-life-story.html
Richardson, John, *A Life of Picasso* (volumes diversos).
Horney, Karen, "Dedication", *American Journal of Psychoanalysis* (1942), 35, 99-100.
Murdoch, Iris, *Existentialists and Mystics: Writings on Philosophy and Literature* (Penguin, 1999).
Luca, Maria, *Integrative Theory and Practice in Psychological Therapies* (Open University Press, 2019).
Mead, Margaret, "Work, Leisure, and Creativity", *Daedelus* (Winter, 1960).

8. PERTENCIMENTO
Maslow, Abraham, "A Theory of Human Motivation", *Psychological Review* (1943).
Markovic, Desa, https://www.academia.edu/16869802/Psychosexual_therapy_in_sexualised_culture_a_systemic_perspective
Uwannah, Victoria, https://examinedlife.co.uk/our_team/vicki-uwannah/
Mead, Margaret e Baldwin, James, *A Rap on Race* (Michael Joseph, 1971).
Tallis, Frank, *The Act of Living* (Basic Books, 2020).

9. VITÓRIA?
Colby, Kenneth Mark, "On the Disagreement Between Freud and Adler", *American Imago*, Vol 8, No 3 (1951).
Adler, Alfred, *Superiority and Social Interest* (W. W. Norton & Company, 1979).
Rosenberg, Marshall, *Nonviolent Communication* (Puddle Dancer Press, 2015).
Angel, Katherine, *Tomorrow Sex Will Be Good Again* (Verso, 2021).
Chaplin, Charlie, em conversa com o roteirista Walter Bernstein (Nova York, 2010).
de Beauvoir, Simone, *All Men are Mortal* (W. W. Norton & Company, 1992).
Mewshaw, Michael, *Sympathy For the Devil: Four Decades of Friendship with Gore Vidal* (Farrar, Straus and Giroux, 2015).

10. CONEXÃO
Angelou, Maya, *I Know Why the Caged Bird Sings* (Virago, 1984).
Fox Weber, Nicholas, *The Bauhaus Group: Six Masters of Modernism* (Yale University Press, 2011).

11. O QUE NÃO DEVERÍAMOS QUERER (*E O QUE DEVERÍAMOS*)
Bennetts, Leslie, *The Feminine Mistake: Are We Giving up Too Much?* (Hachette Books, 2008).
Motz, Anna, *If Love Could Kill: The Myth and Truth of Female Violence* (W&N, 2023).
Dimitri, Francesco, *The Book of Hidden Things* (Titan Books, 2018).
Angel, Katherine, *Tomorrow Sex Will Be Good Again* (Verso, 2021).
Maslow, Abraham, *The Farther Reaches of Human Nature* (Penguin, 1994).

12. CONTROLE

Bonaparte, Marie, "Time and the Unconscious", *International Journal of Psycho-Analysis* (1940); v.21, p. 427-42.

Bertin, Celia, *Marie Bonaparte: A Life* (Harcourt, 1982).

Eliot, T. S., *Collected Poems, 1909-1962* (Faber Paper Covered Editions, 2002) e https://www.themarginalian.org/2015/11/18/t-s-eliot-reads-burnt-norton/

Rycroft, Charles, *A Critical Dictionary of Psychoanalysis, Second Edition* (Penguin, 1995).

Lowenthal, David, *The Past is a Foreign Country – Revisited* (Cambridge University Press, 2015).

PÓSFACIO

Fox Weber, Nicholas, *Leland Bell* (Hudson Hills Press, 1988).

Agradecimentos

Muitas pessoas me apoiaram e me encorajaram ao longo deste processo. Adam Gauntlett: você é brilhante e mudou minha vida. Ella Gordon, Alex Clarke, Trish Todd: vocês são editores fantásticos e pessoas maravilhosas. Obrigada a Serena Arthur, Elise Jackson, Jessica Farrugia e a todos da Wildfire and Atria. Vocês fizeram com que este livro nascesse de uma forma mágica.

Meu marido maravilhoso, Robbie Smith: você foi infinitamente paciente e me apoiou ao me dar espaço para escrever e enlouquecer e me sentir entusiasmada. Obrigada por ser um pai incrível para os nossos filhos nos momentos em que precisei estar ausente. Eu não poderia ter escrito este livro e ser mãe sem você. Você me incentiva e aceita todos os meus lados. Wilder: você é sensível e deslumbrantemente astuto com suas percepções. Beau: você é afetuoso, corajoso e hilário. Amo vocês dois de forma inestimável. Vocês toleraram minha presença incompleta durante todo este período.

Meus pais me ensinaram a amar as palavras e as pessoas. Obrigada à minha mãe singular, Katharine Weber: sua lucidez e sua inteligência são espantosas. E meu pai amado, Nicholas Fox Weber: eu valorizo nossa proximidade, e sua exuberância e paixão pela vida me inspiram. Vocês dois continuam me permitindo ser criança às vezes, o que é um imenso luxo, e também me ajudaram a me transformar num indivíduo e crescer (ainda estou trabalhando nisso). Obrigada pelo incentivo, Lucy Swift Weber e seu companheiro Charles Lemonides, Nancy Weber, Daphne Astor, Ann Smith, Dave Smith, Beth-Ann Smith, e toda minha família estendida.

Leslie Bennetts, minha fada-madrinha: você me deu apoio, espaço, um sentimento de profunda compatibilidade, compaixão, humor e sabedoria em incontáveis momentos. Você me ajudou a crescer. O mundo precisa de mulheres como você, que querem que as mulheres sejam bem-sucedidas. JP Flintoff: muitíssimo obrigada por me ajudar a pensar em inúmeros assuntos e pelo seu incentivo inabalável. Philip Wood: você é tão inteligente, bondoso e perceptivo. Obrigada pelas orientações clínicas e pela real consideração. Laura Sandelson: você é a essência do que é uma amizade verdadeira de milhares de maneiras, oferecendo ideias, diversão, acalento, lealdade e afeto. Daniel Sandelson: você me salvou em momentos críticos, e é racional, brilhante e extremamente compreensivo. Vocês engrandecem minha vida, queridos amigos.

Emmett de Monterey: você transforma encontros de um quarto de aniversário e terças-feiras em uma celebração. Além disso, obrigada a Violetta e Kostas, Emma e Paul Irwin, Joanna Green, Jack Guinness, Lauren Evans, Arielle Tchiprout, Natasha Lunn, Cate Sevilla, Charlotte Sinclair, Anna Motz, Paola Filotico, Francesco Dimitri, Morgwn Rimmel, Caleb Crain, Frank Tallis, Nick Pollitt, Vicki Uwannah, Kate Dryburgh, Anil Kosar, Carly Moosah, Katie Brock, Flora King, Mathilde Langseth Hughes, Deja Lewis Chamberlain, George Gibson, Heather Thornton, Kristina McLean, Tonya Meli, John Macdonald, Jemima Murray, Lizzie Dolin e Katherine Angel.

Kelly Hearn, cofundadora da Examined Life e minha amiga, você é uma mulher tão empoderadora. Obrigada a todos da The School of Life e Alain de Botton, e a minhas professoras maravilhosas, Maria Luca, Desa Markovic, Karen Rowe: vocês foram essenciais para minha formação.

Todos da Fundação Josef and Anni Albers, e Le Korsa, eu valorizo minha conexão com vocês. Obrigada a Maya Jacobs, Kristine, e a todas as mães e amigas que me ajudaram e me encorajaram, e às pessoas que conheci e com quem aprendi ao longo do caminho. Agradeço também àqueles que vêm fazer terapia comigo. Eu me sinto privilegiada por fazer meu trabalho.

Impressão e Acabamento:
EDITORA JPA LTDA.